मेय मस्क

मेय मस्क अन्तरराष्ट्रीय सुपर-मॉडल, रजिस्टर्ड डायटीशियन-न्यूट्रीशनिस्ट और प्रेरणा देने वाली वक्ता हैं। उनकी तसवीरें लगातार 'वैनिटी फ़ेयर', 'वोग', 'कॉस्मोपॉलिटन', 'मैरी क्लेयर' और 'एल्योर' जैसी चर्चित फ़ैशन पत्रिकाओं में छपती रही हैं। वे 'न्यूयॉर्क मैगज़ीन' और अन्य पत्रिकाओं के कवर-पेज पर भी आ चुकी हैं। कनाडा में जन्मी मेय कई बरस तक दक्षिण अफ़्रीका में रहीं और अब लॉस एंजेलेस में रहती हैं।

यूनुस ख़ान

यूनुस ख़ान रेडियो, फ़िल्म-संगीत की दुनिया का जाना-पहचाना नाम हैं। वे बीते ढाई दशकों से विविध भारती सेवा, मुम्बई में उद्घोषक हैं। उन्होंने विविध भारती के लिए सिनेमा की सैकड़ों कालजयी हस्तियों के इंटरव्यू लिये हैं, रेडियो के इतिहास, स्निेमा एवं संगीत पर अनेक कार्यक्रमों का निर्माण किया है तथा विगत तीन दशकों से सिनेमा पर लगातार लिख रहे हैं। लोकप्रिय ब्लॉग 'रेडियोवाणी' के लिए लेखन जारी। उन्होंने मशहूर गीतकार आनन्द बख़्शी की जीवनी 'नग़मे क़िस्से बातें यादें' और नसरीन मुन्नी कबीर की गुलज़ार संग बातचीत की किताब 'जिया जले : गीतों की कहानियाँ' का अनुवाद भी किया है।

जब औरत सोचती है

रोमांच, सौन्दर्य और सफलता भरी ज़िन्दगी के नुस्ख़े

मेय मस्क

अनुवाद
यूनुस ख़ान

राजकमल पेपरबैक्स

मूल कृति A Women Makes A Plan : Advice for a Lifetime of Adventure, Beauty, and Success का अनुवाद

राजकमल पेपरबैक्स में
पहला संस्करण : 2025

राजकमल पेपरबैक्स : उत्कृष्ट साहित्य के जनसुलभ संस्करण

राजकमल प्रकाशन प्रा. लि.
1-बी, नेताजी सुभाष मार्ग, दरियागंज
नई दिल्ली-110 002
द्वारा प्रकाशित

शाखाएँ : अशोक राजपथ, साइंस कॉलेज के सामने, पटना-800 006
पहली मंजिल, दरबारी बिल्डिंग, महात्मा गांधी मार्ग, प्रयागराज-211 001
1, अनमोल सोराबजी सन्तुक लेन, धोबी तलाव, मरीन लाइंस, मुम्बई-400 002
वेबसाइट : www.rajkamalprakashan.com
ई-मेल : info@rajkamalprakashan.com

यश प्रिंटोग्राफिक्स
नोएडा-201 301 (उत्तर प्रदेश)
द्वारा मुद्रित

मूल्य : ₹350

JAB AURAT SOCHTI HAI
Romanch, Saundarya Aur Safalta Bhari Zindagi ke Nuskhe
by Maye Musk
Translated by Yunus Khan

ISBN : 978-93-6086-340-1

पुस्तक उन लोगों को समर्पित करती हूँ जिन्होंने मेरे जीवन पर सबसे ज़्यादा असर डाला :

मेरी स्वर्गीय माँ विन हैल्डमैन को जिन्होंने मेरी बहनें मुझे दीं, और जिस भी महिला से वे मिलीं, उसे जीवन में बेहतर करने की प्रेरणा दी।

मेरी स्वर्गीय बहन लिन हैल्डमैन को, जिसने पाँच साल तक रोज़ रात को मेरे संघर्ष की दास्तान सुनी और मेरा अपनी बिल्डिंग की चिमनी की मरम्मत के को-ऑपरेटिव केस को लड़ने में हौसला बढ़ाया।

मेरी जुड़वाँ बहन केय को, जिसने ज़िन्दगी भर मेरी हिफ़ाज़त की, और जिससे मैंने विनम्रता सीखी।

ये किताब समर्पित है, मेरी प्यारी बेटी टॉस्का और मेरे दोनों बेटों इलॉन और किम्बल को, जिन्होंने मेरे हर काम को बराबर महत्त्व और सम्मान दिया और मुझे सहयोग किया।

अपने ग्यारह नाती-पोतों को, जिनकी वजह से मुझे लगातार सीखना पड़ता है और उनके मासूम सवालों में मुझे बड़ा मज़ा आता है।

मेरे विशाल परिवार, दोस्तों और टीम को जिन्होंने ज़िन्दगी के मुश्किल, अच्छे और नये दौर में मेरा साथ निभाया।

क्रम

परिचय

जियो ख़तरों के संग लेकिन सँभलकर

योजना बनाओ, जोखिम उठाओ

❖

मैं एक ऐसे परिवार में पली-बढ़ी, जहाँ हमारा अपना हवाई-जहाज़ था, सभी को घूमने का शौक़ था। मेरे माता-पिता कनाडा, अमेरिका, अफ्रीका, यूरोप, एशिया और ऑस्ट्रेलिया तक घूम आए थे—वो भी कैनवस से ढके एक प्रोपेलर प्लेन में, जिसमें न आज की तरह जी.पी.एस. था और न ही कोई रेडियो। जब हम छोटे थे तो मेरे माता-पिता हर साल सर्दियों में हमें किसी खोए हुए शहर की तलाश में कालाहारी रेगिस्तान ले जाते थे। आज जब मैं पीछे मुड़कर देखती हूँ तो समझ आता है कि सिर्फ़ एक कम्पास, तीन हफ़्तों का खाना-पानी और पाँच बच्चों के साथ रेगिस्तान के आर-पार का सफ़र कितना ख़तरनाक था, लेकिन वे इन यात्राओं की तैयारी बड़ी बारीकी से करते थे। हमारे परिवार का नारा था—'जियो ख़तरों के संग लेकिन सँभलकर'।

मेरे पिता को साहसिक यात्राएँ पसन्द थीं, पर वे जानते थे कि इनमें कभी भी कुछ भी हो सकता है और इसके लिए तैयार रहना चाहिए। इसका असर यह हुआ कि मैं बहुत जिज्ञासु बन गई, नई चीज़ों को आज़माने वाली। मैं जानती हूँ कि अगर मैं ख़ुद को तैयार कर लूँ तो हर जोखिम उठा सकती हूँ। एक

अफ़्रीकन कहावत का ज़िक्र हमारे घर में अक्सर होता था—'n boer maak 'n plan'…जिसका मतलब है *'एक किसान योजना बनाकर काम करता है'*। चाहे कोई छोटी बात हो या कोई बड़ा मुद्दा—दक्षिण अफ़्रीका में लोग इस कहावत को अक्सर इस्तेमाल करते हैं। पर हमने इस कहावत का इस्तेमाल तभी किया जब हमें दिशा बदलनी होती थी या फिर किसी समस्या से निपटना होता था। आपके सामने जो भी अड़चन हो, आपको उससे निपटना पड़ता है और इसके लिए रास्ता भी आपको ही खोजना पड़ता है।

शुरुआत में मैं चाहती थी कि इस पुस्तक का नाम हो *'स्ट्रगलिंग एंड सरवाइविंग'*। पर यह नाम किसी को भी पसन्द नहीं आया। मुझे उम्मीद है कि इस किताब को पढ़ने के बाद आप मेरे संघर्ष से सबक लेंगे और बचे रहेंगे। मेरी ज़िन्दगी में अक्सर ही गड़बड़ियाँ होती रही हैं और हर बार मुझे उनसे निपटने के लिए योजना बनानी पड़ी है। एक महिला होने के नाते आप योजना बनाती हैं और फिर आपको उसे परे हटाना पड़ता है, कोई दूसरी योजना बनानी पड़ती है (हालाँकि ऐसा पुरुषों के साथ भी होता है)।

मैंने ज़िन्दगी की शुरुआत कई बार की और युवा होने के बाद तीन देशों के नौ शहरों में रही। मैं आपको यह सलाह नहीं दूँगी कि मेरी तरह आप भी बार-बार शुरुआत करें, पर अगर आपको करनी पड़े तो पहले से योजना बनाएँ। अगर आप जोखिम उठाती हैं, तो एक ज़्यादा सनसनी भरी और ख़ुशहाल ज़िन्दगी जी सकती हैं। मैंने कई बार जोखिम उठाया और शुरुआत में संघर्ष किया, पर मैं तब तक डटी रही जब तक कि अपनी निजी और पेशेवर ज़िन्दगी में कामयाब नहीं हो गई। ज़रूरी नहीं कि आप अपनी ज़िन्दगी में हर बदलाव की बारीक योजना पहले से बनाएँ बल्कि जैसे-जैसे परेशानियाँ सामने आती हैं, आप उनसे निपट सकती हैं। हर बार आपके सामने नई-नई परेशानियाँ आएँगी, आपको बस अपने पहले क़दम की योजना बनानी होगी।

ज़िन्दगी के हर मोड़ पर आप हैरत में पड़ती चली जाएँगी। चाहे आप अपना, अपने परिवार या दोस्तों का ख़याल रख रही हों, या शानदार दिखने और महसूस करने की कोशिश में हों, आपका करियर कामयाबी के साथ

चल रहा हो या आप एक जोखिम भरी ज़िन्दगी जी रही हों—पहले से इतना सब सोचना मुमकिन नहीं है। पर अगर आप अपने पहले क़दम के बारे में सोचकर शुरू करें, और फिर हर अगला क़दम उठाती चली जाएँ तो आपको आगे बढ़ने से कोई रोक नहीं सकता।

जब मैं ख़राब हालात में थी, तो मैंने बहुत सारी रूमानी और प्रेरणा देने वाली किताबें पढ़ीं, जिनसे मुझे उम्मीद मिली। जब मैं अपने अनुभव आपके साथ बाटूँगी तो शायद आपको भी उम्मीद मिलेगी।

यह जो बुढ़ापा है न, यह भी शानदार दौर होता है। मैं सात दशक जी चुकी हूँ, मैंने दो अलग-अलग क्षेत्रों में कामयाब करियर बनाया है और तीन बच्चों की परवरिश की है। यही नहीं मैं ग्यारह बच्चों की नानी-दादी हूँ, और अब, बतौर एक वेलनेस स्पीकर और मॉडल, मेरी माँग बहुत बढ़ गई है। यहाँ तक कि मुझे यह किताब लिखने को भी कहा गया। इसीलिए तो मैं कहती हूँ कि इकहत्तर बरस की उम्र कमाल की है। हर रोज़ मैं बहुत जोश में उठती हूँ।

अगर जीवन के प्रति आपका रवैया सकारात्मक है, आप योजना बनाती हैं और जोखिम लेती हैं तो आपके लिए मंगल ग्रह पर जाना भी नामुमकिन नहीं है।

जब औरत सोचती है

पहला भाग

ख़ूबसूरती

एक

जब बाल सफ़ेद होते हैं

जीवन बेहतर होता जाता है

❖

जब मैं उनसठ बरस की थी तो अपने बाल रँगने बन्द कर दिये थे। दो बरस बाद न्यूयॉर्क मैगज़ीन के कवर पर एक तसवीर छपी, जिसमें मैं गर्भवती नज़र आ रही थी (असल में मैं गर्भवती नहीं थी, पर बड़े विश्वसनीय तरीक़े से ऐसा दिखाया गया था)। सड़सठ बरस की उम्र में न्यूयॉर्क फ़ैशन वीक में मैंने अपने पहले रनवे शो में कैटवॉक किया, वो भी अपने से एक-तिहाई उम्र वाली लड़कियों के साथ। उनहत्तर बरस की उम्र में मैं 'कवर-गर्ल' बनी।

यक़ीन नहीं होता न। मैंने भी कभी नहीं सोचा था। मुझे अन्दाज़ा भी नहीं था कि अपने बाल रँगना बन्द करते ही मैं एक सुपर-मॉडल बन जाऊँगी। पन्द्रह बरस की उम्र में मैंने पहली बार रनवे पर वॉक किया था, और मुझसे कहा गया था कि अठारह बरस की उम्र तक मेरा मॉडलिंग करियर ख़त्म हो जाएगा। तब कौन जानता था कि एक मॉडल के तौर पर मैं इतने वक़्त तक सक्रिय रह पाऊँगी। कभी नहीं सोचा था कि इकहत्तर साल की उम्र में मैं इतनी कामयाब मॉडल बनूँगी। पर देखिए, छप्पन साल हो गए मॉडलिंग करते हुए और यूँ लगता है कि मैं अभी भी बस शुरुआत ही कर रही हूँ।

उम्र बढ़ने के साथ महिलाओं को रुकने या धीमे पड़ने की ज़रूरत नहीं है। देखिए, मैं अभी भी बन्दूक़ की गोली की तरह तेज़ी से आगे बढ़ रही हूँ—हर नई चीज़ को आज़मा रही हूँ, मज़े ले रही हूँ, पहले से ज़्यादा काम कर रही हूँ...और यह पक्का करने के लिए सोशल मीडिया पर सक्रिय हूँ कि मैं सचमुच पहले से ज़्यादा काम कर रही हूँ और सबसे ज़्यादा आनन्द ले रही हूँ। क्या मैंने आनन्द लेने की बात कही? अगर उम्र बढ़ने के साथ पुरुष काम करना बन्द नहीं करते, धीमे नहीं पड़ते तो हम क्यों थम जाते हैं, हम क्यों धीमे पड़ जाते हैं या आगे बढ़ने से रुक जाते हैं। उम्र को अपने आगे न बढ़ पाने और धीमे पड़ जाने की वजह न बनने दें। अच्छी स्वस्थ ख़ुराक लेकर, मुस्कराकर, सक्रिय रहकर और आत्मविश्वास से भरे रहकर अपना ज़्यादा-से-ज़्यादा ख़याल रखें। मुझे कभी बूढ़े होने का डर नहीं लगा। मज़ेदार बात यह है कि जब मैंने अपने चेहरे पर झुर्रियाँ देखीं—और साठ के बाद शरीर के अन्य हिस्सों जैसे अपनी जाँघों और बाँहों पर भी झुर्रियाँ देखीं—तो मुझे बड़ा अच्छा लगा। मैं बस इसी बात से ख़ुश हूँ कि इस उम्र में भी मैं स्वस्थ हूँ।

मैंने किशोर उम्र में दक्षिण अफ्रीका के प्रिटोरिया में मॉडलिंग शुरू की थी, वो भी इसलिए क्योंकि मेरे माता-पिता की एक दोस्त एक मॉडलिंग स्कूल और एजेंसी चलाती थीं। उनका नाम था लेट्टी। उनके पति के पास मेरे पिता की तरह एक प्लेन था। हर रविवार वे लोग हमारे साथ डिनर करते थे। लेट्टी बहुत ख़ूबसूरत और ठसकदार महिला थीं। उनके भीतर ग़ज़ब का आत्मविश्वास था इसीलिए मैं उनकी कोई बात नहीं टालती थी।

जब मैं और मेरी जुड़वाँ बहन केय पन्द्रह बरस के थे तो लेट्टी ने हमें मुफ़्त में अपने मॉडलिंग कोर्स के लिए आमंत्रित किया और हमने ज़्यादा कुछ सोचे बिना यह कोर्स कर भी लिया। जब फ़ाइनल वॉक की बारी आई, जिसके बाद डिप्लोमा दिया जाता था तो मैंने शनेल स्टाइल का गुलाबी सूट बनवाया, बाल भूरे कर लिये और अपना मेकअप भी ख़ुद ही किया।

बस इसके बाद लेट्टी ने ही मुझे एक मॉडल के तौर पर काम देना शुरू कर दिया। उनके कहने पर मैं शनिवार की सुबह एक डिपार्टमेंटल स्टोर में

रनवे शो करती या प्रिंट के लिए मॉडलिंग करती। मुझे कभी नहीं लगा कि मेरा मॉडल बनना बहुत ख़ास है या यह एक ख़ुशनसीबी है। वो मेरे लिए बस एक काम था। दूसरे कामों से उसमें पैसे भी ज़्यादा मिल रहे थे और मुझे अच्छा लग रहा था। पर एक बार जब मैंने इसके बारे में सोचा तो सचमुच हैरत में पड़ गई कि कमाल का काम है यह। आप कहीं गईं, आपने अच्छी-सी ड्रेस पहनी और एक कमरे में वॉक किया और उसके बाद घर लौट आईं। इसके इतने अच्छे पैसे क्यों दिये जा रहे हैं? पर यही हो रहा था और वो भी इतनी छोटी उम्र में।

मुझे तब बिलकुल अन्दाज़ा नहीं था कि मैं इकहत्तर साल की उम्र तक मॉडलिंग करूँगी। इस उम्र में जब मैं कमरे में चारों तरफ़ देखती तो पाती थी कि बाक़ी सारी मॉडल तो एकदम युवा हैं। मुझे पता था कि यह सिलसिला थोड़े दिन ही चलेगा, पर यह सोचकर बुरा नहीं लगा। मैं ख़ुश थी कि मॉडलिंग के लिए पैसे मिल रहे थे। दरअसल, मेरा मक़सद मॉडल बनना नहीं था। मैं तो यूनिवर्सिटी में पढ़ने जाना चाहती थी।

लेकिन हैरत की बात है कि जब मैं यूनिवर्सिटी गई तो मुझे वहाँ भी मॉडलिंग का मौक़ा मिला। मैंने यूनिवर्सिटी से डिग्री ली, उसके बाद मेरी शादी हो गई, यह भी हैरत की बात थी। मैंने सोचा था कि बच्चों के लिए मैं जल्दबाज़ी नहीं करूँगी, पर पता ही नहीं चला और हनीमून के दौरान मैं प्रेग्नेंट हो गई। तीन साल में मैं तीन बच्चों की माँ बन चुकी थी—इलॉन, किम्बल और टॉस्का. तीनों ही मेरे लिए सरप्राइज़ थे। हर बच्चे के साथ मैं अपने बालों में ब्लॉन्ड रंग की झलक बढ़ाती चली गई। टॉस्का के बाद मेरे बाल पूरी तरह सुनहरे हो चुके थे।

तीन बच्चों की माँ बनने के बाद लेट्टी के कहने पर मैंने फिर से मॉडलिंग शुरू की। उनकी एजेंसी को कोई ऐसी मॉडल चाहिए थी जो दुल्हन की माँ के रूप में रनवे शोज़ कर सके, और इसे वे किसी अठारह साल की लड़की से तो करा नहीं सकते थे। सारी लड़कियाँ काफ़ी छोटी थीं। इसलिए उन्होंने मुझसे कहा क्योंकि अट्ठाईस साल की उम्र में मैं काफ़ी भरी-पूरी हो चुकी थी। इस तरह, मैं दक्षिण अफ़्रीका की सबसे ज़्यादा उम्र की मॉडल बन गई।

इकतीस साल की उम्र में मैं अकेली माँ के तौर पर डरबन चली गई क्योंकि मैं अपने पति से दूर जाना चाहती थी। मुझे पसन्द नहीं था कि कोई और मेरे बाल रँगे इसलिए मैंने ख़ुद ही यह काम करना शुरू कर दिया और अपने बालों को हल्के-गहरे ब्लॉन्ड और ऑरेंज रंगों की अलग-अलग आभा में रँग लिया। आजकल फ़ैशन की दुनिया में ब्लॉन्ड और ऑरेंज को जोड़कर 'ब्लोरेंज' कहा जाता है। बालों का रंग बहुत बुरा हो गया था, वे उलझे जाते थे और पैसे बचाने के लिए तब मैं अपने बाल ख़ुद ही काट लेती थी। इसके बावजूद, जाने क्यों उन्होंने मुझे मॉडलिंग के मौक़े दिये, इसलिए मैंने बालों की बहुत ज़्यादा परवाह नहीं की। बतौर 'न्यूट्रीशनिस्ट' भी मेरी प्रैक्टिस पर इनका कोई असर नहीं पड़ा। यह प्रैक्टिस मैंने बाईस बरस की उम्र में प्रिटोरिया में अपने अपार्टमेंट से ही शुरू की थी। मज़े की बात यह थी कि मैं अपने मरीज़ों की ठीक से मदद कर पा रही थी और उन्हें इससे कोई फ़र्क़ नहीं पड़ता था कि मेरे बाल कैसे दिखते हैं।

बयालीस साल की उम्र में जब मैं टोरंटो आ गई तो वहाँ मैंने अपनी पी-एच.डी. शुरू की, मॉडलिंग तो चल ही रही थी, साथ ही मैं पढ़ा भी रही थी। सारे काम एक साथ चल रहे थे। बतौर मॉडल मैंने अपना एक पोर्टफ़ोलियो भी तैयार करा रखा था ताकि मुझे काम मिल सके। उसे देखकर टोरंटो की एक एजेंसी ने मुझे काम दे दिया, क्योंकि उन्हें लगा कि मेरे ज़रिये वे पैसे कमा सकते हैं। यूँ तो मॉडलिंग के ज़्यादातर मौक़े युवा लड़कियों के लिए थे, पर कभी-कभी किसी शो को हक़ीक़त के ज़्यादा क़रीब दिखाने के लिए थोड़ी बड़ी उम्र की महिलाओं की भी ज़रूरत पड़ती थी। उस वक़्त मैंने बतौर दादी एक एड किया, जो फ्रंट पेज पर छपा। तब मैं बयालीस साल की थी।

टोरंटो में मैं अकेली मॉडल नहीं थी, जो चालीस पार की उम्र में मॉडलिंग कर रही हो। आमतौर पर मॉडलिंग का काम बीस-बाईस साल की लड़कियाँ ही करती हैं, पर वहाँ ऐसा नहीं था। ग़ौर करने वाली बात है कि यह किसी नामी फैशन डिज़ाइनर या उनके ब्रांड के लिए की जाने वाली मॉडलिंग नहीं थी और न ही यह न्यूयॉर्क या मिलान फ़ैशन वीक था।

मुझे याद है एक बार मैं एक रनवे शो कर रही थी, जहाँ सभी महिला और

पुरुष मॉडल बड़ी उम्र के थे। शो के बाद जब हम सभी ड्रिंक के लिए बाहर गए तो वहाँ एक व्यक्ति ने मुझसे कहा, "तुम्हें अपना ड्रिंक ख़ुद ख़रीदना होगा क्योंकि तुम यहाँ इकलौती हो, जो मेरे साथ बेड पर नहीं आई हो।"

मैं तो उसे देखती रह गई।

उसने कहा, "हाँ, तुम इकलौती हो, जिसने मेरे साथ मैट्रेस (गद्दे) के एड शूट नहीं किये हैं।"

तो यह हाल था। हमारी उम्र के लोगों को ऐसे-ऐसे काम करने पड़ते थे, यानी बेड और इस तरह की दूसरी चीज़ों के विज्ञापन।

पर मुझे इसकी परवाह नहीं थी। मैं कोई तीर नहीं मारना चाहती थी। यह मेरे लिए बस एक काम था और मैं काम करते रहना चाहती थी। मैं मॉडलिंग इसलिए करती रही क्योंकि मुझे मज़ा आ रहा था। इस काम के दौरान मैं अच्छी दिखती थी। यही नहीं मुझे अलग-अलग शहरों में जाने और नये लोगों से मिलने का मौक़ा भी मिल रहा था। उस ज़माने में एजेंसी को मुझे तीन हफ़्ते पहले बुक करना पड़ता था ताकि मेरी प्रैक्टिस पर असर न पड़े और मैं महीने में चार दिन से ज़्यादा मॉडलिंग नहीं करती थी। इससे मुझे डायटीशियन के अपने काम जितने पैसे मिल जाते थे, जो मेरा स्थायी काम था और जिससे मेरा घर चलता था। मैं इस काम के साथ कोई समझौता नहीं करना चाहती थी—क्योंकि इससे मेरा रोज़ का ख़र्च निकलता था—घर का किराया, बस का किराया, स्कूल की यूनिफॉर्म, गैस और कार का ख़र्च जबकि मॉडलिंग से मुझे इतने पैसे मिल जाते थे कि परिवार से मिलने के लिए फ़्लाइट के सस्ते टिकट ले सकूँ, कुछ कपड़े ख़रीद सकूँ या घर की कुछ ज़रूरी चीज़ें। कभी-कभी मैं अपने लिए ड्रेस ले लेती थी, यानी मॉडलिंग से ऊपर का ख़र्च निकल आता था।

मैं न्यूट्रीशन के अपने मरीज़ों को बताती तक नहीं थी कि मैं मॉडलिंग करती हूँ। और चूँकि उस ज़माने में सोशल मीडिया नहीं था इसलिए किसी को पता भी नहीं था।

कभी-कभार कोई पूछ लेता, "क्या मैगज़ीन में यह तुम्हारी ही तसवीर छपी है?"

तो मैं कहती, "हाँ, मैं सीयर्स हाउस-कोट क्वीन हूँ।"

यह मेरा काम था। जब सीयर्स कम्पनी बाज़ार में नया हाउस-कोट उतारती थी तो वो मुझे बुलाती थी, उसकी मॉडलिंग करने के लिए।

जब मैं पचास बरस की हुई, तो न्यूयॉर्क आ गई। यहाँ मैंने कुछ शानदार कैंपेन किये, इसके बाद मैंने एक बड़ी एजेंसी के साथ कॉन्ट्रैक्ट कर लिया क्योंकि मुझे लगा इससे मेरा दायरा बढ़ेगा। हालाँकि हुआ इसका उलटा। पहले मैं कभी-कभार मॉडलिंग कर लिया करती थी, पर अब काम इतना कम हो गया कि क्या कहूँ।

मैंने उन्हें ई-मेल किया और कहा कि मैंने मॉडलिंग बन्द करने के लिए आपके साथ काम शुरू नहीं किया है। जवाब में उन्होंने लिखा, आपके लायक़ कोई काम हमारे पास नहीं है।

मैंने उन्हें कॉल किया तो उन्होंने जवाब दिया, "कोई आपको देखना नहीं चाहता, वो दूसरी मॉडल्स को लेना चाहते हैं जो आपसे बेहतर हैं।"

मैं सोचती, "पर वो उतनी मशहूर तो नहीं हैं।"

मैं समझ नहीं पा रही थी कि आख़िर अब क्लाइंट मुझे देखना पसन्द क्यों नहीं कर रहे। मैं तो कई दशकों से मॉडलिंग कर रही हूँ। शायद वक़्त बदल गया है। मुझसे कहा गया कि आपका लुक किसी को पसन्द नहीं आ रहा है।

इत्तफ़ाक़ से, राह चलते मेरी मुलाक़ात कुछ ऐसे लोगों से हुई जो मेरे साथ काम कर चुके थे। उन्होंने कहा, "हम आपको बुक करना चाहते थे, पर आप तो उपलब्ध ही नहीं थीं।"

मैं एजेंसी गई और उनसे पूछा, "क्या लोग मुझे बुक करने की कोशिश कर रहे थे?"

"नहीं, ऐसा नहीं है। उन्हें धोखा हुआ होगा, वो किसी और को बुक करना चाहते थे।"

तब मैंने फ़ैसला किया कि मैं अपने बाल नहीं रँगूँगी। मैंने सोचा, "मैं वैसे भी मुश्किल से ही मॉडलिंग कर रही हूँ, देखूँ तो सही कि मेरे बालों का असली रंग क्या है?"

मेरे बाल पकने शुरू हो गए और बहुत बुरे दिखने लगे। ऊपर की तरफ़ एक पूरा हिस्सा सफ़ेद था लेकिन कन्धों पर मेरे बाल अभी भी सुनहरे थे। एक डायटीशियन के लिए यह मायने नहीं रखता कि उसके बाल किस रंग के हैं, बस आपको अपने काम में माहिर होना चाहिए। अपनी सबसे अच्छी सहेली जूलिया पैरी की सलाह पर मैंने अपने बाल बहुत छोटे कटवा लिये। यह एकदम मॉडर्न और शानदार लुक था। इससे पहले मैंने ऐसा स्टाइल कभी नहीं अपनाया था।

बाल सफ़ेद होने के बाद छह महीने तक एजेंसी ने मुझे कोई काम नहीं दिया। वो बहुत तकलीफ़ भरा दौर था। मुझे ऐसा लगने लगा था कि मेरे लिए मॉडलिंग की दुनिया में ज़रा-भी मौक़े नहीं बचे हैं और अब शायद मेरा करियर ख़त्म होने के कगार पर आ गया है। तभी एक बहुत दिलचस्प वाक़या हुआ। एक कास्टिंग डायरेक्टर ने मेरी एजेंसी को कॉल किया, उन्हें 'टाइम' मैगज़ीन का कवर तैयार करना था। इस बार एजेंसी यह नहीं कह सकती थी कि मैं उपलब्ध नहीं हूँ, क्योंकि कास्टिंग डायरेक्टर का ऑफ़िस मेरे घर के पास ही था और वो रोज़ सुबह देखती थी कि मैं अपने डॉगी को टहलाने ले जाती हूँ। इसलिए उन्हें मुझे बुक करना ही पड़ा। इस तरह मैं 'टाइम' मैगज़ीन में आ गई, उनके स्वास्थ्य वाले सेक्शन के कवर पेज पर। तब मुझे एहसास हुआ कि मेरे लायक़ काम मौजूद है। दरअसल दिक़्क़त मेरे लुक में नहीं बल्कि एजेंसी में थी।

अब मुझे ही कुछ करना था।

सबका अपना-अपना मक़सद होता है। मैं चाहती थी कि जो भी काम मेरे लिए मौजूद है, मैं उसका फ़ायदा उठाऊँ। मेरे एजेंट ऐसे हों जो मेरे करियर को आगे बढ़ाएँ। पर पता नहीं क्यों, यहाँ ऐसा नहीं था। एक बार जब मुझे यह बात समझ में आ गई तो ज़रूरी था कि इसका कोई उपाय किया जाए। मैं ये देखती बैठी नहीं रह सकती थी कि कोई और मेरे हिस्से का काम छीनकर ले जाए।

मैं सीधे एजेंसी गई और उनसे साफ़-साफ़ बात की, क्योंकि अगर हमें कुछ चाहिए, तो वो माँगना पड़ता है।

मेरी एजेंट चिढ़ गई।

"आप ऐसा कैसे सोच सकती हैं कि हम आपको काम दिलवाने के लिए मेहनत नहीं कर रहे हैं।"

वो झूठ बोल रही थी और यह बात हम दोनों जानते थे। अगर आप ऑडिशन में जाएँ और आपको काम न मिले तो बात अलग है, ऐसा मेरे साथ कई बार हो चुका था। आप ऑडिशन में जाएँ, बीस अन्य महिलाओं के साथ क़तार में इन्तज़ार करें और फिर आपको काम न मिले, मॉडल बनने पर ऐसा होता है। लेकिन आपकी एजेंसी आपको कास्टिंग के लिए भेजे ही नहीं—यह तो बुरी बात है।

उन्होंने इस बात को मानने से साफ़ इनकार कर दिया। मेरी एजेंट लगातार यह कहती रही कि असल में काम है ही नहीं। मैं फँस गई थी क्योंकि मैंने उनके साथ कॉन्ट्रैक्ट कर रखा था।

जब आप किसी ऐसे काम में फँस जाएँ, जहाँ कुछ भी आगे नहीं बढ़ रहा हो और आप उससे बाहर निकलना चाहें लेकिन निकल न पाएँ; यहाँ तक कि आपको यह भी पता न हो कि इसके आगे क्या होने वाला है। ये बड़े डरावने हालात होते हैं क्योंकि रोज़ काम पर आपको दुख झेलना पड़ता है। अगर अपने काम में आपको ख़ुशी नहीं मिल रही है तो आपकी उदासी बढ़ती चली जाएगी। अच्छा यही होता है कि आप अपने काम से प्यार करें, उसका इन्तज़ार करें, क्योंकि काम के दिनों में आप अपना ज़्यादातर वक़्त काम करते हुए बिताती हैं। डायटीशियन की प्रैक्टिस में मेरी कई मरीज़ वकील थीं और उन्हें अपने काम से प्यार था, पर उन्हें अपने बॉस पसन्द नहीं थे। मुझे यह बात पता थी क्योंकि उनकी इस नाख़ुशी और तनाव का असर उनकी ख़ुराक पर पड़ रहा था। मैं उनसे कहती थी कि आप अपने हालात बदलिए जिससे आपकी ज़िन्दगी बदल जाएगी। मेरी सलाह मानकर बदलाव करते हुए उन्होंने अपनी लॉ-फ़र्म शुरू की, या अलग से अपनी प्रैक्टिस शुरू की, जिससे ज़िन्दगी में

ख़ुशी आई और उनकी ख़ुराक भी सुधर गई। मेरे मरीज़ हमेशा कहते थे कि भले मैं एक डायटीशियन हूँ पर मेरे पास आने से एक साइकियाट्रिस्ट के उनके बहुत पैसे बच जाते हैं।

मैंने मॉडलिंग के अपने कॉन्ट्रैक्ट पर एक नज़र डाली तो देखा कि इसका ताल्लुक़ सिर्फ़ न्यूयॉर्क शहर से ही है। इसलिए मैंने फ़िलाडेल्फिया, हैम्पटन्स, कनेक्टीकट, न्यू जर्सी, लॉस एंजेलेस, हैम्बर्ग, म्यूनिख, पेरिस और लन्दन के एजेंटों से सम्पर्क किया। मैंने उनके साथ कॉन्ट्रैक्ट कर लिया और मुझे थोड़ा-बहुत काम मिलना शुरू हो गया। मैं कैटलॉग शूट करने के लिए अक्सर यूरोप जाने लगी। मुझे अख़बारों और मैगज़ीन में भी काम मिलने लगा। बालों और दवा कम्पनियों के लिए भी मैंने विज्ञापन किये। मुझे अच्छे पैसे मिले। हालाँकि मैं हमेशा इकोनॉमी क्लास में सफ़र करती और यात्राओं पर ज़्यादा ख़र्च नहीं करती।

घर के आसपास ही मैं कैटलॉग, विज्ञापन और शोरूम का काम कर रही थी। यह चमक-दमक वाला काम नहीं था, पर काम तो था। मेरा काम था सस्ते डिपार्टमेंटल स्टोरों के ख़रीदारों को कपड़े ट्राई करके दिखाना। मुझे कपड़े बदलने के लिए कार्डबोर्ड का बना एक छोटा-सा बूथ दिया गया था। जब मैं बूथ से बाहर आती तो वहाँ तीस लोग बैठे होते थे, जो मुझे इन पोशाकों में देखते। कपड़े बदलने के लिए जब मैं वापस उस बूथ में जाती तो समय की कमी के चलते मैं बेगल और क्रीम-चीज़ वहीं बूथ में खाती और साथ-साथ कपड़े बदलती जाती। जितनी बार मैं कपड़े बदलती, उतनी बार एक छोटा टुकड़ा खाती, क्योंकि एक बार में पूरा बेगल खाने का वक़्त मेरे पास नहीं होता था।

ज़्यादातर काम न्यूयॉर्क में था और इसके बावजूद मुझे मौक़े नहीं दिये जा रहे थे। मुझे पता था कि मैं इससे बेहतर कर सकती हूँ। ऐसा भी नहीं था कि मेरी उम्र या मेरे रूप-रंग की वजह से काम नहीं मिल रहा था। दरअसल मेरा कोई दोष ही नहीं था।

चूँकि मुझे इससे बाहर निकलने का कोई तरीक़ा खोजना था, इसलिए मैं एजेंसी में गई और वेटिंग रूम में बैठ गई। बैठी रही, बैठी रही, इन्तज़ार करती

रही, जब तक कि उन्होंने मुझे एक सीनियर अफ़सर के पास नहीं भेज दिया।

मैंने उस महिला से कहा, "बीते छह महीनों से मुझे एक बार भी कास्टिंग के लिए नहीं भेजा गया है। ऐसा कीजिए मेरा कॉन्ट्रैक्ट ही ख़त्म कर दीजिए।"

मैंने सोच रखा था कि जब तक मेरे मन का नहीं होता, मैं वहाँ से टलने वाली नहीं हूँ। आख़िरकार वो इसके लिए राज़ी हो गई। मुझे यह बहुत पहले ही करना चाहिए था। मैंने भले ही देर की, पर आप ऐसा मत करिएगा। इससे आपका कम नुकसान होगा। अगर हालात बदल नहीं रहे हैं तो जितनी जल्दी हो सके आपको उनसे बाहर निकलना चाहिए। भले ही आपके पास कुछ भी न हो या आप सोच रही हों कि मैं ऐसे ख़ाली हाथ कैसे निकल जाऊँ। भले ही ऐसा करते हुए आपको पैसों की दिक़्क़त का सामना करना पड़े, पर निकलना ज़रूरी होता है।

इसके बाद मैं एक बुटीक एजेंसी से जुड़ गई जिसके साथ मैं पहले भी काम कर चुकी थी। वे मेरे साथ काम करने के लिए ख़ुशी-ख़ुशी राज़ी थे और उन्हें मेरा नया लुक भी पसन्द था। उन्होंने मुझे टोरंटो में एक एडिटोरियल शूट के लिए भेजा, जो एक बड़ी कामयाबी थी क्योंकि उम्र बढ़ने के बाद कोई आपको एडिटोरियल शूट पर नहीं भेजता। इस काम में बड़ा मज़ा आया। हालाँकि मुझे पता नहीं था कि एडिटोरियल के लिए पोज़ कैसे किया जाता है।

कैटलॉग का काम आसान होता है। आप ख़ुश रहते हैं, और कपड़ों पर शिकन तक नहीं आती। आपको किसी अजीब से पोज़ में भी नहीं खड़े होना पड़ता। जबकि एडिटोरियल में अजीब-अजीब काम करने पड़ते हैं, जैसे उछलो, डांस करो या अजीब सा पागलपन। चूँकि मुझे ये काम सीखने थे इसलिए मैंने मैगज़ींस देखनी शुरू कीं।

मैंने ज़िन्दगी में बस एक बार एडिटोरियल का काम किया था, जब मैं पैंतालीस साल की थी। वहाँ मुझे एक सुपर मॉडल के अजीब से बैकग्राउंड में नज़र आना था।

मैं टोरंटो गई। शूट पर मैं इकलौती मॉडल थी।

मैंने कहा, "बाक़ी मॉडल कहाँ हैं?"

उन्होंने जवाब दिया, "कोई नहीं है, आप अकेली हैं यहाँ।"

इस तरह मैं डिज़ाइनर, फ़ैशनेबल, और ख़ूबसूरत कपड़ों की दुनिया में आ गई थी। उन्होंने एक 'व्हाइट स्टोरी' शूट की, सफ़ेद पोशाकों में आठ पेज। मुझे बड़ा मज़ा आया। हर बार एक नया हेयर-स्टाइल। जबकि मेरे बाल बहुत छोटे थे।

जब मैंने उन तसवीरों को देखा तो मुँह से बेसाख़्ता निकला, "वाह।"

इसके बाद मेरे पास काम आने लगा। जब मैं पहली बार न्यूयॉर्क आई थी और किम्बल और मैं टाइम्स स्क्वायर पर घूमने गए थे तो वहाँ विशाल बिलबोर्ड्स पर अलग-अलग विज्ञापन लगे देखकर मैंने उससे कहा था, "देखना, एक दिन मैं भी इन पर नज़र आऊँगी।" इस पर हम दोनों बड़े ख़ुश हुए थे। और अब वो दिन आ गया था। टाइम्स स्क्वायर पर लगे पन्द्रह फुट ऊँचे एक बिलबोर्ड पर मैं नज़र आ रही थी, पहली बार।

'वर्जिन अमेरिका' के एडवरटाइज़मेंट के लिए मैं कास्टिंग पर गई जहाँ तीन सौ महिलाएँ और मौजूद थीं पर उन्होंने मुझे चुन लिया। शूट पर तीन लोग थे—एक युवा लड़की, एक नौजवान और मैं, वे बहुत ही युवा मॉडल थे। इतने ख़ूबसूरत कि उन्होंने मुझसे बात तक नहीं की। लेकिन जब बिलबोर्ड तैयार हुए तो उन पर मेरा चेहरा नज़र आ रहा था। सड़सठ साल की उम्र में मैं हर जगह छाई हुई थी। टाइम्स स्क्वायर पर, सब-वे में और अमेरिका के हर एयरपोर्ट पर। अमेरिका के लोग ट्रेन या प्लेन की यात्रा मेरा चेहरा देखे बिना शुरू या ख़त्म नहीं कर सकते थे।

कौन जानता था कि जब मेरे बाल सफ़ेद होंगे, तब कामयाबी मेरे क़दम चूमेगी? जब मैं पन्द्रह साल की थी तब मुझसे कहा गया था कि अठारह साल की उम्र तक मेरा करियर ख़त्म हो जाएगा। इसके विपरीत इकहत्तर साल की उम्र में मैं अपनी कल्पना से भी ज़्यादा कामयाब थी। मैंने सीखा कि आप हमेशा कोई रास्ता तलाश सकते हैं। आप हमेशा एक वैकल्पिक योजना बना सकते हैं। यह सच है कि इसे सीखने में मुझे वक़्त लगा और मैं अभी भी सीख रही हूँ।

इसी बीच एक और हैरतअंगेज़ चीज़ हुई। अपनी सोशल मीडिया पोस्टों के ज़रिये मुझे पता चला कि लोगों को मेरे सफ़ेद बाल बहुत पसन्द आ रहे

हैं। यहाँ तक कि मुझे मॉडलिंग के काम भी अपने सफ़ेद बालों की वजह से मिले थे। आज मैं कहीं भी ख़ुशी-ख़ुशी जा सकती हूँ—यह जानते हुए कि वहाँ सफ़ेद बालों वाली इकलौती मैं ही हूँ। अगर कमरे में सफ़ेद बालों वाली कोई और महिला हो तो मैं उसकी तरफ़ देखकर मुस्करा देती हूँ और कहती हूँ, "देखो, हम एक जैसे हैं।"

अब मुझे इस बात पर यक़ीन हो गया है कि वक़्त बीतने के साथ हालात बेहतर होते जाते हैं। हर सोमवार को मैं पहले से ज़्यादा उत्साहित रहती हूँ क्योंकि मुझे पता होता है कि मुझे कुछ मज़ेदार काम करने हैं। अगर कोई काम नहीं भी आता, तो मैं सोशल मीडिया पर पोस्ट लिखती हूँ ताकि काम आए। तभी मैं कहती हूँ कि इकहत्तर साल का होना शानदार है और इसलिए मैं उम्र की परवाह नहीं करती।

मैं ज़िन्दगी का लुत्फ़ ले रही हूँ।

दो

आकर्षक बनिए

ख़ूबसूरत होने से बेहतर है दिलचस्प होना

❖

जब मैं एक ब्यूटी-एड की कास्टिंग के लिए गई तो मैं पचास पार कर चुकी थी। कास्टिंग डायरेक्टर ने कहा, "ओह, आप कितनी ख़ूबसूरत हैं।"

मैंने कहा, "क्या यह इस काम की पहली शर्त नहीं है?"

मेरा मतलब है कि मैं एक ब्यूटी-कैंपेन के लिए आ रही थी तो मुझे लगा कि मैं बहुत ख़ुशनुमा बनकर जाऊँ। चूँकि मैं दक्षिण अफ्रीका में पली-बढ़ी हूँ और मैंने देखा था कि वहाँ के लोग ख़ुद को ख़ूबसूरत नहीं मानते।

एजेंसी के लोग डर गए। उन्हें मेरा मज़ाक़ पसन्द नहीं आया और मुझे उस काम के लिए नहीं चुना गया क्योंकि मैं कुछ ज़्यादा ही बोल्ड थी।

इसके बाद मैंने बस 'शुक्रिया' कहना सीख लिया।

मुझे यह बात कभी समझ नहीं आई कि अमेरिका में लोग ख़ूबसूरत दिखने पर इतना ज़ोर क्यों देते हैं? दक्षिण अफ्रीका में अगर आप होशियार हैं, दिलचस्प शख़्सियत हैं, हँसमुख हैं, तो एक औरत के तौर पर आपकी बहुत इज़्ज़त की जाती है। वहाँ आपका बाहरी रूप बहुत मायने नहीं रखता। लोगों ने कहा,

"आप बहुत मज़ेदार हैं।" और मुझे लगा, हाँ यह बात सही है मैं हूँ मज़ेदार। उनकी ज़्यादा दिलचस्पी एक डायटीशियन के तौर पर मेरे काम में थी, इस बात में थी कि अपने विषय या क्षेत्र की नई से नई जानकारी और रिसर्च मेरे पास है, मैं लेक्चर अच्छे देती हूँ और मीडिया का काम भी सँभालती हूँ। प्रैक्टिस भी चल रही थी। वहाँ के लोगों की दिलचस्पी मुख्यत: काम के प्रति मेरे जुनून और पेशेवर बर्ताव में थी।

जब मैं पहली बार अमेरिका गई तो मैंने अपनी जुड़वाँ बहन केय को

फ़ोन करके कहा कि ये अमेरिकी लोग ख़ूबसूरत दिखने पर इतना ज़्यादा ज़ोर क्यों देते हैं?

केय मेरे पसन्दीदा लोगों में से एक है। हम हर रोज़ रात को बात करते और वो मुझे हर चीज़ की सच्चाई बताती। मैं केय से हर मामले में सलाह लेती फिर चाहे वो इंवेस्टमेंट हो या फिर घर में विनियर लगाना (उसने मुझे इसके बारे में मना कर दिया था)। वो हर वक़्त मेरे लिए मौजूद रही है और उसने मुझे काफ़ी सहारा दिया है।

केय की सबसे अच्छी बात यह है कि वो एकदम सीधी और सपाट बात करती है, कोई बकवास नहीं करती। जो उसके मन में आता है वो सीधे कह देती है।

इसका मतलब यह नहीं है कि वो एक गम्भीर शख़्सियत है। केय हमेशा हँसती रहती है और हम दोनों में ज़्यादा हँसमुख वही है। पर ख़ास बात यह है कि वो दुनिया में किसी और को नहीं बल्कि ख़ुद को हँसाने और खुश रखने की कोशिश करती है। यही कारण है कि लोग केय को बहुत प्यार करते हैं और जब वो बोलना शुरू करती है तो लोग बड़े ध्यान से सुनते हैं। अगर आप उससे मिलेंगे तो आपको भी वो एक ज़िन्दादिल शख़्स के रूप में बहुत पसन्द आएगी। एक बार केय को कोई मिल जाए तो मैं पास बैठकर स्वेटर भी बुन सकती हूँ। असल में, केय से मिलना आसान नहीं है क्योंकि उसे तो बस अकेले रहना पसन्द है।

केय ने कहा, "देखो, सब लोग यही मानते हैं कि तुम ख़ूबसूरत हो, भले ही उन्होंने कभी कहा न हो। जब भी तुम किसी जगह पर जाती हो, तो लोगों की नज़र हमेशा तुम पर ठहर जाती है।"

मैंने इस बात पर कभी ध्यान नहीं दिया क्योंकि मैं किसी की तरफ़ देखती ही नहीं थी। मैं बस यह देखती थी कि मैं कहाँ जा रही हूँ। इसलिए मैंने जिन लड़कों के साथ बरसों डेटिंग की, उनमें से सिर्फ़ वही याद रहे जो यह कहते थे, "मेय, जब हम रेस्तराँ में जाएँ तो क्या तुम मेरे आगे-आगे चलोगी?"

...और मैं चलती थी और उसके बाद लड़के मेरे साथ-साथ चलते ताकि

सबको पता चले कि मैं उनके साथ आई हूँ। हालाँकि आगे चलकर किसी-न-किसी वजह से इन सब लड़कों ने मुझे छोड़ दिया। ऐसा इसलिए क्योंकि जो लोग आपके बाहरी रूप को देखते हैं, वो यही करते हैं।

ऐसे लोगों को मुझे ही पहले छोड़ देना चाहिए था। जब आप किसी ऐसे व्यक्ति से मिलते हैं जो ख़ूबसूरत है, तो आपको उसके साथ रहना अच्छा लगता है। पर अगर दिलचस्प न हों तो आप उनसे दूर चले जाते हैं। इसीलिए बेहतर होगा कि आपके आसपास ऐसे लोग हों जो आपकी शख़्सियत को पसन्द करते हों न कि ऐसे लोग जो आपकी बाहरी ख़ूबसूरती को पसन्द करें।

मुझे याद है कि मैं ऐसे जोड़े से मिली थी जिसमें पुरुष बहुत आकर्षक था और महिला बहुत सादी-सी थी। वो जोड़ा अजीब सा दिखता था। पर जब महिला ने बात करना शुरू किया तो लगा कि इस कमरे में सबसे ज़्यादा आकर्षक तो यही महिला है।

उसकी जिस तरह की अदा थी, जिस तरह का उसका आत्मविश्वास था और ज़िन्दगी के प्रति जिस तरह का नज़रिया था—वो मेरी अच्छी दोस्त बन गई क्योंकि वो बहुत होशियार और मज़ेदार शख़्सियत थी। मुझे उसके साथ रहना बड़ा अच्छा लगता था।

एक इनसान एक साथ कितना कुछ हो सकता है। मैं चाहती हूँ कि मेरी क़ब्र पर लिखा हो—'यह बहुत मज़ेदार महिला थी' न कि यह—'यह बहुत ख़ूबसूरत महिला थी।'

अगर आप बाहरी ख़ूबसूरती के लिए जुनूनी हैं लेकिन दिखने में आप 'परफ़ेक्ट' नहीं हैं तो आपके मन में असुरक्षा घर कर जाएगी। इससे आप दुखी हो जाएँगी और आपकी शख़्सियत के बहुत सारे शानदार पहलुओं का विकास रुक जाएगा, जैसे आपकी बुद्धिमत्ता, आपकी ज़िन्दादिली, आपका एक दिलचस्प इनसान होना।

मेरी सलाह है कि आप दूसरों के साथ नरमी से पेश आएँ, उनकी बात सुनें और हमेशा जोश में रहें। हर वक़्त अपनी ज़िन्दगी की परेशानियों का रोना रोते रहना ठीक नहीं है। सामने वाले के प्रति आत्मविश्वास दिखाएँ, सम्मान दिखाएँ,

उसमें रुचि लें और मुस्कराकर बात करें—इससे आप ज़्यादा दिलचस्प बनती जाएँगी। हम सबके अन्दर कोई-न-कोई प्रतिभा है और हम इसे दूसरों के सामने दिखा सकते हैं। अगर इस समय आपको लग रहा है कि आपके अन्दर ज़रा भी प्रतिभा नहीं है तो अपने अतीत के उस दौर के बारे में सोचिए, जब आप ज़िन्दगी को लेकर आत्मविश्वास से भरी थीं। उसका विश्लेषण कीजिए, मन्थन कीजिए, लोगों को उसके बारे में बताइए और आकर्षक बनिए। अगर आप किसी पेशे में हैं, या आपका कोई शौक़ है, या किसी चीज़ में आपकी ख़ास दिलचस्पी है तो उसके बारे में पढ़िए, लोगों से बातचीत के दौरान उसका ज़िक्र कीजिए और उसके बारे में उत्साहित रहिए। इस तरह आप ज़्यादा दिलचस्प और होशियार बनती जाएँगी। आप हर क्षेत्र में माहिर हों, यह ज़रूरी नहीं है। पर कुछ तो ऐसा हो, जिसमें आप अच्छी हों। जब लोग मुझसे खाने की रेसिपी पूछते हैं तो मैं उनकी कोई मदद नहीं कर पाती क्योंकि खाना पकाने में मैं माहिर नहीं हूँ। मुझे यह बुरा भी नहीं लगता क्योंकि मेरे भीतर यह प्रतिभा नहीं है और न ही मेरी इसमें कोई दिलचस्पी है। अगर मुझे खाना पकाने में मज़ा ही नहीं आता तो मैं हर किसी को ख़ुश करने के लिए नई-नई डिश ट्राई नहीं कर सकती। आपको उस चीज़ में माहिर होना चाहिए, जिसे करने में आपको मज़ा आता है।

इसके अलावा, कोशिश कीजिए कि आप थोड़ा हँसी-मज़ाक़ कर सकें, छोटी-छोटी बातों पर हँस सकें। लोग क्या कह रहे हैं, इसकी फ़िक्र करने की ज़रूरत नहीं है। जब कोई पुरुष मुझसे 'डेट' पर चलने के लिए पूछता है और मैं 'ना' कह देती हूँ, और वह पुरुष कहता है कि कोई बात नहीं, उसे मुझसे कम उम्र की कोई अच्छी महिला मिल जाएगी, तो मैं इस बात पर हँस देती हूँ। मुझे इसकी परवाह क्यों हो कि उसे कौन मिलेगा, कौन नहीं; बस मेरी उसमें दिलचस्पी नहीं है, तो नहीं है। मैं उसकी बातें सुनकर दुखी नहीं होती। हमें आगे बढ़ना है और ख़ुद के लिए ख़ुश रहना है। अगर आप मज़ाक़िया बातें कर सकती हैं, ख़ुद पर हँस सकती हैं, अपनी आवाज़ में ख़ुशी झलका सकती हैं तो आप बहुत मज़ेदार हैं। अगर आप ज़िन्दगी में मुश्किल दौर से गुज़र रही हैं तो चाहे-अनचाहे उसका ज़िक्र तो आ ही जाता है लेकिन आपकी शख़्सियत का प्रभाव हर हाल में बने रहना चाहिए।

तीन

अच्छी मॉडल अजीबोग़रीब कपड़े पहनती हैं

स्टाइलिश होने की ज़रूरत नहीं, बस आपके पास हो एक स्टाइलिश दोस्त

❖

मैं साल में एक-दो बार बड़े ग्लैमरस कपड़े पहनती थी, अपने जन्मदिन पर या किसी शादी में। जब मैं सड़सठ साल की थी, तो इलॉन की मेहमान बनकर 'मेट-बॉल' के लिए गई, जो फ़ैशन इंडस्ट्री का एक बड़ा आयोजन था। मुझे पता नहीं था कि रेड कार्पेट पर चलने से पहले इतनी तैयारी की जाती है। जब मैं 'ग्लैम-ड्रेस' यानी एक शानदार डिज़ाइनर ड्रेस में थी, मुझे बड़ा अच्छा महसूस हुआ। मैं थोड़ा तनकर चल रही थी, खड़ी हुई तो एकदम सीधी, सबको देखकर मुस्करा रही थी और चलते हुए मेरे हर क़दम में एक अलग उत्साह झलक रहा था।

अब मुझे समझ में आया कि एक ग्लैम-टीम अपने सेलिब्रिटीज़ को अवार्ड शो या फ़िल्मों के प्रीमियर के रेड-कार्पेट के लिए तैयार करते समय कितना कुछ करती है। डिज़ाइनर, स्टाइलिस्ट और उनके सहायक सभी एक अच्छी पोशाक खोजने के लिए कितने परेशान रहते हैं। आपको एहसास भी नहीं होगा कि अच्छे अंडर-गारमेंट (अन्दरूनी वस्त्रों) से किसी भी ड्रेस की फिटिंग अच्छी आती है। इसके अलावा एक्सेसरीज़ भी बहुत मायने रखती हैं।

चाहे वो बहुत भड़कीली हों या फिर साधारण-सी। आपके बाल भी हर बार एकदम अलग दिखने चाहिए, ताकि लोगों को समझ आ जाए कि आप हर बार अलग दिखने की कोशिश कर रही हैं। मेकअप करने वाले विशेषज्ञ तय करते हैं कि आपका लुक बिना मेकअप वाला 'नेचुरल या सहज' होगा (आपको हैरत होगी पर इसमें भी एक घंटा तो लग ही जाता है) या फिर हाई-ग्लैमर वाला, जिसमें नक़ली पलकें हों या फिर गहरी लाइनें। अब मुझे पता चला कि इसके लिए एक पूरी टीम लगती है। एक सेलिब्रिटी के अच्छे दिखने के पीछे जो लोग शामिल होते हैं उनकी मेहनत को भी सलाम किया जाना चाहिए।

जब मैं किसी आयोजन में बेहतरीन ड्रेस पहनकर जाती हूँ, तो इसकी ज़िम्मेदार होती हैं जूलिया पैरी, जो तीस सालों से मेरी सबसे अच्छी दोस्त और स्टाइलिस्ट हैं। वही मेरी पोशाकें डिज़ाइन करती हैं।

मैं जूलिया से तब मिली जब मैं तैंतालीस साल की थी। मैंने टोरंटो से अपनी दूसरी पोस्ट ग्रेजुएट डिग्री हासिल की थी और मैं न्यूट्रीशनिस्ट की अपनी प्रैक्टिस जमाने की कोशिश में थी। जद्दोजहद का दौर था। ऐसे समय में मेरा मॉडलिंग करियर काफ़ी सहायक साबित हुआ, क्योंकि मॉडलिंग स्कूल चलाने वाली एक एजेंसी ने मुझे मुफ़्त में अपना ऑफिस दे दिया। बस, बदले में मुझे उनके लिए मॉडलिंग करनी थी और शाम को उनके मॉडलिंग स्कूल में पढ़ाना था। मैं वहाँ रनवे मॉडलिंग, प्रिंट मॉडलिंग और मॉडलिंग के दूसरे पेशेवर गुर सिखा रही थी। पहली बार घर से दूर मेरा अपना ऑफिस था। मैं बहुत रोमांचित थी। मुझे लग रहा था कि मैं पेशेवर हो गई हूँ।

महीने भर के अन्दर ही उन्होंने मुझे मॉडलिंग स्कूल का डायरेक्टर बना दिया, क्योंकि इस कोर्स को जो महिला चला रही थी, उसका काम काफ़ी अस्त-व्यस्त था। जबकि मेरे बारे में कहा जाता था कि मैं बहुत भरोसेमन्द और समय की पक्की हूँ। इसका मुझे बहुत फ़ायदा मिला। मैंने वॉर्डरोब सिखाने की भी पेशकश की—मैं दक्षिण अफ़्रीका में वॉर्डरोब के बारे में पढ़ाया करती थी, पर मुझे अन्दाज़ा नहीं था कि मैं इस बारे में कितना कम जानती हूँ।

उन्होंने विशेषज्ञ को बुलवाया और जैसे ही उसने बोलना शुरू किया, मुझे

एहसास हुआ कि मैं तो वॉर्डरोब के बारे में कुछ भी नहीं जानती। उसने चार अलग-अलग ऋतुओं, अलग-अलग रंगों और अलग-अलग टेक्सचर के बारे में बोलना शुरू किया...सुनकर मैं एकदम हैरान रह गई।

...और इस तरह मैं जूलिया से मिली। हालाँकि जब आप उससे पूछेंगे तो वो बताएगी कि उसे मुझे देखकर क्या लगा था।

वो कहेगी, 'मैंने एक ख़ूबसूरत महिला को देखा, जो उस मॉडलिंग स्कूल में पढ़ा रही थी। अच्छे मॉडल बहुत ख़राब ड्रेसेज़ पहनते हैं, बहुत ही ख़राब।'

हालाँकि आजकल मैं एकदम नये ज़माने के फ़ैशन वाले कपड़े पहनती हूँ, पर ज़िन्दगी में हमेशा से ऐसा नहीं था। जब मैं छोटी थी, मेरी माँ अपने सारे कपड़े ख़ुद सिलती थीं और हम बच्चों के भी। जब मैं किशोर हुई तो मैंने सिलाई सीख ली, ताकि मैं अपने कपड़े ख़ुद सिल सकूँ। मैंने बेल-बॉटम और टेंट ड्रेसेज़ बनाईं। मैंने एक सूट भी सिला था। पहली बार, मैंने एक पैटर्न अपनाया, इसके बाद माँ ने मुझे पैटर्न-कटिंग क्लास में भेज दिया ताकि मैं पत्रिकाओं में आने वाले डिज़ाइन के ऐसे कपड़े सिल सकूँ, जिनके पैटर्न उपलब्ध नहीं होते। अगर मुझे नये फ़ैशन के कपड़े पहनने थे तो उसका एक ही तरीक़ा था, मैं ख़ुद सिलूँ।

एक पेशेवर होने के नाते, जब मैं काम पर जाने के लिए अपने कपड़ों का चुनाव करती थी तो ज़्यादातर मैं सूट ही पहनती थी। मैंने ऐसे कपड़े कभी नहीं पहने जो बदन से चिपके रहते हों या बहुत ज़्यादा टाइट हों, क्योंकि मैं काउंसलिंग की दुनिया में थी। मैं सूट पहनकर पूरे आत्मविश्वास के साथ किसी भी जगह जा सकती थी क्योंकि मुझे वो पहनकर अच्छा लगता था। मुझे लगता था कि इसमें मैं स्मार्ट दिखती हूँ, भरोसेमन्द दिखती हूँ।

मेरी बेटी टॉस्का पूछती, "क्या आप आज भी ग्रे सूट ही पहनेंगी या फिर वही नेवी ब्लू सूट?"

क्योंकि मैं हमेशा एक जैसे ही सूट पहना करती थी।

मैंने हमेशा अपनी परवाह की लेकिन मेरे कपड़ों का चुनाव इतना अच्छा नहीं था। शुक्र है कि उस वक़्त मुझे इस बात का एहसास नहीं हुआ। आख़िर होता भी कैसे? मेरे चारों तरफ़ वैज्ञानिक थे और हमारा सारा फ़ोकस रिसर्च

पर रहता था। हम लोगों के भले की कोशिशों में जुटे रहते थे। हम चाहते थे कि सबकी सेहत एकदम अच्छी रहे। हमें अपने काम से प्यार था। मैं अपने वैज्ञानिक दोस्तों से ज़्यादा स्टाइलिश थी, इसलिए ज़ाहिर है कि मेरे साथी मानते थे कि मैं बेहतरीन ड्रेस पहनती हूँ। और यही मेरे आत्मविश्वास की वजह थी।

इसके बाद मेरी मुलाक़ात जूलिया से हुई। जूलिया ने मुझसे कहा कि मुझे अपनी ड्रेसिंग बेहतर करने की ज़रूरत है। उसने ज़ोर दिया कि मुझे बहुत सारे सूट बनवाने की ज़रूरत नहीं है, इसके बजाय मेरे पास एक सूट होना चाहिए, जिसकी फ़िटिंग एकदम शानदार हो और वो बेहतर कपड़े से बना हो। उसने कहा कि वो वॉर्डरोब के मामले में मेरी मदद कर सकती है। मुझे उसकी मदद की ज़रूरत थी, पर मेरे पास इतने पैसे नहीं थे कि मैं उसे फ़ीस दे सकूँ। इसलिए हमारे बीच इस बात पर सहमति हो गई कि वो स्टाइल के मामले में मुझे सलाह देगी और बदले में मैं उसे न्यूट्रीशन की सलाह दूँगी। मुझे लगता है कि मैंने खाने की उसकी आदतों में सुधार किया, यह बात वो भी मानती है, मैं अभी भी कोशिश किये जा रही हूँ। पर इतना तय है कि उसने मुझे जो सलाह दी, उससे मेरी ज़िन्दगी बदल गई।

जूलिया से पहले मुझे पता नहीं था कि मैं कैसे तैयार होऊँ ताकि बहुत शानदार दिखूँ। जूलिया से मिलने के बाद बाहर से भी मैं उतने ही आत्मविश्वास में नज़र आने लगी, जितना मैं भीतर से महसूस करती थी। मुझे पूरा यक़ीन है कि अपने दोनों करियरों में मैंने जो कामयाबी हासिल की है उसका श्रेय पोशाकों के बारे में जूलिया की मुझे दी गई सलाह को जाता है।

जूलिया आई और उसने मेरे कपड़ों को देखा। उनका मुआयना किया और उसके बाद तकरीबन सारे कपड़े फेंक दिये। मेरे पास पहनने के लिए बहुत गिनी-चुनी ड्रेसेज़ ही बची थीं।

इसके बाद जूलिया ने कहा, "अब तुम्हें एक सूट ख़रीदना है, दो ब्लाउज़, एक जोड़ी जूते और एक बैग, ठीक है?"

मैंने कहा, "मेरे पास कुछ भी ख़रीदने के पैसे नहीं हैं?"

उसने कहा, "देखो, तुम्हारा अपने मरीज़ों के सामने अच्छा दिखना भी बहुत ज़रूरी है।"

उस वक़्त मेरी तंगी के दिन थे इसलिए मैं इस बात पर राज़ी हो गई कि हम धीरे-धीरे ये बदलाव ला सकते हैं। मुझे ज़्यादा कुछ नहीं चाहिए था। चूँकि मेरे मरीज़ हफ़्ते में एक बार ही मुझे देखते थे, इसलिए मुझे रोज़ाना कुछ अलग पहनने की ज़रूरत नहीं थी।

मैंने पहली बार वो पोशाक पहनी जिसकी कटिंग सही हुई थी और जो बहुत ख़ूबसूरत कपड़े से बनी थी, इससे मेरे भीतर का आत्मविश्वास भी बहुत बढ़ गया।

जब मैंने पैसा कमाया, तो जूलिया चाहती थी कि मैं अपनी वॉर्डरोब में और भी चीज़ें जोड़ती चली जाऊँ, पर मेरे पास वक़्त ही कहाँ था। मैं इतना ज़्यादा काम कर रही थी कि शॉपिंग की कोई गुंजाइश ही नहीं थी।

उसने कहा, "एक घंटा निकालो, बस।"

डिपार्टमेंटल स्टोर आसपास ही थे इसलिए वह वहाँ जाती और वो तमाम चीज़ें निकालकर रखती जो उसके हिसाब से मायने रखती थीं, जैसे कि दूसरा सूट, शूज़, ब्लाउज़, कैजुअल कपड़े, कोट। मैं ब्रेक के दौरान वहाँ जाती, जल्दी से सब चीज़ें ट्राई करती, और पैसे देती। इसके बाद मैं ऑफ़िस वापस आ जाती। हर दो महीने में हम एक ड्रेस ख़रीदते। इस तरह मेरी वॉर्डरोब तैयार हो गई।

अगर आप भी स्टाइलिश दिखना चाहती हैं और आपको भी यह बहुत पेचीदा लगता है, जैसे मुझे लगता था, तो आप एक ऐसा दोस्त खोज लीजिए जिसे स्टाइल की समझ हो। आमतौर पर ऐसे लोगों को शॉपिंग करना बहुत अच्छा लगता है। चाहे महिला हो या पुरुष दोस्त, उससे कहिए कि वह शॉपिंग में आपका साथ निभाए, आपके लिए कुछ बुनियादी चीज़ें पसन्द करे और साथ ही ख़ास मौक़े के लिए एक शानदार ड्रेस भी। उससे आप अपनी एक्सेसरीज़ भी पसन्द करवा सकते हैं, जैसे कि ईयररिंग्स, नेकलेस, हैंडबैग, जुर्राबें वग़ैरह। आपको अपने पूरे लुक पर ध्यान देना होगा। जब वह आपके लिए चीज़ें चुनेगी तो आपको काफ़ी दिक़्क़त होगी, उन कपड़ों में आपको अजीब-सा लगेगा। मैं ऐसा हमेशा महसूस करती हूँ पर मुझे इतनी तारीफ़ें मिलीं कि मुझे किसी

ऐसे व्यक्ति पर भरोसा करना पड़ा, जिसकी स्टाइल की समझ मुझसे बेहतर है। बदलाव के लिए तैयार रहिए, ग़लतियाँ कीजिए, फिर से बदलाव कीजिए, जब तक आपको अपने लिए सही स्टाइल नहीं मिल जाता।

मेरी ज़िन्दगी का लम्बा वक़्त ऐसा था जब मेरे पास ज़्यादा पैसे नहीं होते थे। इसके बावजूद मैं अपनी सीमित क्षमता में स्टाइलिश तरीक़े से ड्रेसअप होने की कोशिश करती थी। जैसे मैं कई साल अपनी पोशाकें ख़ुद बनाती रही, ऐसा आप भी कर सकती हैं। एक पैटर्न ख़रीदकर या सस्ते मैटीरियल से आप अपने लिए एक ख़ूबसूरत ड्रेस बना सकती हैं। पर इसके लिए आपके पास सिलाई मशीन होना ज़रूरी है। इसके अलावा कुछ सस्ते कपड़ों की दुकानें या डिस्काउंट क्लॉथ स्टोर भी होते हैं। कभी-कभी मैं कपड़े ख़रीदने में मदद के लिए अपनी किसी दोस्त को ले जाती थी। जब मैं टोरंटो में नई थी तो मेरी एक दोस्त मुझे डिस्काउंट स्टोर में ले गई और बयालीस साल की उम्र में उसने मुझे दस डॉलर की एक मिनी-स्कर्ट दिलवाई। मुझे बड़ी शर्म आ रही थी, पर वो सभी को बड़ी पसन्द आई। लोग हमेशा सोचते हैं कि अच्छा दिखने के लिए बहुत सारे पैसे ख़र्च करने पड़ते हैं पर मैंने कई बरस तक आर्थिक रूप से बहुत ज़्यादा संघर्ष किया है, इसलिए मैं आपको बता सकती हूँ कि आपको इसे अपने सालाना ख़र्च का एक हिस्सा बना लेना चाहिए। ठीक वैसे ही जैसे आप हेयर-कट या डेंटिस्ट के पास जाने का बजट रखती हैं। अगर आप साल में दो बार सिर्फ़ पाँच सौ डॉलर ख़र्च कर सकती हैं तो याद रखिए बहुत सारी सेल लगती हैं, सस्ते स्टोर होते हैं, ऐसी दुकानें, जहाँ से आप दो या तीन पोशाकें तो ख़रीद ही सकती हैं जो आपकी लाइफ़ स्टाइल और आपके काम के मुताबिक़ हों। यह ख़र्च सच में मायने रखता है। आपको बस इसकी योजना बनानी होगी।

मैं आपको मेरी योजना के बारे में बताती हूँ, साल में दो बार, मेरी दोस्त जूलिया मेरे फ़्लैट में आती है और मेरे वॉर्डरोब का मुआयना करती है। हम नियमित रूप से सबसे अच्छी और मामूली ड्रेसेज़ अलग करते रहते हैं। इसके लिए आपको अपनी अलमारी और दराज़ों से सब कुछ बाहर निकाल लेना चाहिए।

इसके बाद ऐसे कपड़े और एक्सेसरीज़ अन्दर रखिए जो आपको फिट होते हैं और जिन्हें पहनना आपको अच्छा लगता है। इसके अलावा जिन कपड़ों को ठीक करवाना है, उन्हें ठीक भी करा लीजिए।

इस तरह, अपनी वॉर्डरोब को पूरा ख़ाली करके सिर्फ़ उन्हीं ड्रेसेज़ या दूसरी चीज़ों को अन्दर रखना जिन्हें मैं वाक़ई पहनूँगी, से तैयार होना एक रूटीन नहीं रह जाता बल्कि एक आनन्द देने वाला काम बन जाता है। बहुत सारे लोग हैं जो फ़ैशन ब्लॉग पढ़ते हैं, अपने कई घंटे शॉपिंग में बिताते हैं, और नई-नई ड्रेसेज़ ट्राई करते हैं। उन्हें इसमें मज़ा आता है। मैं ऐसी नहीं हूँ। मुझे अच्छी ड्रेस पहनना पसन्द है, पर मैं रोज़ाना इसमें अपने कई घंटे नहीं लगा सकती। इसलिए मैं अपनी दोस्त के साथ मिलकर नियमित रूप से अपनी वॉर्डरोब का मुआयना करती रहती हूँ, और ऐसे कपड़े बाहर निकाल लेती हूँ जिन्हें मैं पहन नहीं रही थी, फिर उन्हें 'ड्रेस फ़ॉर सक्सेस' नामक संस्था के डोनेशन बैग में डाल देती हूँ। वे अच्छे और साफ़ कपड़े होते हैं। बस अब वो मुझ पर फबते नहीं, पर उनसे किसी और को बहुत ज़्यादा ख़ुशी मिल सकती है। काश, ऐसे लोग या संस्था टोरंटो में भी होती, जब मैं कोट नहीं ख़रीद सकती थी।

अगर आप लगातार अपनी वॉर्डरोब में सुधार नहीं ला रहे हैं, तो इसका नतीजा होगा कि आपकी अलमारी में मौजूद आधी चीज़ें ऐसी होंगी जो या तो बहुत छोटी होंगी, या बहुत बड़ी, जिन्हें मरम्मत की ज़रूरत होगी या जो आपकी पसन्द के दायरे से बाहर हो गई होंगी। सबसे बड़ी बात यह है कि कपड़े एकदम फिट होने चाहिए, क्योंकि अगर आपके कपड़े बहुत ज़्यादा बड़े होंगे तो आप बेढंगी लगेंगी और अगर वो ज़्यादा टाइट होंगे तो भी आप अजीब सी दिखेंगी।

जूलिया और मैं इस बात से सहमत हैं कि रोज़मर्रा की कुछ अच्छी पोशाकें आपकी वॉर्डरोब की एक अच्छी बुनियाद बनाती हैं, इसके बाद आप चाहें तो इसमें एक सोने की ईयररिंग्स या एक बढ़िया जींस और फ़ैशनेबल बूट जोड़ सकती हैं। शुरुआत छोटी-मोटी सामान्य चीज़ों से करें : रोज़ पहनने वाले कपड़ों से, जैसे कि ब्लैक जींस जो किसी भी टॉप के साथ सेक्सी लगे। कृत्रिम लेदर की बनी लैगिंग जिसे आप किसी स्वेटर या बटन-डाउन शर्ट के साथ पहन सकें। एक बढ़िया सा ग्रे ऊनी कोट या ट्रेंच कोट। बढ़िया टी शर्ट

और ऐसे ईयररिंग जिन्हें आप किसी भी ड्रेस के साथ पहन सकें। अगर आप अपनी वॉर्डरोब बनाना शुरू कर रही हैं या आपको उसे फटाफट अपडेट करना है तो एक बढ़िया सा ब्लेज़र या जैकेट ख़रीद लीजिए, इससे आपके मौजूदा कपड़ों में एक रंग आ जाएगा और आपकी मौजूदगी नोटिस की जाएगी।

जब आप अपनी बुनियादी पोशाकें तैयार कर लेती हैं, तो इसमें वैराइटी जोड़ने में बड़ा मज़ा आता है। एक हरी या गुलाबी कार्डिगन या कुछ ऐसा जिसे आप किसी भी टॉप पर पहन सकें या फिर एक फंकी बेल्ट जिससे आप अपने ट्रेंच कोट का लुक बदल सकें। अच्छी क्वालिटी के लेदर से बनी चीज़ों से भी आप अपनी मौजूदा पोशाकों का लुक बेहतर बना सकती हैं और अपनी इमेज को और भी शानदार बना सकती हैं। जब जूलिया ने मेरी वॉर्डरोब पर काम शुरू किया, तो सबसे पहले उसने मेरे सारे हैंडबैग अलग कर दिये और उनकी जगह लेदर का एक अच्छा हैंडबैग ख़रीदवाया। जब मेरे पास पैसे नहीं थे तब उसने मुझे सिखाया कि क्वांटिटी की बजाय क्वालिटी ज़्यादा मायने रखती है, तो इस तरह मैंने एक अच्छी चीज़ पर पैसे ख़र्च करने सीख लिये, जिसमें मुझे अपराध-बोध का अनुभव भी नहीं होता था। इस तरह हम अपने ख़र्च को तो क़ाबू में रख ही सकते हैं फ़ैशनेबल भी रह सकते हैं। एक ही चीज़ को बार-बार पहनें और बहुत ज़्यादा नई चीज़ें न ख़रीदें।

इस पूरे ब्योरे का सार यह है कि अच्छी पोशाकें पहनने के लिए ज़रूरी नहीं कि आप ख़ुद स्टाइलिश हों, आपके पास एक स्टाइलिश दोस्त होना भी काफ़ी है।

कभी-कभी मैं दूसरी महिलाओं को देखती हूँ, जिनके बाल मेरी तरह सफ़ेद हैं।

वे कहती हैं, "मुझे आपकी ड्रेस बड़ी अच्छी लगी।"

मैं जवाब देती हूँ, "आप भी ऐसी ड्रेस पहन सकती हैं।"

इस पर उनका कहना होता है, "नहीं, मैं नहीं पहन सकती।"

कई महिलाएँ सोचती हैं कि वे ऐसी ड्रेस नहीं पहन सकतीं। मेरी उम्र की महिलाएँ हों या किसी भी उम्र की महिलाएँ, वे ट्राई ही नहीं करतीं। मैं यह बात इसलिए जानती हूँ क्योंकि पहले मैं भी ऐसी थी।

जूलिया कहती, "चलो इसे पहनो!"

मैं जवाब देती, "नहीं, मैं नहीं पहनूँगी।"

मैं मना करने की कोशिश करती, विरोध करती, पर वे टस-से-मस नहीं होती। मेरी हर बड़ी बर्थडे पार्टी से पहले जब भी मैंने कहा, यह ड्रेस बहुत ज़्यादा टाइट है या यह बहुत ग्लैमरस है, तो वह मुझे हमेशा नज़रअंदाज़ कर देती। लेकिन आज मुझे ख़ुशी है कि उसने ऐसा किया, क्योंकि उन सभी पार्टियों में मेरी तसवीरें बहुत शानदार आईं।

इसलिए अब मैं 'हाँ' कह देती हूँ क्योंकि मैंने सीख लिया है कि अगर मैं ट्राई करूँ तो शायद वह ड्रेस मुझे पसन्द आएगी। अगर मैं कोशिश ही नहीं करूँगी, तो क्या पता लगेगा? कपड़े ही तो हैं। ऐसे लुक भी ट्राई किये जा सकते हैं जिनसे आपको डर लगता है क्योंकि ज़रूरी नहीं कि आपको वह ड्रेस दोबारा पहननी पड़े। कुछ भी स्थायी नहीं है।

किसी ज़माने में मैं इतनी बोल्ड नहीं थी, जितनी अब हूँ। मैं बहुत सारे फ़ैशन एडिटोरियल और टेस्ट शूट का हिस्सा बन चुकी हूँ जहाँ की थीम इतनी रचनात्मक होती थी कि कई बार मुझे बहुत बोल्ड दिखाया जाता या ऐसे तरीक़ों से जिनकी मैंने कभी कल्पना भी नहीं की थी। आज मैं फ़ैशन को लेकर ज़्यादा जिज्ञासु बन गई हूँ, यहाँ तक कि अब मैं हिम्मत जुटाकर प्रयोग भी करने लगी हूँ। लुक के मामले में मैं ख़ुद को अपनी हाई-फ़ैशन टीम के हवाले कर देती हूँ। कई बार किसी इवेंट में जाने से पहले मैं ख़ुद को आईने में देखती हूँ, और सोचती हूँ, 'मेरी स्टाइलिस्ट ने क्या सोचकर मुझे यह लुक दिया है? मुझे तो यह ज़रा भी अच्छा नहीं लग रहा है'। लेकिन जब मैं फ़ोटोग्राफ़रों से, दोस्तों और अजनबियों से सत्तर साल से अधिक उम्र की महिला न दिखने और नये फ़ैशन को अपनाने के बारे में सकारात्मक प्रतिक्रियाएँ सुनती हूँ तो आनन्दित होती हूँ, और सोचती हूँ—क्या है जो मुझे यहाँ तक लाया?

जब कोई पहली बार आपकी तारीफ़ करता है तो आपको अच्छा लगता है, आप थोड़ा तनकर चलती हैं, ज़्यादा मुस्कराती हैं और अपनी नई फ़ैशन स्टाइल में बहुत सुकून महसूस करती हैं। आज़माकर देखिए!

चार

मुझे मेकअप पसन्द है और मेकअप मुझे पसन्द करता है

मेकअप आपके सौन्दर्य और मूड को बदल सकता है

❖

एक शानदार शख़्स होने का मतलब यह नहीं है कि बाहर से आप नीरस दिखें। मुझे मेकअप इसलिए पसन्द है क्योंकि यह मेरे सादे से चेहरे को एक कैनवस की तरह समझता है और उसे किसी कलाकृति की तरह सजा देता है। मेरे चेहरे पर सन-स्पॉट (धूप से चेहरे पर बने निशान) हैं, मेरी आँखों के नीचे काले घेरे हैं और हाँ, झुर्रियाँ भी हैं। एक अच्छा फ़ाउंडेशन और कंसीलर मेरी त्वचा के रंग को एक-सा कर देता है। मेरी भौंहें और पलकें बहुत पतली हैं, यहाँ तक कि मेरे होंठ भी बहुत पतले हैं। ऐसे में एक आई-ब्रो पेंसिल मेरे चेहरे को अच्छी शेप दे देती है। आँखों का मेकअप मेरी आँखों को खोल देता है और वो बड़ी दिखने लगती हैं। मस्कारा का भी अच्छा असर पड़ता है नक़ली पलकें मेरा लुक ग्लैमरस कर देती हैं और मैं रेड कार्पेट के लिए तैयार हो जाती हूँ। होंठों पर बाहर की तरफ़ लिप-लाइनर लगा देने से वो भरे-भरे दिखते हैं, और ग्लॉस से होंठों में चमक आ जाती है। मेकअप से मेरे चेहरे

की झुर्रियाँ कम हो जाती हैं, मेरी आँखें बड़ी दिखती हैं और मेरे गाल शानदार दिखते हैं इसलिए मैं मेकअप पसन्द करती हूँ।

हर लुक अलग हो सकता है। आई-शैडो और लिपस्टिक का रंग बदल दीजिए, लुक बदल जाएगा। जब मेकअप हो जाता है तो नतीजे देखकर बड़ी ख़ुशी मिलती है।

मैं किशोरावस्था से मेकअप कर रही हूँ। जब मैं साठ के पार पहुँच चुकी थी और मैंने मैगज़ीनों में मशहूर मॉडल ट्विगी के बारे में पढ़ा। उसके लुक को कॉपी करने में बहुत मेहनत करनी पड़ी, आँखों की सिलवट पर आई लाइनर से काली लकीर खींची, ऊपर नक़ली पलकें लगाईं और नीचे भी एक-एक पलक लगाकर हमने नीचे वाली पलकों पर लाइनर लगाया। इसमें क़रीब एक घंटा लग गया, पर मज़ा बहुत आया। यह इसलिए भी पसन्द आया क्योंकि इससे मैं बहुत शानदार और फ़ैशनेबल दिख रही थी। मेरे पिता ने जब मुझे देखा तो उन्होंने कहा, “यह कुछ ज़्यादा नहीं लग रहा है क्या?”

दिक़्क़त यह है कि फ़ैशन के साथ हमें ख़ुद को भी बदलना पड़ता है। इसलिए, जब नेचुरल मेकअप का फ़ैशन बढ़ा तो मैंने अपने मेकअप रूटीन को पूरी तरह बदल दिया। उम्र के साठवें दशक में, ट्विगी मेकअप करने के साथ-साथ मैंने सोचा कि एकदम पतली आई-ब्रो रखी जाएँ। मैंने चिमटी के ज़रिये अपनी भौंहों को आकार देने के लिए उन्हें इतना पतला कर लिया कि वो फिर कभी बढ़ी ही नहीं। असल में मेरी भौंहें पहले ही बहुत पतली थीं, ऊपर से मैंने उन्हें और पतला कर लिया था। इसलिए जब स्टाइल बदला तो मुझे उन्हें भरना सीखना पड़ा। मैं अभी भी उन्हें भरती हूँ। यह है मेकअप का असली मज़ा। मुझे अपनी आई-ब्रो बनाना नहीं आता। पर कम-से-कम मेकअप के ज़रिये मैं इसकी भरपाई तो कर ही सकती हूँ न।

अब मैं इकहत्तर साल की हो चुकी हूँ और अभी भी मुझे रेड कार्पेट या रनवे पर वॉक करने के लिए तैयार होना पड़ता है, लेकिन यह रोज़ तैयार होने जैसा नहीं होता। ज़्यादातर जब मैं घर पर होती हूँ तो कोई मेकअप नहीं करती, बस

त्वचा को साफ़ कर लेती हूँ और लिप बाम लगा लेती हूँ। अपने डॉगी को टहलाने निकलते वक़्त भी मैं मेकअप नहीं करती या दिन में जब कंप्यूटर पर काम करती हूँ तब भी नहीं, जब मैं अपने नाती-पोतों को स्कूल लेने जाती हूँ तब भी मेकअप नहीं करती। हाँ, जब मैं लंच पर या दोस्तों से मिलने या मीटिंग के लिए बाहर जा रही होती हूँ तो मेकअप ज़रूर करती हूँ।

मेरे मेकअप रूटीन की शुरुआत हमेशा एक साफ़ और मॉस्चराइज़्ड चेहरे के साथ होती है। त्वचा की देखभाल का मेरा तरीक़ा सीधा-सादा है। घर पर मैं फ़ेसवॉश का इस्तेमाल करती हूँ और जब यात्रा पर होती हूँ तो साबुन और पानी से चेहरा धो लेती हूँ। मैं आई क्रीम लगाती हूँ और इसके बाद धूप में निकलने के लिए ऐसा मॉस्चराइज़र जिसमें कम-से-कम SPF-15 हो। शाम को मैं अपने चेहरे को साफ़ करती हूँ, ताकि दिन-भर जो मेकअप लगा रखा था वो साफ़ हो जाए। इसके बाद मैं आई क्रीम और नाइट क्रीम लगाती हूँ।

सन-स्क्रीन हमेशा लगाना चाहिए। आप मेकअप करें या नहीं, यह आपकी मर्ज़ी है। पर अगर आप धूप से बचने की सावधानियों में लापरवाही कर रही हैं तो आप मुसीबत को दावत दे रही हैं। मैंने देखा है कि बहुत सारी महिलाएँ अपनी त्वचा की देखभाल के लिए परेशान रहती हैं और फिर धूप में भी लेटी रहती हैं, इसे मैं 'त्वचा पर ज़ुल्म' कहती हूँ। अगर आप अपनी त्वचा को धूप की तपिश से बचाना चाहते हैं तो सबसे अच्छा होगा कि आप हैट पहनें और सन-स्क्रीन का इस्तेमाल करें।

जब तक मुझे रेड कार्पेट पर न जाना हो, अपना मेकअप मैं ख़ुद करती हूँ। लेकिन अगर मैं रेड कार्पेट के लिए भी ख़ुद ही मेकअप करूँ तो वो असरदार नहीं लगता। जब कोई पेशेवर मेकअप करता है तो वो ज़्यादा उभरकर आता है और ग्लैमरस दिखता है। कभी-कभी वे हरे आई-शैडो का इस्तेमाल करते हैं तो कभी कोनों में सुनहरे रंग का। सत्तर पार की महिलाओं के लिए यह बहुत अलग है न। सोशल मीडिया पर इसके बारे में काफ़ी अच्छे कमेंट मिलते हैं इसलिए हम कोशिश करते रहते हैं। कुछ इस तरह के कमेंट आते हैं, 'क़हर ढा दिया', 'बिजली गिरा दी', या 'GOAT'... जिसका मतलब

होता है—'Greatest of All Time' यानी अब तक का सबसे अच्छा लुक, या 'OG,' जिसका मतलब होता है 'Original Gangster'। ये सब सोशल मीडिया और आज के ज़माने के जुमले हैं जिन्हें पढ़कर बड़ा मज़ा आता है।

जब मैं अपना मेकअप ख़ुद करती हूँ तो मुझे बस दस ही मिन्ट लगते हैं। मेकअप आर्टिस्ट इसमें एक घंटा ले लेते हैं। अगर मैं एक घंटा लगाऊँ तो भी मैं सही लुक नहीं ला सकूँगी क्योंकि मुझे वो कला आती ही नहीं है। वे लोग मेकअप आर्टिस्ट हैं जबकि मैं तो एक साइंटिस्ट हूँ। मेरे अन्दर आर्टिस्टों जैसा टैलेंट नहीं है। लेकिन कई बार जो लोग आर्टिस्ट नहीं भी हैं वे भी बड़ा शानदार मेकअप कर सकते हैं, अगर उनके पास कुछ मामूली सौन्दर्य उत्पाद या उपकरण हों और उन्होंने उनका इस्तेमाल करना सीख लिया हो। मैं एक ऐसे मेकअप आर्टिस्ट को जानती हूँ जो अपने सारे सौन्दर्य उत्पादों या उपकरणों को एक सूटकेस में साथ लेकर चलती थी। क़रीब 24 किलो वज़नी सूटकेस, जिसमें मेकअप का सामान और उपकरण रखे होते थे। वो फ़्लाइट में भी इसे अपने साथ लेकर चलती। इस अतिरिक्त वज़न के लिए उसे अलग से पैसे भी भरने पड़ते थे, पर उपकरणों का यह जो एक किलो एक्स्ट्रा वज़न होता था उनकी उस आर्टिस्ट को ज़रूरत पड़ती थी क्योंकि ये काम में उसकी मदद करते थे।

मैं ख़ुशक़िस्मत हूँ कि मेरे पास जूलिया जैसी दोस्त है जो किसी भी इवेंट के लिए तैयार होते वक़्त मेरी आर्टिस्टिक डायरेक्टर होती है। और हम मिलकर तय करते हैं कि आज की शाम मैं कौन-सी स्टाइल अपनाने वाली हूँ। यह सोचना उसकी ज़िम्मेदारी होती है कि मैं कैसे तैयार होऊँ कि सबसे अलग और शानदार दिखूँ।

मेरी हेयर स्टाइल क्या होगी? मेरा मेकअप कैसे किया जाएगा? मैं किस तरह तरोताज़ा और बेहतर दिखूँगी? क्या हम बहुत भड़कीले आई-शैडो इस्तेमाल करेंगे, या बहुत गहरे रंग की लिपस्टिक लगाई जाएगी? वह चाहे तो गोल्ड, पर्पल या ब्लू लिपस्टिक लगाने को कह सकती है। जूलिया को यह भी ध्यान रखना होता है कि हम कहाँ जा रहे हैं, क्योंकि जो लुक है उस ख़ास इवेंट को ध्यान में रखते हुए ही तैयार किया जाता है। क्या यह एक फ़िल्म इवेंट

है? या फिर कोई किताब लॉन्च की जा रही है? या फिर हम किसी चैरिटी में जा रहे हैं? इसके बाद काम शुरू किया जाता है। यह एक तरह से कॉस्ट्यूम पार्टी जैसी तैयारी होती है।

उनहत्तर साल की उम्र में जब मैं कवर-गर्ल चुनी गई, तो यह एक बड़ा और शानदार सरप्राइज़ था। मैं इससे पहले भी मेकअप कैंपेन कर चुकी थी, पर उनमें मैं मुख्य-मॉडल नहीं थी। मैं बहुत उत्साहित थी कि अब अमेरिका के लोग देखेंगे कि मेकअप हर उम्र की महिलाओं पर अच्छा दिखता है। मुझसे कभी नहीं कहा गया कि आपको थोड़ी कम उम्र का दिखना चाहिए, न ही कभी मुझे अपनी उम्र छिपाने की ज़रूरत महसूस हुई। मैं इकहत्तर साल की हूँ और बहुत ख़ुश हूँ। मैं लोगों को यह बताते हुए ख़ुश हूँ कि इस उम्र में भी हम कितने ख़ूबसूरत दिख सकते हैं। एक महिला होने के नाते मेकअप हमारे लुक को बेहतर बना सकता है और हमें इसका फ़ायदा उठाना चाहिए।

पाँच

आत्मविश्वास के खेल

तनकर और सोच-समझकर चलो

❖

कई बार आपका आत्मविश्वास डगमगा जाता है जबकि कई बार आपको तनकर चलना पड़ता है और नक़ली आत्मविश्वास दिखाना पड़ता है। यह एक खेल है। मेरे परिवार में अच्छे पोश्चर (उठने-बैठने-चलने और बोलने का तरीका) की परम्परा रही है। मेरी माँ एक नृत्यांगना (डांसर) थीं, मेरे पिता एक कायरोप्रैक्टर या हाड़ वैद्य (पेशीय कंकाल तंत्र के विकारों का निदान करनेवाले) थे और उनकी माँ कनाडा की पहली कायरोप्रैक्टर थीं। हम सभी भाई-बहनों को बचपन में ही सही पोश्चर (उठने-बैठने-बोलने-चलने और कपड़े पहनने का तरीक़ा) के बारे में सिखा दिया गया था। मेरी बहनें इस परम्परा को आगे बढ़ाते हुए डांस टीचर बनीं और मेरा भाई स्कॉट एक कायरोप्रैक्टर। हम सभी सिर उठाकर गर्व से चलते हैं।

मेरे पिता हर साल अपने घर के आँगन में वॉकिंग की वार्षिक प्रतियोगिता आयोजित करते थे। मैंने कभी नहीं सुना कि कोई और इस तरह की प्रतियोगिता का आयोजन करता हो। वे मार्केटिंग में बड़े माहिर थे। वे अपने सारे मरीज़ों और दोस्तों को अपने क्लीनिक के सामने आँगन में बने बड़े-से बग़ीचे में आमंत्रित

करते थे। मेरी माँ बहुत सारी पाई (एक तरह का केक) बनातीं और उसे फ़्रीज़ कर देतीं। हमारे पास एक बड़ा-सा फ़्रीज़र था, इतना बड़ा कि इसमें एक हज़ार लोगों के लिए पाई को फ़्रीज़ किया जा सकता था। वे मेहमानों को चाय और कॉफ़ी भी पिलाती थीं। जब सारे मेहमान बग़ीचे में बैठ जाते तो प्रतियोगिता शुरू होती थी, जिसका पोश्चर सबसे अच्छा होता उसे सर्टिफ़िकेट भी दिया जाता था। वहाँ मौजूद सारे लोग आत्मविश्वास से भरे और ख़ुश नज़र आते थे।

सारी ज़िन्दगी लोगों ने मेरे पोश्चर यानी उठने-बैठने-बोलने-चलने और कपड़े पहनने के तरीक़े पर अपने विचार दिये, तारीफ़ की। आज लोग मानते हैं कि ऐसा मॉडलिंग की वजह से हुआ, पर यह पूरी तरह सही नहीं है। यह मुझे अपने परिवार से मिला है। अगर आप किसी को तनकर चलता हुआ देखती हैं तो क्या आपको भी नहीं लगता कि काश आप भी इसी तरह चल पातीं? हाँ, ज़रूर चल सकती हैं, अगर आप अभ्यास करें। जब आप ढीले-ढाले तरीक़े से चलती हैं तो आप उदास और असुरक्षित दिखती हैं पर जब आप तनकर चलती हैं तो आप मज़बूत और आत्मविश्वास से भरी दिखती हैं। अगर आप ज़्यादा आत्मविश्वास महसूस करना और दिखाना चाहती हैं, तो इसकी शुरुआत बेहतर पोश्चर से करनी चाहिए। सीधी खड़ी हो जाइए। अपने कन्धे सीधे रखिए, अपने चेहरे पर सौम्यता लाइए और जब लोग आप से बात करें तो नज़रें मिलाकर बात कीजिए; आपको दूसरी तरफ़ नहीं देखना है। इसे आप आत्मविश्वास भी कह सकती हैं।

पोश्चर के अलावा आपका शिष्टाचार भी मायने रखता है। मेरी परवरिश ऐसे माँ-बाप के साथ हुई, जो बहुत धीमे बोलते थे और बहुत शिष्ट थे, शायद इसलिए क्योंकि वे कनाडा से थे। वे हमेशा विनम्र बर्ताव करते और दूसरों का बड़ा ख़याल रखते। मॉडलिंग स्कूल में एक लेक्चर शिष्टाचार या तहज़ीब का भी होता था और इसमें हमें सिखाया गया कि एक रेस्तराँ में ऑर्डर कैसे किया जाता है और कौन से छुरी और काँटे का इस्तेमाल किया जाता है।

वहाँ मैंने खाने की मेज़ से सम्बन्धित जो भी शिष्टाचार सीखे उनका

इस्तेमाल सारी ज़िन्दगी किया। जब मैं दक्षिण अफ्रीका के ब्लूमफ़ॉन्टेन स्थित अपने मॉडलिंग स्कूल में पढ़ाती थी, तो मेरा भी एक लेक्चर शिष्टाचार पर होता था। और वो सिर्फ़ मॉडलों के लिए नहीं होता था, यूनिवर्सिटी और स्कूलों में पढ़ने वाले कई बच्चों के माता-पिता भी शिष्टाचार सीखने के लिए उन्हें मेरे पास भेजा करते थे।

मैंने अपने सारे मॉडलों को यह भी सिखाया कि उन्हें वक़्त पर आना चाहिए, साफ़ बोलना चाहिए और शरमाना नहीं चाहिए। जब आपके मैनर या आपकी तहज़ीब अच्छी हो तो आपके भीतर आत्मविश्वास भी ज़्यादा होता है। आप दूसरे लोगों को ज़्यादा आत्मविश्वास से भरे नज़र आते हैं। जब मैं अच्छी तहज़ीब वाले किसी शख़्स को देखती हूँ, तो उसकी तारीफ़ करती हूँ। शिष्टाचार अपनाना बड़ा आसान है।

मैंने हमेशा यही चाहा है कि मेरे बच्चे और मेरे बच्चों के बच्चे अच्छी तहज़ीब वाले, आत्मविश्वास से भरे और विनम्र बनें। वे अच्छे पोश्चर वाले भी हों। मुझे उम्मीद है कि मैंने उनके सामने अच्छी मिसाल पेश की है ठीक उसी तरह जैसे मेरे माता-पिता ने मेरे सामने पेश की थी।

मेरे बेटे इलॉन के पाँच बेटे हैं। जब मैं लॉस एंजेलेस आई, तो सारा परिवार डिनर एक साथ करता और बड़ी बदहवासी होती। आप समझ सकते हैं कि जब इतने सारे लोग आपस में बातचीत करते होंगे तो कितना शोर होता होगा।

यह देखकर मैंने कहा, "आज से मैं हर हफ़्ते हर एक बच्चे के साथ आधा घंटा बिताऊँगी।"

शुक्रवार की दोपहर को मैं उनके घर जाती थी। हम बैठते, और उनके स्कूल के काम के बारे में बात करते। मैं यह जानने की कोशिश करती कि उनकी दिलचस्पी किस चीज़ में है और वो क्या करना चाहते हैं। कभी-कभी मैं बस उनके साथ कोई गेम खेलती या फिर उन्हें कोई किताब पढ़कर सुनाती।

इसके बाद मैंने उन्हें खाने की मेज़ से सम्बन्धित शिष्टाचार सिखाए। मैंने उन्हें सिखाया कि ठीक से खाने का तरीक़ा क्या है। विनम्रता से बात कैसे की

जाती है। कैसे बोलने के लिए अपनी बारी का इन्तज़ार किया जाता है और दूसरे बच्चों पर चिल्लाना तो क़तई नहीं है। इसके अलावा 'मुँह बन्द करके खाना,' 'जब मुँह में खाना हो तो बात न करना,' और 'छुरी-काँटे का ठीक से इस्तेमाल करना', आदि। और वे सीख गए।

मैंने उनसे कहा, "जब तुम लोग खाना खा लो तो अपनी प्लेट ले जाकर किचन में रखो, अपनी ही नहीं, मेरी और अपने डैडी की प्लेट भी किचन में तुम्हें ही ले जाकर रखनी है। साथ ही, बजाय डैडी को यह बताने के कि तुमने आज क्या किया, उनसे पूछना है कि उनका आज का दिन कैसा रहा।"

इसके बाद जब हम सब डिनर के लिए एक साथ जमा हुए तो बच्चों ने इतना अच्छा बर्ताव किया कि क्या कहूँ। इलॉन आकर बैठा तो एक बेटे ने उससे पूछा, "डैडी, आपका दिन कैसा रहा?"

वो तो हैरान रह गया।

तभी उसके दूसरे बेटे ने कहा, "मैं पहले पूछना चाहता था।"

फिर तीसरे ने कहा, "नहीं, पहले मैं पूछना चाहता था।"

ये सब बड़ा मज़ेदार था।

इसके बाद बच्चों में इस बात पर बहस हुई कि डैडी की प्लेट किचन में कौन ले जाएगा। मैंने उन्हें समझाया कि हर दिन बारी-बारी से अलग-अलग बच्चा ऐसा करेगा।

आज, इतने साल बाद वो बहुत ही तहज़ीब वाले बच्चे हैं और मुझे उन पर गर्व है।

जब आप अच्छा बर्ताव करते हैं तो लोग आपकी बात ध्यान से सुनते हैं। ज़ोर से बोलने, शोर मचाने और उछलकूद करने के बजाय इसका असर ज़्यादा अच्छा पड़ता है। इससे दूसरे लोगों को आपके साथ बैठकर अच्छा लगता है।

अगर आप स्वाभाविक रूप से काफ़ी आत्मविश्वासी हैं तो भी ज़िन्दगी में कई बार ऐसे मौक़े आते हैं जब आपका आत्मविश्वास डगमगा जाता है। कभी-कभी जब आपकी उम्र बढ़ती है तो कुछ समय के लिए आपका आत्मविश्वास चला जाता है। मैं सत्तर बरस के पार हो चुकी हूँ और आपको लगता होगा कि

मेरे पास आत्मविश्वास की कमी है। पर मेरा आत्मविश्वास पहले से बेहतर है क्योंकि मुझे ठुकरा दिये जाने या अपमानित होने की परवाह नहीं है। एक मॉडल के तौर पर दस में से नौ बार मुझे अस्वीकृति का सामना करना पड़ता है। अगर आपका आत्मविश्वास भी कम हो रहा है तो आपको वजह खोजनी होगी कि ऐसा क्यों हो रहा है? बहुत सारी महिलाओं में आत्मविश्वास की कमी होती है। उन्हें लगता है कि उन्हें हर काम में माहिर होना चाहिए। उन्हें लगता है कि लोग उनकी आलोचना करते हैं या वो एक साथ बहुत कुछ करने की कोशिश करती हैं और हर काम में कामयाब नहीं हो सकतीं। इसलिए जिस काम में आप अच्छी हैं, उसे ही करने का अभ्यास कीजिए, हर काम में माहिर बनने की ज़रा भी कोशिश मत कीजिए।

बचपन में मैं पढ़ाई में बहुत अच्छी थी, पर खेल में अच्छी नहीं थी, फिर भी मैंने हर तरह के खेल में हाथ आज़माया। मेरी जुड़वाँ बहन केय पढ़ाई में अच्छी नहीं थी पर खेलों में माहिर थी। हमें एक-दूसरे पर गर्व था और हम एक-दूसरे की उपलब्धियों की तारीफ़ भी करते थे। पर ऐसा कभी भी नहीं हुआ कि जिस काम में हम अच्छे नहीं थे, उसकी वजह से हमारा आत्मविश्वास ज़रा भी डगमगाया हो।

अगर आमतौर पर आप आत्मविश्वास से भरी रहती हों और किसी ख़राब दिन आपका सारा आत्मविश्वास ग़ायब हो जाता हो, तो ज़रा विश्लेषण कीजिए कि यह दिन बुरा क्यों था? आख़िर वो क्या था जिससे आपका सारा आत्मविश्वास चला गया? क्या किसी की छींटाकशी से आपका दिल दुखा? क्या उन्हें समझ में आया कि आपका दिल दुखा है? किसी की टिप्पणी से आप पर इतना असर क्यों पड़ा? कभी-कभी ऑफिस में आप पाएँगे कि दूसरे लोग काम के किसी पहलू में आपसे ज़्यादा अच्छे हैं, जबकि उनमें आप उतने अच्छे नहीं हैं। ऐसे में आपको अपने हुनर पर ज़्यादा मेहनत करनी चाहिए और जो लोग ज़्यादा अनुभवी और बेहतर हैं, उनसे सीखना चाहिए।

तलाक़ के बाद घर का माहौल ख़ुशनुमा होने पर, बच्चों को बड़ा करने के दौरान, नये दोस्त बनाने पर, जिन्होंने मेरी मदद की और एक डायटीशियन व मॉडल के तौर पर कामयाब होने पर मेरा आत्मविश्वास काफ़ी बढ़ा।

जब भी आपका आत्मविश्वास डगमगाए तो उसे वापस पाने के लिए आपको बड़े बदलाव करने की ज़रूरत पड़ सकती है। हर वक़्त पस्त होकर जीना कोई सही तरीक़ा नहीं है। आपके चारों तरफ़ ऐसे दोस्त, रिश्तेदार और साथी होने चाहिए जो आप जैसे हैं, वैसा आपको स्वीकार करें और सराहें। यह आपकी पूरे आत्मविश्वास के साथ सिर उठाकर चलने में मदद करेगा।

दूसरा भाग

रोमांच

छह

चाहो तो बाल बैंगनी कर लो

जियो अपनी मर्ज़ी से

❖

ज़्यादातर लोग लीक पर चलते हैं लेकिन मेरे पिता ने कभी ऐसा नहीं किया। वे सबसे अलग थे। वे सारी दुनिया में अपना प्लेन उड़ाना चाहते थे। मेरे पिता जोशुआ हैल्डमैन को घूमना बहुत पसन्द था। वे सिर्फ़ कार ड्राइविंग से सन्तुष्ट नहीं थे, इसलिए मेरे बचपन में हमारे घर में

बेलांका एयरप्लेन था। वह कैनवस से बना था और उसमें प्रोपेलर था। उसका नाम मेरी माँ के नाम पर विनी रखा गया था।

मेरी माँ का नाम विनीफ्रेड था और सब लोग उन्हें विन कहते थे। वे बहुत शानदार महिला थीं। जितना मैं बड़ी होती गई, उतना उनकी प्रतिभा को समझती गई।

उनके माता-पिता इंग्लैंड से कनाडा आए थे और मेरी माँ मूस जॉ नामक एक क़स्बे में पली-बढ़ी थीं। मेरे पिता का परिवार सन् 1727 में स्विट्ज़रलैंड से फ़िलाडेल्फ़िया आया था। वे मिनेसोटा में पैदा हुए थे। जब वे चार बरस के थे, तो उनका परिवार वाल्डेक, सस्कैचवान चला गया और एक फ़ॉर्म में रहने लगा।

मेरे माता-पिता की मुलाक़ात भयानक मन्दी के दौर के ठीक बाद हुई थी। कैनेडियाई मन्दी का समय ख़ौफ़नाक था, जब लोग क़तारें लगाए खड़े रहते और खाने और बच्चों के इलाज के लिए भीख माँगते थे। जान बचाने के लाले पड़े हुए थे, बाज़ार से ख़रीदने के बजाय अक्सर लोग चीज़ों की अदला-बदली से काम चलाते थे। मेरे पिता ने डेवनपोर्ट, आयोवा में कायरोप्रैक्टिक मेडिसिन की पढ़ाई की थी। रहने के लिए कमरे के बदले में वे घोड़ों को ट्रेनिंग देते थे और खाने के बदले में मकान-मालिक का कायरोप्रैक्टिक इलाज करते थे। मेरी माँ तब सिर्फ़ सोलह साल की थीं और वे 'मूस जॉ टाइम्स-हैरल्ड' नामक अख़बार में काम करती थीं, और वहाँ बचे हुए स्टाफ़ के दो लोगों में से एक थीं। उनकी नौकरी सिर्फ़ इसलिए बची हुई थी क्योंकि उनकी तनख़्वाह वहाँ के कर्मचारियों में सबसे कम थी। उनका परिवार उनकी मामूली-सी हफ़्तेवार तनख़्वाह पर गुज़ारा करता था।

तकरीबन बीस बरस की उम्र में उन्होंने डांस की ट्रेनिंग ली तथा डांस और ड्रामा की पढ़ाई के लिए शिकागो, न्यूयॉर्क और वैंकूवर गईं। क्या आप कल्पना कर सकते हैं कि उस ज़माने में एक अकेली लड़की के लिए इतनी लम्बी ट्रेन यात्रा कितनी डरावनी रही होगी? हालाँकि, सही मायनों में वो एक रोमांचक सफ़र था।

महामन्दी के ख़त्म होने के बाद मेरे माता-पिता दोनों रेजीना, सस्कैचवान

आ गए और अपने-अपने कारोबार शुरू किये। मेरे पिता ने कायरोप्रैक्टिक मेडिसिन की प्रैक्टिस शुरू की और मेरी माँ ने अपना डांस स्कूल शुरू किया। मेरे पास उस दौर के स्थानीय अख़बारों के लेख हैं, जिनमें उनकी डांस करते हुए और उनके डांस स्कूल के बच्चों के साथ तसवीरें हैं।

मेरे पिता, माँ के पास बॉल-रूम डांस सीखने के लिए आए थे लेकिन वो उन्हें इतनी पसन्द आईं कि उन्होंने उनसे डिनर पर साथ चलने की पेशकश की।

माँ ने कहा, "मैं अपने शार्गिदों के साथ डेट पर नहीं जाती।"

इसलिए पहले उन्होंने डांस स्कूल से नाम कटवाया और उसके बाद माँ के सामने फिर से डिनर पर चलने की पेशकश की। और तब माँ ने हाँ कह दिया।

शादी की तसवीर में वो दोनों काफ़ी नीरस से लग रहे हैं क्योंकि दोनों के पास महँगे कपड़े खरीदने के पैसे नहीं थे। माँ ने एक साधारण सा ग्रे सूट पहन रखा है और मेरे पिता भी सूट में ही हैं। माँ तब अपने कपड़े ख़ुद सिलती थीं और शायद उन्होंने शादी का अपना सूट भी ख़ुद ही सिला होगा। इसके बावजूद वो दोनों हमेशा ख़ुश रहते थे और शुरुआत से ही हमेशा मुस्कराते रहते थे।

रेजीना में मेरे माँ-पिता के चार बच्चे हुए। मेरे पिता का अपनी पहले की शादी से भी एक बेटा था, मेरा भाई जैरी, वो बिलकुल मेरे पिता की तरह ही दिखता है। इसके बाद मेरा सबसे बड़ा भाई स्कॉट पैदा हुआ, मेरी बड़ी बहन लिन और 1948 में मैं और मेरी जुड़वाँ बहन केय।

1948 में उन्होंने बेलांका ख़रीदा यानी उसी साल जब मैं और केय पैदा हुए। बेलांका उनका दूसरा प्लेन था। इससे पहले उन्होंने लसकम (Luscombe) प्लेन ख़रीदा था, जब वे रेजीना से कैलगेरी तक का सफ़र कर रहे थे। मेरे पिता ने इस प्लेन को एक किसान के खेत में खड़े देखा था, जिस पर पोस्टर लगा था, 'बिकाऊ है'। उनके पास प्लेन ख़रीदने जितने पैसे नहीं थे पर उनके पास एक कार थी, जिसे वे चला रहे थे। इसलिए उन्होंने कार देकर बदले में प्लेन ले लिया और मेरी माँ को कहा कि वो ट्रेन से रेजीना वापस लौट जाएँ। फिर उन्होंने एक पायलेट खोजा, जो उस प्लेन को उड़ाकर रेजीना पहुँचाए।

बदक़िस्मती से उड़ान के दौरान मेरे पिता बीमार हो गए। इसकी वजह थी कि मन्दी के वक़्त जब वे घोड़ों को ट्रेनिंग देते थे तो उनके कान के अन्दरूनी हिस्से को नुकसान पहुँचा था इसलिए पायलेट को बीच-बीच में प्लेन सड़क पर उतारना पड़ता और दर्द कम होने पर फिर उड़ाना पड़ता। जब कभी वे ख़ुद प्लेन उड़ाते थे, मैंने कभी भी उनकी तबीयत ख़राब होते नहीं देखी थी लेकिन जब वे प्लेन में सफ़र कर रहे थे तो उनकी तबीयत ख़राब हो गई थी।

उस वक़्त उनकी उम्र चौवालीस साल थी।

मेरे पिता सस्कैचवान और अल्बर्टा में यहाँ-वहाँ जाने के लिए अक्सर ही प्लेन का इस्तेमाल करते थे। एक बार तो उन्होंने लॉस एंजेलेस तक भी प्लेन उड़ाया था पर धुएँ और कोहरे की वजह से उन्हें एयरपोर्ट देखने में दिक़्क़त आई। तब के नेवीगेशन सिस्टम आज की तरह नहीं थे, वो बहुत मामूली होते थे। एक बार तो उन्हें एक बुश-पायलेट का पीछा करना पड़ा ताकि वो रॉकीज़ वापस पहुँच सकें।

जब मैंने पहली बार प्लेन में सफ़र किया तब मैं तीन महीने की थी और मेरे माता-पिता मुझे और मेरी जुड़वाँ बहन केय को फ्लाइट में आयोवा लेकर गए थे, जहाँ उन्हें एक कॉन्फ्रेंस में जाना था। पहले हम एडमंटन में रुके। मुझे यह बात बस इसलिए पता है क्योंकि वहाँ के अख़बारों में मेरी और केय की तसवीरें छपी थीं। ख़बरों में हमें 'उड़ने वाली जुड़वाँ बहनें' कहा गया था।

मेरे पिता कमाल के थे। निडर और रोमांच के ज़बर्दस्त शौकीन। हम उन पर पूरा भरोसा करते थे। वे एक महान व्यक्ति थे जिन्हें देखकर हमने बहुत कुछ सीखा। वे घंटों तक काम करते थे, विचारमग्न रहते थे और बहुत रहमदिल थे। वे एक हट्टे-कट्टे सज्जन थे और अक्सर चुप ही रहते थे। मेरे बच्चों को अपने नाना से मुलाक़ात याद तक नहीं है क्योंकि जब मेरे बेटे बहुत छोटे थे तब ही मेरे पिता चल बसे थे, टॉस्का उस वक़्त मेरे पेट में थी। ये तीनों सीटी बहुत बजाते हैं, और मुझे यह इसलिए पसन्द है क्योंकि इससे मुझे मेरे पिता की याद आती है। मेरे पिता हमेशा गुनगुनाते रहते थे। मैं हमेशा यही सोचती

हूँ कि आप सीटी तभी बजाते हैं या आप तभी गुनगुनाते हैं जब आप ख़ुश होते हैं।

1950 में मेरे माता-पिता ने कनाडा छोड़ने का फ़ैसला किया। दरअसल उनकी मुलाक़ात दक्षिण अफ्रीका के मिशनरी लोगों से हुई और उन्होंने उन्हें बताया कि दक्षिण अफ्रीका कितना सुन्दर है। बस इसलिए उन्होंने अपना प्लेन, 1948 की कैडिलैक और हम सबको तैयार किया, अपना सारा सामान समेटा और पानी के जहाज़ में दो महीने का सफ़र तय करके अफ्रीका पहुँचे। मुझे समझ नहीं आता कि मेरी माँ ने दो साल की जुड़वाँ बच्चियों और छह और आठ साल के दो अन्य बच्चों को इस समुद्री सफ़र में कैसे सँभाला होगा, पर उन्होंने यह कर दिखाया।

मेरे पिता ने प्लेन के विंग यानी पंख निकाले—क्योंकि वे अपने प्लेन की मरम्मत हमेशा ख़ुद ही करते थे—एक क्रेट में डाले और केपटाउन कुरियर कर दिये। जब तक पंख आए तब तक हमने एयरपोर्ट के पास ही अपना तम्बू लगाया, पंख मिलने पर मेरे पिता ने उन्हें प्लेन में फिट किया ताकि वो आसपास के इलाक़े घूम सकें और उन्हें देख-परख सकें। जिन क्रेट में पंख पैक किये गए थे उन्हें तोड़कर मेरे पिता ने अपने क्लीनिक का फ़र्नीचर तैयार कर लिया क्योंकि सब कुछ जम जाने के बाद उन्हें अपना क्लीनिक खोलना था। उनके बनाए कुछ बुकशेल्फ़ कई दशक तक हमारे पास रहे।

मेरे पिता समुद्र के किनारे नहीं रहना चाहते थे इसलिए लोगों ने उन्हें सलाह दी कि आप जोहान्सबर्ग चले जाइए क्योंकि वहाँ के लोग इंग्लिश बोलते हैं। जहाँ हम थे, यानी प्रिटोरिया के आसपास सारे लोग अफ्रीकान्स (Afrikaans) बोलते थे इसलिए वहाँ रहना हमारे लिए मुश्किल था।

लेकिन जब हम प्रिटोरिया के ऊपर से उड़े तो जकारांडा में फूल आने का मौसम था। सारा शहर लाइलक (नीलक) के बैंगनी फूलों से अँटा पड़ा था।

इतना ख़ूबसूरत नज़ारा उन्होंने पहले कभी नहीं देखा था इसलिए उन्होंने कहा, “हम तो यहीं बसेंगे।”

मैं प्रिटोरिया के बड़े पेड़ों वाले एक घर में पली-बढ़ी (सस्कैचवान के प्रेयरी प्रदेश में ऐसे पेड़ दुर्लभ थे) जहाँ के लोग बहुत अच्छे थे। अफ्रीका के लोग सारे वयस्क लोगों को अंकल और आंटी यानी 'ऊम' और 'टानी' कहते थे, चाहे वे आपको जानते हों या न जानते हों। हमें लगा कि यह कितनी प्यारी बात है।

कनाडा में लोग समझते थे कि हम सिरफिरे हैं क्योंकि मेरे माता-पिता अपने इकलौते प्रोपेलर वाले कैनवस प्लेन में यहाँ-वहाँ उड़ते रहते थे और अपने छोटे बच्चों को भी साथ ले जाते थे जो वहाँ किसी ने कभी देखा-सुना नहीं था। इसके बाद जब हम दक्षिण अफ्रीका गए तो वहाँ के लोगों ने हमें और भी ज़्यादा सिरफिरा समझा। एक व्यक्ति ने तो हमें 'पागल अमेरिकी' तक कह दिया था। (हालाँकि हम कनाडा के थे, पर उनके लिए तो सारे लोग अमेरिकन ही थे)।

लोगों को लगता था कि हम अजीब हैं क्योंकि हम अपने तरीक़े से जीते थे। इसकी वजह यह नहीं थी कि हम कहीं बाहर से आए थे, बल्कि यह थी कि कनाडा के तौर-तरीक़ों के विपरीत हम अपने तरीक़े से जीते थे। असल में, हम लोग अपनी यात्राओं, हमारी स्कूली यूनिफ़ॉर्म जो हमारी माँ सिलती थीं, जबकि दूसरे बच्चे अपनी यूनिफ़ॉर्म बाज़ार से ख़रीदते थे, के कारण और चाय के बजाय कॉफ़ी पीने के कारण अलग थे। इसके अलावा हम अलग थे क्योंकि हमारे घर का पिछला दरवाज़ा हमेशा खुला रहता था, और वहाँ कोई भी आ-जा सकता था, जबकि दूसरे बच्चों के घर लोगों का ऐसा आना-जाना नहीं था। उनके माता-पिता तय करते थे कि कौन उनके बच्चों से मिलने या उनके साथ खेलने आएगा। हम अलग थे क्योंकि हम स्कूल में लंच के लिए ब्राउन ब्रेड के सैंडविच लेकर जाते थे जबकि बाक़ी बच्चे व्हाइट ब्रेड के सैंडविच लेकर आते थे। हमें कभी भी स्कूल ब्रेक में बाहर से कुछ खाने के पैसे नहीं दिये जाते थे। हालाँकि वहाँ जो सॉसेज रोल और कॉर्निश पेस्ट्रीज़ मिलती थीं, उन्हें खाने का मेरा बड़ा मन करता था पर मैंने शायद ही कभी उन्हें चखा हो क्योंकि मैं इन चीजों पर ख़र्च कर अपना जेबख़र्च बर्बाद नहीं करना चाहती थी। हमारे पास एक कैडिलैक भी थी जो उस वक़्त की इकलौती इंपोर्टेड कार थी, मेरे पिता के एक दोस्त की इंपोर्टेड कैडिलैक को छोड़कर। हमारे पास

एक प्लेन भी था। मैं सिवाय मेरे पिता के एक और दोस्त के किसी ऐसे व्यक्ति को नहीं जानती थी जिसके पास प्लेन हो।

मेरे पिता वो काम कभी नहीं करते थे जिसे कोई दूसरा कर रहा हो। जब-जब मेरे पिता को लगा कि वे कुछ करना चाहते हैं, उन्होंने किया। मेरी माँ ने भी ऐसा ही किया, उन्होंने अपना करियर ख़ुद बनाया था और मेरे पिता से मिलने से भी पहले ही अपना एक रास्ता तैयार कर लिया था।

जब मैं पाँच बरस की थी, तब एक कायरोप्रैक्टिक कॉन्फ्रेंस के लिए उन्होंने प्रिटोरिया से ओस्लो तक का हवाई सफ़र तय किया था। इसके लिए उन्हें अफ्रीका, स्पेन और फ्रांस के अलग-अलग हिस्सों से होकर गुज़रना पड़ा। वे लन्दन में भी रुके ताकि मेरे पिता वहाँ अपनी जान-पहचान के कुछ कायरोप्रैक्टर्स से मिल सकें।

जब मैं छह बरस की थी तो उन्होंने ऑस्ट्रेलिया आने-जाने के सफ़र की योजना बनानी शुरू की जो तीस हज़ार मील (अड़तालीस हज़ार कि.मी.) से ज़्यादा का सफ़र था, और उन्हें ख़ुद अपना प्लेन उड़ाकर वापस भी लाना था। यह था हम लोगों के जीने का तरीक़ा, पर हमारे आस-पड़ोस के लोग इस तरह नहीं जीते थे। इसलिए मेरे माता-पिता सामान्य लोग नहीं थे वो हवाई सफ़र में कम्पास के ज़रिये नेवीगेट करते थे क्योंकि उस ज़माने में न तो कोई जी.पी.एस. था और न ही कोई रेडियो। उन्हें अपनी यात्राओं की बहुत बारीक योजना बनानी पड़ती थी। वे हर बात पहले से सोचकर रखते थे क्योंकि वे जानते थे कि कभी भी कुछ भी गड़बड़ हो सकती है और वे इसके लिए तैयार रहते थे। चूँकि तब जी.पी.एस. नहीं था इसलिए वो नक़्शों का अध्ययन काफ़ी सावधानी से करते थे। इसके अलावा रेडियो भी नहीं था इसलिए अपने ही भरोसे पर रहना पड़ता था। इतने लम्बे सफ़र के लिए चूँकि बहुत सारा ईंधन लगना था इसलिए उन्होंने अपने प्लेन की पिछली सीटें निकाल दीं और वहाँ गैस-टैंक रख दिये क्योंकि जब वे ऑस्ट्रेलिया जाने के लिए समुद्र पार करते तो उन्हें अतिरिक्त ईंधन की ज़रूरत पड़ने वाली थी। उन्होंने वो सारे औज़ार जमा किये जिनकी ज़रूरत प्लेन में किसी भी चीज़ की मरम्मत के लिए पड़ सकती थी। मेरे पिता अपने प्लेन की मरम्मत करना जानते थे।

मेरे माता-पिता ये सभी यात्राएँ सही-सलामत कर पाए क्योंकि वे काफ़ी सावधान रहते थे। प्लेन के सफ़र में वो मौसम की जाँच करते थे, कम्पास का इस्तेमाल करते थे, नक़्शा देखते थे और फिर किसी शहर के ऊपर से उड़ते और उन संकेतों का अध्ययन करते ताकि पता लग सके कि यह नीचे उतारने के लिए सही शहर है या नहीं। कभी-कभी वे किसी खेल के मैदान में या किसी सड़क पर लैंड कर लेते थे क्योंकि वहाँ कोई एयरपोर्ट नहीं होता था। उनमें मुझसे ज़्यादा आत्मविश्वास था। आज जब मैं सोचती हूँ तो एहसास होता है कि उन्होंने कितना बड़ा कमाल किया था। मुझे हैरत होती है कि वे इस सफ़र में ज़िन्दा कैसे बच गए।

आपके पास अगर कोई योजना है तो इसका मतलब यह नहीं है कि सब कुछ सही ही होगा। इसका मतलब यह है कि अगर कुछ ग़लत होगा तो आप एक और योजना बनाएँगे।

उनका सफ़र उन्हें एशिया के पार, प्रशान्त महासागर के ऊपर से होते हुए अफ़्रीका के किनारे पर ले गया, और फिर इसी रास्ते से वे वापस भी आए। हमारे पास आज भी वो नक़्शे हैं, जो उनके सफ़र का रास्ता दिखाते हैं जिससे मेरे पिता, माँ और विनी ने दुनिया की तलाश में प्रशान्त महासागर के ऊपर उड़ान भरी थी।

उस वक़्त तक वो साठ देशों में जा चुके थे। हर बार जब भी वो कहीं रुकते थे तो उसका नाम प्लेन के पंखों पर लिख दिया जाता था।

*

हम बच्चों को अपनी ज़िम्मेदारी ख़ुद उठानी पड़ती थी, जो उस दौर में बच्चों के लिए नई बात थी। यहाँ तक कि जब हम सिर्फ़ चार बरस के थे तो मैं और मेरी जुड़वाँ बहन एक-दूसरे का हाथ पकड़कर पैदल स्कूल जाते थे। सामान्यत: हम अपनी बड़ी बहन लिन के साथ जाते थे जो सात बरस की थी और क़रीब आधे मील के सफ़र में तीन बार सड़क पार करने में हमारी मदद करती थी। चूँकि हमारा नर्सरी स्कूल उसके स्कूल से क़रीब तीन सौ गज की दूरी पर था इसलिए केय और मैं वहाँ तक अपने भरोसे पर जाते थे। स्कूल

ख़त्म होने के बाद हम लिन के स्कूल तक पैदल आते और उसका इन्तज़ार करते। इसके बाद उसके साथ हम पैदल घर तक आते।

हमें अपने भरोसे जीना सिखाया जा रहा था।

मेरा भाई स्कॉट वो सफ़र याद करता है जो उसने मेरे माता-पिता के साथ किया था। वे मध्य अफ्रीका, युगांडा, कीनिया, जंजीबार और नैरोबी के ऊपर से उड़े थे। स्कॉट कहता है कि जंजीबार और नैरोबी में उसे अकेले सड़कों पर घूमने की इजाज़त थी। उसका कहना है कि आज अगर ऐसा किया जाए तो लोग कहेंगे कि बच्चे पर ज़ुल्म किया जा रहा है। पर उस ज़माने में यह हमारे लिए एकदम सामान्य बात थी।

हमारी सभी यात्राओं में हमसे यही उम्मीद की जाती थी कि हम अपना ख़याल ख़ुद रखेंगे। जब पहली बार मैंने घुड़सवारी की थी, तो हम आज के लेसोथो इलाक़े में थे जो एक पहाड़ी इलाक़ा था। कुछ ही दिनों में हमने क़रीब साठ मील (छियानवे किलोमीटर) का सफ़र तय किया था। मेरा छोटा भाई ली, जो प्रिटोरिया में पैदा हुआ था, और सिर्फ़ पाँच साल का था, माँ के साथ रुक गया था। स्कॉट तब सत्रह साल का था।

हमने लम्बा समय घोड़े पर सफ़र करते हुए बिताया, और यह बहुत ही मुश्किल व नमी भरा सफ़र था। हमने कभी भी आग नहीं जलाई और सिर्फ़ डिब्बाबन्द खाना और ब्रेड खाई। हम ठीक से सो भी नहीं पाते थे क्योंकि रात को हमारे घोड़े हमारा चेहरा चाटने की कोशिश करते थे या वो हमारे कम्बल खींच लेते थे।

शायद इसीलिए मुझे अपने बच्चों के साथ एक छोटे-से फ़्लैट में रहते हुए भी कभी कोई दिक़्क़त नहीं हुई। यूँ तो एक सोफ़ा बेड बहुत ज़्यादा आरामदायक नहीं होता पर घर के अन्दर अच्छी नींद लेना बिलकुल अलग बात है जहाँ कम-से-कम घोड़ा आपके गाल से नमक चाटने की कोशिश तो नहीं करता।

आप से जो उम्मीद की जाती है, ज़रूरी नहीं है कि आप हमेशा उसे पूरा करें। आप अपने रास्ते पर चल सकते हैं। मैंने यह सबक बचपन में सीख लिया था और बड़े होकर इसका इस्तेमाल भी किया। जब मैंने डायटेटिक्स में अपनी

डिग्री ली और गर्भवती हो गई, उसके बाद मैं काम की तलाश में नहीं जा सकी इसलिए मैंने अपनी प्राइवेट प्रैक्टिस शुरू कर दी। मेरे साथियों ने इस बात की कड़ी आलोचना की। क्योंकि उनका कहना था कि मुझे कम-से-कम पाँच साल किसी अस्पताल में नौकरी करनी चाहिए, उसके बाद प्राइवेट प्रैक्टिस शुरू करनी चाहिए। पर मेरे पास वो विकल्प नहीं था और मुझे लोगों की आहार सम्बन्धी समस्याएँ सुलझाना बड़ा अच्छा लग रहा था। इसी वजह से मैं पूरी दुनिया में कहीं भी जा सकी और न्यूट्रीशन की अपनी प्रैक्टिस बार-बार नये सिरे से शुरू कर सकी। वैसे तो किसी नई जगह पर जाना बड़ा तकलीफ़देह होता है लेकिन मुझे लगता है कि मैं हमेशा कुछ नया आज़माने को तैयार रहती हूँ, बस शर्त यह है कि इसमें मज़ा आना चाहिए, रोमांच होना चाहिए।

अगर आप ज़िन्दगी में रोज़ाना एक ही तरह का काम कर रहे हैं, एक ही नौकरी में टिके हैं, एक ही जगह पर रह रहे हैं, और ख़ुश हैं तो आप ऐसे ही बने रह सकते हैं।

लेकिन अगर आपके मन में बेचैनी है या फिर आप दुखी हैं और बदलाव चाहते हैं तो यह जानने के लिए आपको नई तलाश, नई कोशिश शुरू कर देनी चाहिए कि आप क्या कर सकते हैं, आप कहाँ रह सकते हैं और आपके लिए कौन-सा काम सबसे ज़्यादा सन्तुष्टि देने वाला होगा। नई जगहों के बारे में जानना और नये लोगों से मिलना-जुलना आपकी सोच को विस्तार और आपको ज़्याद्रा खुशी देगा।

मेरे पिता हमेशा कहते थे, 'ऐसा कोई काम नहीं है जो हैल्डमैन परिवार के सदस्य नहीं कर सकते।' और मैंने हमेशा इस बात पर यक़ीन किया। मेरे भाई-बहनों ने भी इसी बात को माना। शायद मैंने अपने बच्चों को भी यही रास्ता दिखाया कि ऐसा कोई काम नहीं है जो मस्क परिवार नहीं कर सकता।

सात

कुछ नया करो

अपेक्षित के लिए योजना बनाओ और अप्रत्याशित के लिए तैयार रहो

❖

हर साल जुलाई में, जब दक्षिण अफ़्रीका में सर्दियों का मौसम होता था, मेरा परिवार कालाहारी के एक खोए हुए शहर की तलाश में निकलता था। उस ज़माने में बोत्सवाना को बेश्वानालैंड कहा जाता था। कभी-कभी मेरे पिता प्लेन से और मेरी माँ कार से जाती थीं। कभी-कभी हम सभी एक कम्पास लेकर ट्रक से जाते थे और तीन हफ़्ते में कालाहारी रेगिस्तान पार करते थे। माँ तीन हफ़्तों का खाना, पानी और ईंधन कार में भर लेती थीं और हम पाँचों बच्चे भी कार में ही होते थे।

मेरे पिता को गिलेरमो फ़रिनी (जो कनाडा से थे और जिन्होंने उन्नीसवीं सदी के आख़िर में एक बैलगाड़ी से रेगिस्तान पार किया था) की लिखी एक किताब पढ़कर खोए हुए शहर का पता लगाने का विचार आया था। उन्होंने लिखा था कि उन्हें एक खोए हुए शहर के खँडहर मिले थे। फ़रिनी को एक तनी हुई रस्सी पर नियाग्रा फॉल के आर-पार जाने के लिए भी जाना जाता है। इससे आप समझ जाएँगे कि वो रोमांच के लिए हमेशा तैयार रहते थे।

मेरे पिता चाहते थे कि वो फ़रिनी का बताया रास्ता कार से पार करें और

यह हमारी जुलाई की छुट्टियों को बिताने का ज़रिया बन गया। अब मैं सोचती हूँ—क्या आप कल्पना कर सकते हैं कि कोई व्यक्ति पाँच बच्चों को लेकर तीन हफ़्तों तक रेगिस्तान में भटक सकता है? मेरी माँ चाहतीं तो मना कर सकती थीं। उनके पास विकल्प था। वे बच्चों को लेकर घर पर रुक सकती थीं। पर चूँकि मेरे पिता को तो हर हाल में जाना था और माँ उन्हें अकेले नहीं छोड़ना चाहती थीं इसलिए हम सब एक साथ गए।

रेगिस्तान की यात्राओं में मुझे कभी डर नहीं लगा, क्योंकि इसका सारा ज़िम्मा मेरे माता-पिता का होता था। यहाँ तक कि जब किसी ने मुझसे कहा कि कोई लकड़बग्घा तुम्हारा चेहरा खा सकता है, तो मैंने अपना स्लीपिंग-बैग बन्द कर लिया, ताकि लकड़बग्घा मुझे खा न सके। मैंने कभी नहीं सोचा कि इन यात्राओं में कभी भी कोई गड़बड़ हो सकती है। शायद मेरे माता-पिता सुरक्षा को लेकर काफ़ी विचार-विमर्श करते थे, क्योंकि वो हर चीज़ के लिए तैयार रहते थे। लगता था कि वो हर समस्या का हल निकाल लेंगे। मुझे पैकिंग तक के बारे में नहीं सोचना पड़ता था क्योंकि यह ज़िम्मा पूरी तरह मेरी माँ उठाती

थीं। आज मैं सोचती हूँ कि उन्हें हर चीज़ पर कितना बारीकी से सोचना पड़ता होगा, यानी हम पाँचों बच्चों के कपड़े, खाना, पानी वग़ैरह। जबकि मेरे पिता को नक़्शों, कम्पास, गैस, कार ठीक करने के औज़ारों वग़ैरह को ध्यान में रखना पड़ता होगा। कमाल के लोग थे वे।

सब कुछ पहले से सोचा जाता था। हमें तीन हफ़्तों का पानी लेकर जाना पड़ता था। हम डिब्बाबन्द सब्ज़ियाँ और फल लेकर जाते थे। पहले हफ़्ते के लिए हमारे पास बहुत सारा ताज़ा खाना होता था, पर उससे ज़्यादा नहीं। और उसके बाद तो यह होता था कि ताज़ा खाना मिलता ही नहीं था।

यहाँ हमारे परिवार के आदर्श वाक्य, 'ज़ियो ख़तरों के संग लेकिन सँभलकर' को आज़माया जाता था। हालाँकि यह सच है कि हालात बिगड़ सकते थे। इसलिए हम पहले से सोचकर रखते थे कि क्या गड़बड़ हो सकती है और उसकी योजना बनाकर रखते थे।

हमें पता था कि वहाँ हम गुम हो सकते थे। हमें उन लोगों की क़ब्र के पत्थर नज़र आते थे, जो रेगिस्तान में मारे गए थे। कभी-कभी मेरे पिता गाइड का सहारा लेते थे, जो हमें हमारी भाषा में अनुवाद कर सब समझाते थे क्योंकि वहाँ बहुत अलग-अलग जनजातियों के लोग होते थे और वे सभी अलग-अलग भाषाएँ बोलते थे, इसलिए आमतौर पर हमें अपने भरोसे ही रहना पड़ता था। वहाँ ऊँट पर ग़श्त लगाने वाले लोग थे, जो बेश्वानालैंड सरकार के लिए काम करते थे, क्योंकि तब बोत्सवाना पर ब्रिटिशों का राज था। मेरे माता-पिता एक छोटे-से शहर से शुरू करके किसी दूसरे छोटे शहर में खोजबीन ख़त्म करने की योजना बनाते थे, और ऊँट ग़श्ती दल को पता होता था कि हम कहाँ हैं और उन्हें कहाँ मिलेंगे। अगर हम तीन हफ़्ते बाद दूसरे सिरे पर न पहुँच पाएँ तो वे हमारी खोजबीन के लिए तैयार रहते थे।

मेरे पिता जानते थे कि हम रेत में फँस जाएँगे, इसलिए वे फावड़े भी साथ रखते थे। हम जब भी फँसते थे, फावड़े से रेत हटाकर गाड़ी को बाहर निकाल लेते थे। जंगल में गड्ढों से बचने के लिए हम बच्चे बारी-बारी से कार के आगे भागा करते थे, ताकि रास्ते में कोई गड्ढा या पेड़ का कोई तना पड़ा हो तो बता दें, क्योंकि वहाँ रोड तो होती नहीं थी। हमारे पास सारे औज़ार

होते थे ताकि अगर ट्रक में कोई गड़बड़ी आ जाए तो मेरे पिता उसे ठीक कर सकें। हमारे पास वेल्डिंग-आयरन होता था, इसलिए जब एक बार कार एक पेड़ के तने से टकरा गई तो मेरे पिता और बड़े भाई स्कॉट ने आग जलाई और वेल्डिंग आयरन को गर्म करके कार की मरम्मत की और हम फिर से अपने सफ़र पर चल पड़े।

चीज़ें ख़राब होती थीं, पर हम घबराते नहीं थे। हम उन्हें ठीक करते थे और चल पड़ते थे। कई बार ज़िन्दगी में हम उन घटनाओं की परवाह करते हैं जो अभी घटी ही नहीं हैं। जब बुरी घटनाएँ घटती हैं, तो हमें उनका उपाय खोजना पड़ता है। एक बार हमारे पीने के पानी में पेट्रोल चला गया, और हमने पेट्रोल वाला पानी ही पिया क्योंकि हम कुछ और नहीं कर सकते थे। पर बाद में जब मौक़ा आया तो हमने ताज़ा पानी जमा कर लिया। ऐसा होता था हमारा सफ़र।

रोज़ाना, उजाला होने से पहले ही हम जाग जाते, सामान पैक करते, और फिर तब तक चलते रहते जब तक अँधेरा न घिर जाए। इसके बाद हम डेरा (Camp) डालते थे। एक तम्बू में हमारा सारा खाना जमा रहता था।

हम सबके काम बँटे हुए थे। केय और मुझे सूखी लकड़ी जमा करनी होती थी। आग जलाने की ज़िम्मेदारी मेरे भाई की होती थी। मेरी माँ पानी, अंडों का पाउडर, दूध का पाउडर, आटा और बेकिंग पाउडर मिलाकर लोहे के एक बड़े बर्तन में हमारे लिए स्कोन तैयार करती थीं। रेगिस्तान के बीचोबीच हम ताज़ा और गरम स्कोन खाते थे। क्या आप कल्पना कर सकते हैं कि इसके पीछे कितनी सारी तैयारी लगती होगी? आज बड़े होने के बाद मैं सोचती हूँ कि मेरी माँ पहले से कितनी तैयारियाँ करती होंगी, ताकि हमें लज़ीज़ खाना मिल सके।

मेरे पिता के पास एक हफ़्ते में एक जानवर का शिकार करने का लाइसेंस था, जिसे हम पका सकते थे। हम एक हिरण या एक गिनी फाउल (मुर्ग़ा) मार लेते थे। और जब हमारे पास अपने लिये पर्याप्त खाना हो जाता था तो जो भी जनजाति हमारे सम्पर्क में आती, हम बाक़ी खाना उसे दे देते थे। रेगिस्तान में

हम सबको निशानेबाज़ी भी सिखाई जाती। मेरी माँ का निशाना बड़ा अच्छा था।

हम ज़रूरत की हर चीज़ अपने साथ लेकर जाते थे। केय और मेरे पास एक कटोरा पानी होता था, जिससे हम रात को और सुबह हाथ-मुँह धो सकते थे। रेगिस्तान में रात को इतनी कड़ाके की सर्दी पड़ती थी कि पानी बर्फ़ बन जाता था और सुबह हमें बर्फ़ को तोड़कर अपने हाथ-मुँह धोने पड़ते थे।

हमने ज़िन्दगी की सारी सुख-सुविधाओं के बिना रहना सीख लिया था यानी जब जैसा मौक़ा आए वैसे जी लिये।

हम शौच के लिए झाड़ियों में जाते थे और बिना नहाए रहते थे पर इससे कोई दिक़्क़त नहीं थी क्योंकि यह रेगिस्तान था और रेत गन्दी नहीं होती। जब हमारे माता-पिता आगे के रास्ते का नक़्शा देख रहे होते थे तब हम सब बच्चे पढ़ते थे। मेरे पास हमारी तसवीरें हैं जिनमें हम सब पढ़ रहे हैं और हमारे चेहरे किताबों पर टिके हुए हैं।

मैंने सचमुच सीख लिया था कि मुझे सुख-सुविधाओं की ज़रूरत नहीं है। आप बहुत कम चीज़ों के सहारे भी जी सकते हैं।

वहीं मैंने यह भी सीखा था कि आप अपने ख़र्चों में कटौती कर सकते हैं; इसलिए कभी भी उधार मत लो, ऐसे लोगों से ईर्ष्या मत करो जो शानोशौकत के साथ जीते हैं—वही करो जो तुम सबसे अच्छा कर सकते हो, ख़ुद को बचाए रखो, और उम्मीद करो कि तुम कामयाब हो जाओगे।

एक बार की सर्दियों की बात है हमारा एक गाइड जिसका नाम हेंड्रिक था और जो आग के पास सोता था, उसने हमसे कहा कि यह सबसे सुरक्षित जगह है क्योंकि कोई भी जानवर आग के पास नहीं आता।

लेकिन एक शाम जब मेरे पिता ने टेबल पर रखा पैराफिन का लैम्प जलाया तो उन्हें एक शेर नज़र आया जो हमारे डेरे (Camp) में घुस आया था। मेरे पिता धीरे-धीरे तम्बू में वापस आए और कहा, "विन, वो देखो शेर। मुझे टॉर्च और बन्दूक़ दो ज़रा।" (वे टॉर्च को हमेशा टॉर्च ही कहते थे, फ़्लैश लाइट नहीं। दरअसल जब हम कनाडा गए तो हमें कुछ शब्दों के इस्तेमाल के बारे में वहाँ के हिसाब से बदलाव करने पड़े थे)।

शेर हेंड्रिक के पास मँडरा रहा था, जो आग के पास सो रहा था। बदक़िस्मती से शेर ने नियम नहीं पढ़े थे, उसे पता नहीं था कि उसे आग के पास नहीं जाना है।

मेरे पिता चिल्लाए, "हेंड्रिक, शेर है वहाँ।"

हेंड्रिक उछलकर अपने कम्बल से बाहर आ गया और आग के पास खड़ा होकर चिल्लाया, 'वोत्सेक', जिसका मतलब होता है—'चले जाओ यहाँ से'। शेर धीरे-धीरे डेरे से बाहर चला गया क्योंकि मेरे पिता ने उसके सिर के काफ़ी ऊपर दो गोलियाँ दाग़ी थीं, पर उसने कोई प्रतिक्रिया नहीं दी। असल में उसकी शेरनी डेरे के ठीक बाहर उसका इन्तज़ार कर रही थी। पिता कार में बैठे और उन्हें दूर तक खदेड़ा। दोनों शेर पास के रेत के टीले के पार चले गए और सारी सुबह वहाँ से हमें देखते रहे।

मेरे भाई ली को याद है कि उसे कार में सोने के लिए भेज दिया गया था। चूँकि वो हम बच्चों में सबसे छोटा था इसलिए वो सबसे ज़्यादा ख़तरे में था और हम चाहते थे कि वो सही-सलामत रहे।

हमने देखा कि मेरे पिता डरे नहीं। डरे भी होंगे तो उन्होंने दिखाया नहीं। उनकी हिम्मत देखकर हमें यक़ीन हो गया कि हम सब सुरक्षित हैं।

उन यात्राओं में हमने बहुत सारे जानवर और कीड़े-मकोड़े देखे जैसे स्प्रिंगबॉक (हिरण की एक प्रजाति जो दक्षिण और दक्षिण-पश्चिम अफ़्रीका में पाई जाती है) वाइल्ड-बीस्ट, छिपकलियाँ, चींटियों के टीले, गिद्ध और दूसरे

शिकारी पक्षी। एक बार मेरी माँ को एक बिच्छू ने काट लिया था और हमें टूर्निकेट (ख़ून का बहाव रोकने वाला रक्तबन्ध) का इस्तेमाल करना पड़ा था और ज़हरीला ख़ून खींचकर बाहर निकालना पड़ा था। एक बार एक शतुरमुर्ग लिन का पीछा करने लगा जिसे देखकर हम बहुत हँसे। हमने लकड़बग्घे भी देखे। हम उनसे बहुत डरते थे क्योंकि वो काफ़ी भयानक होते हैं।

मुझे याद है एक सुबह जब मैं और स्कॉट ओकावांगो नदी के किनारे टहलने गए तो उसने एक जंगली मुर्ग़ा मार गिराया ताकि हम उसे पकाकर खा सकें लेकिन वो नदी में जा गिरा। स्कॉट ने मुझे कहा, "जाओ, तैरकर उसे लेकर आओ!" जब मैं पानी से बाहर आई, तो किसी चीज़ पर खड़ी हो गई पर अचानक वो चीज़ हिली। वो एक मगरमच्छ था। हमें नहीं पता था कि इस नदी में मगरमच्छों की भरमार है। यह एक डरावना अनुभव था। पर चूँकि मैं अब तक ज़िन्दा हूँ, इसलिए जो हुआ सो हुआ।

मुझे पता है कि मेरे पिता एक खोया हुआ शहर खोजना चाहते थे, जिसे वे कभी खोज नहीं पाए। उसे खोजने के लिए वे बारह बार रेगिस्तान में गए जिनमें से आठ बार मैं साथ थी। मैं निराश नहीं हूँ कि हम उस खोए हुए शहर को खोजने में नाकाम रहे, क्योंकि मेरे माता-पिता ने कभी इस बात पर निराशा नहीं दिखाई। इन यात्राओं में हमने बहुत सारे जोखिम भरे काम किये और पूरे परिवार ने एक साथ बहुत मज़े किये।

आप अपना एक मक़सद बना सकती हैं, पर अगर आपको कामयाबी नहीं मिलती तो कोई बात नहीं। मुझे लगता है कि मेरे पिता को अनजान चीज़ों, नई संस्कृतियों और नये इलाक़ों की खोज में बड़ा मज़ा आता था। मेरे माता-पिता ने सीखना कभी बन्द नहीं किया। उन्हें जंगल में खोज करना और रेगिस्तान में अपने रास्ते पर चलना पसन्द था। वो हमेशा कम्पास के मुताबिक़ चले और हम कभी गुम नहीं हुए। हम हमेशा वहाँ पहुँचे जहाँ हम जाना चाहते थे।

आठ

क्यों नहीं?

मौक़ों को जाने मत दो

❖

मैंने अपने करियर की योजना बना रखी थी। मैं विज्ञान की पढ़ाई करने वाली थी। मैंने मेडिकल साइंस, माइक्रो-बायोलॉजी या बायो-केमिस्ट्री पढ़ने का सोचा था लेकिन मेरे पिता ने मुझे ऐसी डिग्री लेने के लिए प्रोत्साहित किया जिसमें चार साल में मैं ग्रेजुएट भी हो जाऊँ और अपना काम भी शुरू कर सकूँ। इसलिए मैंने डायटेटिक्स पढ़ने का फ़ैसला किया।

जब मैं तीसरे साल में थी तो मेरे साथ पढ़ने वाले एक छात्र ने कहा, "मैं 'वाल क्वीन' के लिए तुम्हारा नाम लिखवाने जा रहा हूँ।"

मैंने पूछा, "वह क्या होता है?"

मुझे उसके बारे में कुछ पता नहीं था।

उसने मुझे समझाया कि यह एक सौन्दर्य प्रतियोगिता है।

मैंने इससे पहले कभी ऐसी किसी प्रतियोगिता में हिस्सा नहीं लिया था इसलिए मैंने उससे कहा कि मैं पढ़ाई में दिलचस्पी रखने वाली लड़की हूँ, कोई ब्यूटी क्वीन नहीं।

लेकिन उसने हँसते हुए मेरा नाम दर्ज करा दिया। और मैं इस मुक़ाबले

के लिए चुन ली गई। मुझे समझ नहीं आ रहा था कि मुझे वहाँ जाना चाहिए या नहीं, क्योंकि यह मेरे लायक़ काम नहीं था। ख़ैर, मैंने हाँ कर दी। मुझे लगा कि 'क्यों नहीं, ये भी करके देखते हैं।' पर यह कभी नहीं सोचा था कि मैं आगे चलकर इस मैदान पर लम्बे समय तक टिकी रहूँगी।

मुझे लगा था कि यह एक बेकार सी दोपहर होने वाली है जिसे मैं आगे चलकर कभी याद नहीं करना चाहूँगी। पर इस दोपहर ने तो मेरी ज़िन्दगी ही बदलकर रख दी।

मुझे ख़ुशी है कि मैं सौन्दर्य प्रतियोगिता में शामिल हुई। इसके ज़रिये मेरा परिचय जोहान्सबर्ग की एक ज़्यादा पेशेवर मॉडलिंग एजेंसी से हुआ। हैरत की बात यह है कि ज़िन्दगी-भर के लिए यह मेरा दूसरा करियर बन गया।

जब मैं प्रतियोगिता के लिए निर्धारित बिल्डिंग में पहुँची, तो मुझे पता तक नहीं था कि कुछ महिलाएँ इस तरह की सौन्दर्य प्रतियोगिताओं को कितनी गम्भीरता से लेती हैं। मैं तो बस एक छात्रा थी और ध्यान देने वाली बात यह

थी कि मुझे इसका कोई अनुभव नहीं था, मुझे नहीं पता था कि इस ताज को जीतने के लिए आपको अपना वक़्त और पैसे लगाने पड़ते हैं। वहाँ मौजूद दूसरी लड़कियाँ बहुत शानदार दिख रही थीं। उन्होंने ख़ूबसूरत हेयर-स्टाइल बनवाए थे, और उनका मेकअप भी बहुत पेशेवर शैली का था। उनके स्विम-सूट भी बेमिसाल थे।

मैंने भी स्विम-सूट पहना था, अपने बाल ख़ुद बनाए थे और मेकअप भी ख़ुद ही किया था। मेरा पूरा परिवार आया था और यह मेरे लिए हैरत की बात थी, क्योंकि आमतौर पर वो लोग ऐसे आयोजनों में नहीं जाते थे। पर यहाँ न जाने कैसे वो सब आए थे।

मंच के पीछे उन्होंने हमें नम्बर दे दिये थे।

एक लड़की जिसे सबसे पहले जाने के लिए चुना गया था, उसने कहा, "मुझे पहला नम्बर नहीं चाहिए।"

मैंने कहा, "कोई बात नहीं, मैं ले लेती हूँ।" मुझे बिलकुल भी डर नहीं लग रहा था। इसलिए नहीं कि मेरे भीतर आत्मविश्वास था बल्कि इसलिए क्योंकि मुझे रनवे पर चलने की ज़रा भी परवाह नहीं थी। मेरा ध्यान तो अपनी परीक्षाओं पर था। ऊपर से मेरा एक बॉयफ्रेंड था जिसने मेरे साथ धोखा किया था। ज़ाहिर है कि मेरे पास सोचने के लिए और भी बड़े मुद्दे थे। ख़ैर, हम सबने कैटवॉक किया। अन्त में केय ने ख़ुशी के आँसू छलकाते हुए कहा, "तुमने सबसे अच्छा कैटवॉक किया।"

मैंने कहा, "क्या सच में?"

और मैं जीत गई। मुझे बहुत ख़ुशी हुई।

कुछ लड़कियाँ काफ़ी उदास थीं क्योंकि वो जीतना चाहती थीं ताकि उनका मॉडलिंग करियर आगे बढ़ सके। मुझे अपनी जीत की ख़ुशी थी पर सच यह था कि मैंने तो यह बस मज़े के लिए किया था। इनाम में मुझे सौ रैंड दिये गए, जो तकरीबन डेढ़ सौ डॉलर के बराबर थे और साथ ही जोहान्सबर्ग की एक मॉडलिंग एजेंसी के साथ एक कॉन्ट्रैक्ट और वहाँ मॉडलिंग कोर्स करने की फ़ीस भी दी गई। मुझे बॉलिंग गेम के दस टिकट भी दिये गए।

जब मैं जीती और सबने मेरे फ़ोटो लिये, बड़ा मज़ा आया लेकिन उसके

बाद कोई पार्टी नहीं थी। हम वहाँ से निकल आए। बॉलिंग गेम के जो टिकट मुझे इनाम में मिले थे—उससे मेरे परिवार के लोगों ने बॉलिंग गेम खेला। बहुत अच्छा लगा। मैंने इनमें से एक भी चीज़ की कल्पना नहीं की थी। न ही मैंने यह सोचा था कि मॉडलिंग का कोर्स शुरू करना मुझे जोहान्सबर्ग में फ़ोटोशूट्स की ओर ले जाएगा, जो प्रिटोरिया से सिर्फ़ पैंतालीस किलोमीटर दूर था। वह अफ्रीका का मॉडलिंग केन्द्र था। वहाँ मैंने अपनी बहन की कार चलानी शुरू की और वहीं मैंने बाक़ायदा मॉडलिंग की तकनीक और पेशेवर तरीक़ा सीखा।

मॉडलिंग के लिए हाँ कहना और अपनी डिग्री पूरी करना मेरे लिए दो अलग-अलग काम थे। ज़िन्दगी में मेरा जिस काम पर सबसे ज़्यादा ध्यान था वो था न्यूट्रीशन की पढ़ाई करना और बतौर डायटीशियन अपना काम शुरू करना। पैसा कमाने के लिए मैं कभी भी मॉडलिंग के भरोसे नहीं रही। मेरे लिए मॉडलिंग पूरी तरह से एक बोनस थी, मैंने यह काम सिर्फ़ इसलिए किया क्योंकि मुझे इसमें मज़ा आया। इसकी वजह से मैं फ़ैशन की दुनिया से जुड़ी रही और मेरी मुलाक़ात बहुत ही रचनात्मक लोगों से होती रही।

मॉडलिंग के करियर ने मुझे अब तक बहुत कुछ दिया है। इसने मुझे एकदम अलग तरह के साथी और दोस्त दिये जिन्हें अगर मैं सिर्फ़ डायटीशियन रहती और वैज्ञानिकों से ही मिलती रहती तो कभी भी जान नहीं सकती थी। इसके अलावा, मॉडलिंग ने मुझे दुनिया के अलग-अलग शहरों को देखने का मौक़ा दिया क्योंकि कास्टिंग तो कहीं भी हो सकती थी, और फ़ोटोशूट भी या तो बहुत अजीब सी या बहुत ही शानदार जगहों पर होते थे।

इसलिए, अब मैं किसी भी काम के लिए 'हाँ' कहते समय बहुत ज़्यादा नहीं सोचती। मैं ऐसे हर काम के लिए 'हाँ' कह देती हूँ जिसमें कुछ जानने को मिले, जो मुझे दिलचस्प लगे, जिसमें मज़ा आए या फिर जो मेरे हालात को बेहतर बनाए।

अगर आप भी बदलाव लाना चाहते हैं तो आपको भी कहना चाहिए, "क्यों नहीं, ज़रूर!"

उस वक़्त मॉडलिंग प्रतियोगिता के बारे में भी मैंने यही सोचा था—"क्यों नहीं, ज़रूर!" इसी तरह कभी-कभी ज़िन्दगी के बड़े बदलावों के बारे में भी हमें यही नज़रिया अपनाना चाहिए।

जब मेरी बेटी टॉस्का सैंतीस साल की हुई तो उसने फ़ैसला किया कि अब उसे बच्चे पैदा कर लेने चाहिए। अब तक उसका सारा ध्यान अपनी ज़िन्दगी और करियर पर था इसलिए उसने बच्चों के बारे में कभी नहीं सोचा था। पर अब उसे लगने लगा था कि माँ बनने की उसकी सम्भावनाएँ हर दिन कम होती जा रही हैं और सिर्फ़ माँ बनने के लिए वे किसी रिश्ते में नहीं पड़ना चाहती थी। उसने हमसे कहा कि वो IVF या कृत्रिम गर्भाधान करवाना चाहती है, और हमारे परिवार ने उसके इस इरादे में उसका पूरा साथ दिया।

ऐसे लोग भी थे जिन्होंने उससे कहा कि अकेले माँ बनने का यह क़दम ठीक नहीं है। अकेले ज़िन्दगी बिताना बहुत मुश्किल होगा और यह एक सही फ़ैसला नहीं है। लोगों ने यह भी कहा कि यह उसके करियर या उसके बच्चों के लिए ठीक नहीं होगा। दरअसल, उन लोगों के मन में एक डर समाया हुआ था। मेरा मानना है कि जिन लोगों से आपका कोई वास्ता या रिश्ता नहीं है वे क्या सोचते हैं या उनके मुताबिक़ आपको ज़िन्दगी में क्या करना चाहिए, इस आधार पर अपने फ़ैसले करना ठीक नहीं होता। आपके हालात जैसे भी हों लेकिन बच्चे पैदा करना ज़िन्दगी को पूरी तरह से बदल देता है।

मुझे याद है कि मैंने कहा था—ठीक है! मैं स्पर्म डोनर (या शुक्राणु देने वाला) चुनने में तुम्हारी मदद करूँगी। मैंने टॉस्का से यह भी कहा कि एक मर्द के बिना सब कुछ और भी आसान होगा और वो मेरी इस बात से आज भी इत्तफ़ाक़ रखती है। उसके जितने भी टेस्ट हुए, मैं उसके साथ रही। हालाँकि बहुत सारे टेस्ट हुए और कई बार काफ़ी निराशा भी हुई। यह सब काफ़ी मुश्किल था। जब अंडे प्रत्यारोपित करने के बाद टॉस्का को चार दिन आराम करने को कहा गया था उसी दौरान मैं न्यूयॉर्क से उसके पास पहुँच गई। उन्हीं दिनों वो घर भी बदल रही थी। जब वो लेटे-लेटे मशहूर टीवी सीरियल 'द वेस्ट

विंग' देख रही थी, मैंने उसकी सारी चीज़ें बारह बड़े थैलों में पैक कीं जिन्हें पुराने सामान वालों को देना था या कचरे में डालना था। उसके अड़तीसवें जन्मदिन पर उसे पता चला कि यह प्रक्रिया कामयाब रही है और वो माँ बनने वाली है। प्रेग्नेंट होने के बाद का सफ़र भी आसान नहीं था, यह ऐसा सफ़र है जो किसी के लिए भी आसान नहीं होता। आज उसके दो प्यारे-प्यारे बच्चे हैं जो रोज़ हमारी ज़िन्दगी को ख़ुशियों (और चुनौतियों) से भर देते हैं। जो भी महिलाएँ IVF या कृत्रिम गर्भाधान चुनती हैं उन सभी को शाबाशी दी जानी चाहिए। यह मुश्किल काम है पर इसके बहुत से फ़ायदे हैं।

टॉस्का कहती है कि यह उसकी ज़िन्दगी का सबसे अच्छा फ़ैसला रहा है। बच्चे उसे विनम्र बनाए रखते हैं और बिना शर्त प्यार उनके सिवा भला कौन दे सकता है। टॉस्का मुझसे कहती है कि बच्चों ने उसे दुनिया को एकदम अलग नज़रिये से देखना सिखाया है—वो इस दुनिया को उनके लिए कैसे बेहतर बना सकती है? या वो उनकी मदद के लिए क्या कर सकती है? यह सब उसे ज़्यादा नरमदिल बनाता है और प्रेरणा भी देता है।

हालाँकि काम के साथ बच्चों की ज़िम्मेदारी पेचीदा है क्योंकि फ़िल्में बनाने के लिए उसे सारी दुनिया में घूमना पड़ता है। लेकिन वो जहाँ भी जाती है बच्चे उसके साथ रहते हैं और दुनिया की नई-नई जगहें देखते हैं। वे यह भी देखते हैं कि उनकी माँ कितनी कड़ी मेहनत कर रही है (ठीक वैसे ही जैसे मेरे बच्चों ने मुझे कड़ी मेहनत करते देखा है)। और मुझे उन बच्चों की देखभाल करनी पड़ती है।

मौक़ा चाहे कितना छोटा या कितना बड़ा हो, कोई-न-कोई आपके लिए 'क्यों नहीं, ज़रूर' के इस सवाल का जवाब ज़रूर देगा। इसलिए इस बारे में सोचिए कि कौन-सा काम 'आपको' ख़ुशी देगा। ज़िन्दगी में हमेशा नये दरवाज़े खोलते रहिए क्योंकि जब तक आप कोशिश नहीं करेंगे, आपको पता कैसे चलेगा।

नौ

जब औरत सोचती है

अपनी ज़िन्दगी के फ़ैसले ख़ुद कीजिए और मंज़िल हो आपकी ख़ुशी

❖

मैं जिस परिवार में पैदा हुई, उसके सदस्यों में बहुत विनम्रता थी और वे सब एक-दूसरे का ख़याल रखते थे। लेकिन जब हम दुनिया के अलग-अलग कोनों में गए तो असलियत समझ आई। हम सब भाई-बहन अक्सर मज़ाक़ करते हैं कि जब तक हम घर से नहीं निकले थे, तब तक समझ नहीं आया था कि लोग कितने भयानक हो सकते हैं। मुझे लगता था कि दुनिया में सारे लोग बहुत अच्छे हैं जिसके नतीजे मुझे भुगतने पड़े। बदक़िस्मती से मुझे अपना बचाव करना सीखने में काफ़ी वक़्त लगा।

मैं प्रिटोरिया यूनिवर्सिटी में पढ़ने गई, यह वो शहर था जहाँ मेरा परिवार रहता था। मैं उत्तर अमेरिकी माता-पिता के घर पली-बढ़ी थी और हमारे यहाँ सिर्फ़ अंग्रेज़ी बोली जाती थी लेकिन मैं डायटेटिक्स की जो डिग्री लेना चाहती थी वो सिर्फ़ अफ़्रीकान्स यूनिवर्सिटी द्वारा ही दी जाती थी। वहाँ की सारी कक्षाएँ, सब कुछ अफ़्रीकान्स में ही होता था। भाषा में अन्तर होने की वजह से मुझे वहाँ टिके रहने के लिए दूसरे छात्रों की तुलना में ज़्यादा मेहनत करनी पड़ी और दोस्त बनाने में भी परेशानी हुई।

जब मैं सोलह बरस की हुई उसके बाद से बीच के कुछ समय को छोड़कर लगातार मेरा एक बॉयफ्रेंड था। वो गणित और विज्ञान में बहुत अच्छा था, मुझसे बेहतर। मैं इस तरह के ज़्यादा लड़कों को जानती नहीं थी। वो लगातार मुझसे कहता रहता था कि वो मुझसे शादी करना चाहता है।

जब मुझे पता चला कि वो एक अन्य लड़की के लिए मुझसे धोखा कर रहा है तो मुझे बड़ा झटका लगा और मैंने खाना-पीना छोड़ दिया। मैं एक हफ़्ते तक लगातार रोती रही। इस अफ़सोस भरे दौर में मेरा वज़न पाँच किलो घट गया। यही वो दिन थे जब मैंने 'वाल क्वीन' मुक़ाबले में हिस्सा लिया था, जिसके बाद मुझे एक मॉडल बनने की पेशेवर ट्रेनिंग मिली, एक कॉन्ट्रैक्ट साइन किया गया और अपनी पढ़ाई के अलावा एक बिलकुल नई दुनिया से मेरा परिचय हुआ। मैं मॉडलिंग के लिए जोहान्सबर्ग जा रही थी। मैं मिस एल.एम.रेडियो भी बनी। यह उस दौर का सबसे लोकप्रिय रेडियो स्टेशन था जो टॉप 20 हिट गाने बजाया करता था।

मैं मिस साउथ अफ्रीका मुक़ाबले के फ़ाइनल में पहुँच गई थी। मैंने सोचा कि अगर जीत गई तो यूनिवर्सिटी की पढ़ाई छोड़ सकती हूँ क्योंकि मैं अफ्रीकान्स भाषा में पढ़ते हुए थक चुकी थी। यूनिवर्सिटी के आख़िरी साल में मैं लगातार तनाव में रही। मैंने सोचा भी नहीं था कि एक ऐसी भाषा में जो मेरी मातृभाषा नहीं है, फ़िज़िक्स और केमिस्ट्री पढ़ना इतना मुश्किल होगा। अपने तनाव से लड़ने के लिए मैंने कुछ भी खाना शुरू कर दिया। जब तक मैंने ग्रेजुएशन की पढ़ाई पूरी की, मेरी बेक़ाबू ख़ुराक का असर था कि मेरा वज़न क़रीब 103 किलो हो चुका था। अच्छा हुआ कि मैं मिस साउथ अफ्रीका में जीती नहीं।

मैंने नौकरियों के इंटरव्यू देने शुरू किये जिनमें अक्सर यह होता कि जो नौकरियाँ मुझे पसन्द आतीं उनके लिए या तो मेरी काबिलीयत बहुत ज़्यादा होती थी या फिर बहुत कम। नौकरी के एक इंटरव्यू के दौरान मुझे नहीं चुना गया लेकिन वहाँ मेरा परिचय एक ऐसे व्यक्ति से हुआ जिसकी खाने-पीने की चीज़ों की कम्पनी थी और उसे केपटाउन में एक न्यूट्रीशनल एक्सपर्ट की

ज़रूरत थी। मैंने वो नौकरी कर ली और केपटाउन चली आई। तब मेरी उम्र सिर्फ़ इक्कीस साल थी।

मेरा वही बॉयफ्रेंड, जो एक साल से मुझसे मिला तक नहीं था, सगाई की अँगूठी लेकर मुझसे मिलने आया। उसने कहा कि वो मुझसे प्यार करता है, हमेशा करता रहेगा और आगे से वो मेरे साथ हमेशा अच्छा बर्ताव करेगा। अगर मैं उससे शादी कर लूँ तो वो बदल जाएगा। लेकिन मैंने उसे मना कर दिया। मैंने कहा, मैं यह अँगूठी नहीं पहन सकती। मेरे मना करने के बाद वो प्रिटोरिया वापस चला गया और मेरे माता-पिता से कहा कि मैं शादी के लिए राज़ी हो गई हूँ। वे बहुत आश्चर्यचकित थे क्योंकि उन्हें हमारे इस रिश्ते के बारे में पता तक नहीं था। असल में हमारा कोई रिश्ता था ही नहीं।

इधर घर पर, मेरी बहन केय और उसका बॉयफ्रेंड जो लम्बे समय से जुड़े हुए थे, जल्दी ही शादी करने की सोच रहे थे। ऐसे में मेरे पिता ने सुझाव दिया कि दोनों की शादी एक साथ ही कर दी जाए। सबको लगा कि यह एक बेहतरीन ख़याल है। उन्होंने शादी का इन्तज़ाम किया, कार्ड छापे गए और सबको भेजे गए। तोहफ़े आने लगे। मुझे इस सबके बारे में एक टेलीग्राम से पता चला, जिसमें लिखा था—'मुबारक हो।' मुझे अपनी ही सगाई की पहली ख़बर इस तरह मिली थी। मैं स्तब्ध थी। टेलीग्राम में आगे लिखा था कि मुझे नौकरी छोड़कर घर आना होगा क्योंकि एक महीने में शादी है।

आज के ज़माने में आपको यह अजीब भले ही लगेगा पर ज़रा समझने की कोशिश कीजिए कि हम सत्तर के दशक के दक्षिण अफ्रीका की बात कर रहे हैं जब वहाँ एस.टी.डी. या ट्रंक कॉल नहीं किये जा सकते थे क्योंकि वो काफ़ी महँगे होते थे। हम टेलीग्राम भेजते थे या फिर सामने वाले से सीधे जाकर मिलते थे। यह वो ज़माना था जब लड़के सीधे लड़की के पिता के पास जाकर उसका हाथ माँग लिया करते थे। इसलिए मेरे पिता को इसमें कुछ भी अजीब नहीं लगा क्योंकि मेरे भूतपूर्व बॉयफ्रेंड ने उनसे कहा था कि मैं शादी के लिए राज़ी हूँ। दरअसल, उसने यह सब कुछ बहुत चालाकी से किया था। मैं अकेली थी, सब कुछ मेरी पीठ के पीछे हुआ था और मैं कुछ

नहीं कर पाई थी। मोटापे की वजह से मेरा सारा आत्मविश्वास ख़त्म हो गया था। उस समय मुझे अपनी सूरत ज़रा भी अच्छी नहीं लगती थी। मुझे लगता था कि कोई भी आदमी भला मुझे क्यों डेट करेगा। इसलिए जैसा टेलीग्राम में कहा गया था, मैंने वैसा ही किया। मैंने नौकरी छोड़ी, अपना सामान पैक किया और घर वापस आ गई।

प्रिटोरिया में मैंने देखा कि मेरा बॉयफ्रेंड ज़रा भी नहीं बदला है। वो अभी भी बहुत आक्रामक था। समझ नहीं आ रहा था कि शादी के बारे में क्या फ़ैसला किया जाए। मेरे परिवार में सभी एक-दूसरे के काफ़ी करीब थे लेकिन अपनी भावनाओं के बारे में बहुत खुलकर बातें नहीं होती थीं। मेरे चारों तरफ़ लोग शादी की तैयारियाँ कर रहे थे। मेरी बड़ी बहन लिन मेरे लिए शादी की ड्रेस तैयार कर रही थी, जिसमें बहुत सारा शिफ़ॉन लगाया जा रहा था ताकि मेरा मोटा शरीर उसमें छिप जाए। मेरे माता-पिता के सारे दोस्त, मेरी जुड़वाँ बहन के दोस्त, मेरे बॉयफ्रेंड के दोस्त, मेरे अपने दोस्त...सब तैयारियों में लगे थे। मुझे समझ नहीं आ रहा था कि इस शादी को कैसे रोका जाए, मेरा तो दिमाग़ ही काम नहीं कर रहा था।

इस तरह, हम दोनों बहनों की शादी एक ही दिन हुई। मुझे बस इतना ही याद है कि केय और उसका पति बहुत ख़ुश थे। मेरा पति इस बात से ग़ुस्सा था कि उनकी ख़ुशी ने सबका ध्यान उस पर से हटा दिया था।

आनेवाले सालों में मेरी ज़िन्दगी नर्क बन गई थी। ज़िन्दगी के उस दौर के बारे में मैं बात भी नहीं करना चाहती क्योंकि वह बहुत दर्दनाक था। उसके बारे में सोचकर ही मुझे ग़ुस्सा आ जाता है, मन कड़वाहट से भर जाता है। कभी अगर इस बारे में बात कर भी ली तो मैं सारी रात करवटें बदलती रहती हूँ, सो नहीं पाती। मैं ऐसे नहीं जीना चाहती थी। यह कहना झूठ होगा कि जीवन आसान है, न ही मैं इसका दिखावा कर सकती हूँ। यह एक कड़वी सच्चाई है कि जीवन आसान नहीं है। ज़िन्दगी बहुत बेरहम है, बेहद क्रूर। इसलिए यदि आपकी ज़िन्दगी में ऐसा हो तो आपको ख़ुद को उससे बाहर निकाल लेना चाहिए, और वो भी जितनी जल्दी हो सके, उतनी जल्दी।

मुझे पुरुषों ने आहत किया, मैं निराश हुई और ज़िन्दगी में कई बार मेरा आत्मविश्वास डगमगाया। हर बार मुझे कोई रास्ता नज़र नहीं आ रहा था। इसके बावजूद हर बार मैंने इस अँधेरी सुरंग से बाहर निकलने का कोई-न-कोई रास्ता खोज ही लिया। लेकिन ऐसा इसलिए नहीं क्योंकि मैं बहुत आक्रामक हूँ। लोग मेरे बारे में ऐसा कहते हैं पर मुझे नहीं लगता कि मैं आक्रामक हूँ। ज़िन्दगी में कई ऐसे मौक़े आए जब मुझे उतनी ताक़त महसूस नहीं हुई और मुझे बाहर निकलने में वक़्त लगा। पर आख़िरकार मैं बाहर आ ही गई।

मैं आपको जो कहानी सुना रही हूँ, वह दूसरी महिलाओं जितनी दुख भरी तो नहीं है, पर मैं चाहती हूँ कि आप जानें कि आप भी बुरे हालात से बाहर निकल सकती हैं। मैं अपनी कहानी एक सबूत के तौर पर पेश कर रही हूँ ताकि आपको अपने जीवन में बदलाव लाने और एक ख़ुशनुमा ज़िन्दगी जीने की प्रेरणा व आत्मविश्वास मिले। हम सभी एक बेहतर ज़िन्दगी के हक़दार हैं।

मुझे समझ में आ गया था कि एक पत्नी के तौर पर घर के सारे काम मुझे ही करने हैं। शादी की रात ही हम यूरोप घूमने चले गए, वो भी मेरे बचाए हुए पैसों से। हमने एक बहुत सस्ती-सी फ़्लाइट ली और पैसे बचाने के लिए जेनेवा में मेरे पति के चचेरे भाई के पास रुके। यह वो दौर था जब आप रोज़ाना पाँच डॉलर में यूरोप घूम सकते थे और यही हमारा मक़सद था। ज़रूरत की सारी चीज़ें मुझे ही निकालनी पड़ती थीं और मुझे ही उन्हें पैक भी करना पड़ता था। मैं अपने पति के लिए खाना पकाती, साफ़-सफ़ाई करती जबकि वो बैठा 'प्लेबॉय' पढ़ता रहता। 'प्लेबॉय' मैगज़ीन दक्षिण अफ्रीका में प्रतिबन्धित थी इसलिए वो बड़ा ख़ुश था कि यूरोप में उसे यह मैगज़ीन मज़े से पढ़ने को मिल रही है।

अभी हमारा हनीमून चल ही रहा था कि उसने पहली बार मेरे ऊपर हाथ उठाया। जब उसने मुझे पीटना शुरू किया तो मैं सन्न रह गई। मैं वापस लौटना चाहती थी, पर नहीं लौट सकती थी, क्योंकि मेरा पासपोर्ट उसके पास था।

जब हम वापस घर पहुँचे तो मैंने सोचा कि अपने परिवार के पास जाकर

कहूँ—'आपने ठीक कहा था, यह आदमी राक्षस है'। पर मैं बहुत शर्मिन्दा थी। जल्दी ही मुझे सुबह के वक़्त बहुत ज़्यादा मचली होने लगी और मुझे एहसास हुआ कि मैं माँ बनने वाली हूँ। हमारे हनीमून के दूसरे ही दिन मैं गर्भवती हो गई थी। एकदम साफ़ हो चुका था कि उससे शादी करना मेरी ग़लती थी। पर ग़लती तो हो चुकी थी, और अब उसे बदला नहीं जा सकता था।

वो इतना ज़्यादा क्रूर था जिसका अन्दाज़ा लगाना भी मुश्किल था। इलॉन के पैदा होने से ठीक पहले वो अपने प्लेन को पेंट कर रहा था और मैं उसकी मदद कर रही थी। हर बार जब भी मेरे पेट में दर्द होता तो मैं तकलीफ़ के मारे रुक जाती थी और काम धीमा पड़ जाता था। इस पर वो मुझसे कहता—"दर्द हो रहा है तो होने दो, पर काम धीमा नहीं पड़ना चाहिए।" इतना ही नहीं जब तक दर्द हर पाँच मिनट में नहीं होने लगा, वो मुझे अस्पताल ले जाने को राज़ी नहीं हुआ।

उसने कहा, "तुम आलसी और कमज़ोर औरत हो।"

इसके बाद अस्पताल में, चूँकि मुझे कुदरती तौर पर बच्चा पैदा हुआ इसलिए मुझे बहुत ज़्यादा दर्द हो रहा था। नर्स ने मेरे पति से कहा, "इसकी पीठ पर मालिश कर दो, जिससे इसे थोड़ी राहत मिलेगी।"

उसने कहा, "मैं यह सब नहीं करने वाला। अरे, इसे मेरी पीठ पर मालिश करनी चाहिए। ये स्टूल देखो जो तुमने मुझे बैठने को दिया है। मैं जा रहा हूँ। बच्चा पैदा होने के पाँच मिनट पहले मुझे बुलवा लेना।"

इस तरह का आदमी था वो।

ज़िन्दगी के दूसरे दशक में मैं बहुत व्यस्त थी। सुबह मैं अपने पति के लिए काम करती यानी उसकी इंजीनियरिंग के विशेष विवरण टाइप करती और अकाउंट का काम देखती। उस दौरान मैं अपने फ़्लैट में बतौर न्यूट्रीशनिस्ट प्रैक्टिस भी करती थी। इलॉन के बाद मेरा छोटा बेटा किम्बल और बेटी टॉस्का पैदा हुए, तीन साल और तीन हफ़्ते में तीन बच्चे। सब कुछ करते हुए मुझे बच्चों का ख़याल रखना था, घर सँभालना था, खाना पकाना था और साफ़-सफ़ाई भी करनी थी।

मेरे माता-पिता ने हमें अपने घर के ठीक बग़ल वाले प्लॉट पर घर बनाने की इजाज़त दे दी थी और हमने वैसा ही किया। मेरे पास एक छोटा-सा ट्रक था जो मैंने अपने बचाए पैसों से ख़रीदा था। मैं उसमें ईंटें, सीमेंट और लकड़ी भरती और एक घंटे का सफ़र तय करके प्लॉट तक पहुँचती।

बच्चे मेरे बग़ल वाली सीट पर मौज-मस्ती करते रहते, क्योंकि तब गाड़ी में सीट-बेल्ट नहीं होता था। मेरे पिता का राजगीर (Builder) घर बनाने में हमारी मदद कर रहा था।

मुझे याद है कि उस वक़्त मैं बाथरूम की दीवारों में टाइलें लगवा रही थी जब मुझे पता चला कि मैं फिर से माँ बनने वाली हूँ।

जब घर पूरा हो गया, तो हम सप्ताहांत में वहाँ रहते थे।

जब मेरी बेटी टॉस्का मेरे पेट में थी, तब एक प्लेन हादसे में मेरे पिता चल बसे। वो केय के पति के साथ सफ़र कर रहे थे और दोनों की मौत हो गई।

मेरे पति जानना चाहते थे कि मेरे पिता की मौत के बाद हमें कितना पैसा मिलने वाला है।

मैंने कहा, "मुझे नहीं लगता कि हमें कुछ मिलेगा क्योंकि मेरे पिता ने सब कुछ माँ के नाम किया है।"

वो बोला, "यह ठीक बात नहीं है। मैंने तुमसे इसलिए शादी नहीं की थी कि सारा पैसा तुम्हारी माँ के नाम हो जाए।"

इस बीच माँ ने हमें मेरे पिता का प्लेन दे दिया और बहुत कम दामों पर हमें वो प्लॉट भी बेच दिया जिस पर उन्होंने हमें मकान बनाने की इजाज़त दी थी।

इसके बावजूद वो नाराज़ था क्योंकि उसे और बहुत कुछ चाहिए था।

थोड़े वक़्त बाद केय ने फिर से शादी कर ली। उसके पति कायरोप्रैक्टर थे। केय ने हमारे पिता का क्लीनिक ख़रीद लिया जो हमारे घर के पड़ोस में ही था। लेकिन मेरे पति को लगा कि मेरी बहन को मुझसे ज़्यादा मिला है और वो बहुत आग बबूला हो गया।

उसने मुझे मेरे परिवार से दो साल तक बात नहीं करने दी। यहाँ तक कि

मेरे घरवाले मेरे बच्चों से भी नहीं मिल सकते थे। जब भी मेरी माँ फ़ोन करतीं मैं जल्दी से गुडबाय कह देती और फ़ोन काट देती।

वो कहता, "तुम्हारे किसी चाहने वाले का फ़ोन था न।" और फिर वो मुझे बहुत मारता।

अगर मैं यह जवाब देती कि "अरे, वो किसी आदमी का नहीं बल्कि मेरी माँ का फ़ोन था" तो इस पर भी वो मुझे मारता।

उसने मुझे अपने परिवार से पूरी तरह काट दिया था। वो मेरे लिए बहुत ख़ौफ़नाक वक़्त था।

जैसे-जैसे मेरे पति का कारोबार बढ़ा उसने और कारें ख़रीद लीं, एक प्लेन और एक नाव भी। उसे बस अपनी दौलत का दिखावा करने का शौक़ था।

हमारी शादीशुदा ज़िन्दगी के दौरान वह कई बार मुझसे कहता था कि मैं एक उबाऊ, बेवक़ूफ़ और बदसूरत महिला हूँ। मैं सोचती थी, 'अगर मैं उबाऊ हूँ तो इस बारे में मैं क्या ही कर सकती हूँ। पर अगर मेरे पास बीएस.सी. की डिग्री है तो मैं बेवक़ूफ़ नहीं हो सकती और अगर मैंने ब्यूटी टाइटल जीते थे और मॉडलिंग की थी तो मैं बदसूरत भी नहीं हो सकती'। पर यह बात मैंने उससे कभी कही नहीं, क्योंकि अगर मैं कह देती तो वो मुझे और भी मारता।

हालाँकि कभी-कभी वो कहता, "मुझे पता है तुम क्या सोच रही हो।" और इसके बाद वो फिर से मुझे मारना शुरू कर देता।

पच्चीस की उम्र में मैंने एक किताब पढ़ी—'आई एम ओके, यू आर ओके' जिससे मुझे ताक़त मिली और उम्मीद बँधी। वो मुझसे यह किताब छीनना चाहता था। उसे बिलकुल पसन्द नहीं था कि मैं यह किताब पढ़ूँ।

कभी-कभी जब वो किसी को डिनर पर बुलाता तो सारा खाना मुझे अकेले ही बनाना पड़ता था, फिर चाहे ब्रेड बेक करना ही क्यों न हो। मुझे खाना पकाना पसन्द नहीं था पर मेरे पास रेसिपी की किताबें थीं जिन्हें पढ़कर मैं खाना पकाती और सब कुछ बहुत ही शानदार बनता था।

वो मुझसे बहुत ही बदतमीज़ी से बात करता था और मेहमानों के सामने

मेरी बेइज़्ज़ती करता था जिसकी वजह से मेहमान दोबारा कभी हमारे घर नहीं आते थे। ऐसे में वो मुझसे कहता, 'देखा तुम्हारा खाना कितना ख़राब था, और तुम कितनी उबाऊ महिला हो कि वे दुबारा हमारे घर नहीं आना चाहते।'

बच्चे पैदा होने के बाद मैंने मॉडलिंग बन्द कर दी थी। मुझे लगता था कि अब मैं शायद ही मॉडलिंग की दुनिया में कभी वापस आ सकूँगी। अगर मुझसे मॉडलिंग में वापस आने को कहा भी जाता तो भी यह मुमकिन नहीं था क्योंकि मेरे शरीर पर चोटों के निशान बन गए थे।

हम तीन और जोड़ों के साथ ऑक्टोबर-फ़ेस्ट उत्सव में गए थे जहाँ सब लोग बीयर पी रहे थे, और मज़े कर रहे थे। कुछ लोगों को थोड़ा-सा नशा भी हो गया था। हमारे साथ की वे तीनों महिलाएँ बहुत ही ख़ूबसूरत थीं। मैंने इतने पारम्परिक कपड़े पहने थे कि आप यक़ीन नहीं कर पाएँगे जबकि मैं जिन महिलाओं के साथ थी, उन्होंने बहुत मॉडर्न कपड़े पहने थे।

जब हम सभी बाथरूम जाने के लिए खड़ी हुईं। तभी हमारे पास वाली टेबल पर मौजूद आदमियों ने सीटी बजाई और कहा—"हाय बेब, तुम सभी बहुत सेक्सी हो" या इसी तरह की कोई बात उन्होंने कही।

यह सुनकर मेरा पति मेरे ऊपर चिल्लाया, उसने मुझे वेश्या कहा और सब लोगों के सामने मुझे मारने के लिए मेरी तरफ़ झपटा।

वो आपे से बाहर हो गया था। वक़्त के साथ उसका पागलपन बढ़ता ही जा रहा था। शुरू में वो मुझे सिर्फ़ घर पर ही मारता था लेकिन अब उसका दुर्व्यवहार इतना ज़्यादा बढ़ गया था कि वो दूसरे लोगों के सामने भी मुझ पर हाथ उठाने को तैयार था।

मेरी सहेलियों के पति ने उसे खींचकर मुझसे दूर किया और उनकी पत्नियों ने मुझे पकड़ा और मुझे मेरी माँ के घर छोड़ दिया। रात के दो बजे जब मैंने उनकी खिड़की पर दस्तक दी, तो वे हैरान रह गईं कि इतनी रात को मैं वहाँ क्या कर रही हूँ। पिछले दो सालों से उन्होंने मुझे देखा तक नहीं था।

अगली सुबह वो मेरी माँ के घर आया। उसने माँ से विनती की कि मुझे वापस भेज दें। वो रोया और उसने माफ़ी तक माँगी।

मेरी माँ ने कहा, "आइन्दा इसे हाथ मत लगाना वरना मैं इसे अपने पास बुला लूँगी।" उन्हें यह जानकर बड़ा ग़ुस्सा आया था कि मेरा पति मुझे मारता है। उन्हें समझ में नहीं आ रहा था कि आख़िर मैंने उन्हें बताया क्यों नहीं कि शादी के बाद मेरा इतना बुरा हाल है। शायद मैं शर्मिन्दा थी इसलिए नहीं बताया। इसके अलावा मुझे यह भी डर था कि यह सब जानकर वह मेरे परिवार को नुकसान पहुँचा सकता है।

ख़ैर, उसने मेरी माँ की बात मानी और उसके बाद कभी मुझ पर हाथ नहीं उठाया। इससे पहले वो बच्चों की मौजूदगी में भी मुझे मारता था। मुझे याद है कि तब मेरी बेटी टॉस्का दो साल की थी और छोटा बेटा किम्बल चार का, वो दोनों कोने में खड़े होकर रोते रहते थे जबकि पाँच साल का इलॉन उसके पैरों पर मारता था और उसे रोकने की कोशिश करता था। मेरे लिए राहत की बात थी कि जब बच्चे बहुत छोटे थे उसने मुझ पर हाथ उठाना बन्द कर दिया था, इसी वजह से उन्हें ये सब याद नहीं है। उसके बाद से वो सिर्फ़ गालियाँ देकर मेरी बेइज़्ज़ती करता था। हालाँकि मारपीट तो बन्द हो गई पर उसने अपनी बातों से मुझे बेइज़्ज़त करना जारी रखा। लेकिन राहत की बात यह थी कि मुझे दर्द नहीं सहना पड़ रहा था और बदन पर चोटें नहीं लग रही थीं।

*

एक दिन लेट्टी ने फ़ोन करके मुझसे पूछा कि क्या मैं मॉडलिंग कर सकती हूँ। चूँकि अब मेरे शरीर पर ख़रोंचें नहीं थीं, इसलिए मैं 'हाँ' कह सकती थी। इस बात पर मेरे पति को बड़ा ग़ुस्सा आया। उसने एक शो के दौरान मेरा पीछा किया और एक खम्भे के पीछे खड़ा हो गया और जब मैं मॉडलिंग कर रही थी, मुझे घूरकर देखता रहा। जब वो मंच के पीछे आया तो उसने देखा कि एक पुरुष हेयर-स्टाइलिस्ट मेरे बालों को सँवार रहा है। वो उसकी पिटाई करना चाहता था क्योंकि उसने मेरे बालों को छुआ था। मैं जो कुछ भी करती थी वो उस पर क़ाबू करना चाहता था।

उसने मुझे धमकी दी थी कि अगर मैंने कभी भी उससे तलाक़ लिया तो

वो मेरे चेहरे को दाढ़ी बनाने के ब्लेड से काट डालेगा तथा बच्चों को घुटनों पर गोली मार देगा ताकि मुझे तीन अपंग बच्चों की परवरिश करनी पड़े और मैं बतौर मॉडल काम न कर पाऊँ। यह काफ़ी डरावना था। काफ़ी समय तक मैंने उसे तलाक़ इसलिए नहीं दिया क्योंकि मैं बहुत डर गई थी।

मुझे नहीं पता था कि क्या मैं इस सबसे बाहर निकल सकती हूँ। मेरे पास तलाक़ की ठोस वजहें नहीं थीं। उस वक़्त के दक्षिण अफ्रीका के क़ानून मेरे पक्ष में नहीं थे। यहाँ तक कि तलाक़ लेने का कोई क़ानूनी कारण भी मेरे पास नहीं था। पुरुष द्वारा महिला को गाली देना तलाक़ की वजह नहीं बन सकता था। असल में, तब पुरुष महिलाओं के साथ ऐसा ही व्यवहार करते थे क्योंकि यही उनकी मर्दानगी का प्रतीक था, या शायद मुझे इस पर विश्वास करने के लिए मजबूर किया गया था।

जिस साल वहाँ की सरकार ने 'वैवाहिक सम्बन्ध के अपूरणीय रूप से टूटने' का क़ानून बनाया, तब मैंने सोचा, "अब मैं तलाक़ ले सकती हूँ।" अचानक मेरे सामने इस शादी से बाहर निकलने का मौक़ा आ गया था।

मुझे फ़ैसला करना था कि मुझे कहाँ जाना है। मैं अपनी माँ के साथ रुक सकती थी, पर मुझे लगा कि इस तरह तो वे भी ख़तरे में पड़ जाएँगी। मैं नहीं चाहती थी कि मेरा पति उनको परेशान करे। हमने मेरे माता-पिता के घर के पास वाला घर जहाँ हम सप्ताहांत में छुट्टियाँ बिताते थे, बेच दिया था और डरबन के पास एक वीरान इलाक़े में हॉलीडे होम ख़रीद लिया था। जहाँ मैं अपने बच्चों के साथ चली गई।

शुक्र है कि मेरे पास एक विकल्प था। उसके वकील ने उसे सुझाव दिया था कि डरबन वाला घर मेरे नाम पर ख़रीदा जाए।

इस पर उसने वकील से कहा, "मैं इसके नाम पर कुछ भी नहीं करूँगा।"

तब वकील ने कहा कि उसके अपने नाम पर एक घर, एक यॉट, एक प्लेन और छह कारें हैं यानी सब कुछ उसी के नाम पर है। ऐसे में अगर कुछ भी गड़बड़ होती है और कोई उस पर मुक़दमा कर देता है तो उसे सब कुछ गँवाना पड़ सकता है।

मैंने कहा, "मुझे कोई परवाह नहीं है, आप घर उसी के नाम पर कर दीजिए।"

उसने कहा, "क्या पक्का, तुम चाहती हो यह घर मेरे नाम पर ही ख़रीदा जाए।"

मैंने जवाब दिया, "हाँ, तुम अपने नाम पर कर लो।"

उसने कहा, "ठीक है, इस घर को इसके नाम पर कर दो।"

जैसे ही वो घर मेरे नाम पर हुआ मुझे अन्दर से बहुत सुकून महसूस हुआ। हमने उस घर का बयाना दिया और तीन सौ डॉलर प्रति महीने की किश्त तय कर दी गई।

मैं फ़ायदे में थी। जब क़ानून बदले तो मेरे पास एक घर था, जहाँ मैं अपने बच्चों के साथ रहने जा सकती थी। इस तरह वह घर भी मददगार बना इस शादी से बाहर निकलने में।

मुझे पूरा यक़ीन था कि मैं क़र्ज़ चुका दूँगी क्योंकि मैंने कुछ पैसे बचाए थे। जब उसने मुझसे शादी की थी तो उसके पास फूटी कौड़ी भी नहीं थी पर चूँकि वो इंजीनियर था और उसने अपना काम फैला लिया था इसलिए अब वो अच्छा-ख़ासा रईस बन चुका था। उसके पास काफ़ी जमा पूँजी थी जबकि मेरे पास इतने पैसे नहीं थे। पर मुझे लगा कि इतने तो हैं कि मैं अपने बच्चों को पाल सकूँ और घर का क़र्ज़ चुका सकूँ, कम-से-कम शुरुआती कुछ महीनों तक।

जब मैं शादीशुदा थी तो मुझे हर वक़्त अपने पति से डर लगा रहता था, और अब जब मैं तलाक़ ले रही थी तो भी मुझे हर वक़्त उससे डर लगता रहता था।

जब मैं तलाक़ मिलने का इन्तज़ार कर रही थी, वो डरबन में मेरे घर आ गया और हाथ में चाकू लेकर सड़कों पर मेरा पीछा करने लगा।

मैं भागकर अपनी पड़ोसन के घर में घुस गई। वो किचन में थी।

उसने कहा, "बगीचे में चली जाओ, वहाँ मेरे दोस्त बैठे हैं।"

वो चाकू लेकर भागता हुआ अन्दर आया, और उससे बोला, "कहाँ है मेरी बीवी?"

पड़ोसन ने पूछा, "चाय पियोगे क्या तुम?"

बाद में उसने मुझे बताया कि वो इतना डर गई थी कि उसे समझ में नहीं आया कि क्या कहे।

पर उसने जो कुछ किया वो कारगर साबित हुआ। मेरा पति रोते हुए फ़र्श पर लेट गया और यह कहता रहा कि मुझे मेरी बीवी वापस चाहिए।

वो बहुत दहशत में थी, मैं भी। इसके बाद मैंने उसके ख़िलाफ़ गिरफ़्तारी का एक आदेश निकलवा दिया।

मैं बस उससे आज़ाद होना चाहती थी। मेरे पास दो वकील थे, जो मेरे मरीज़

भी थे। उनमें एक बहुत ही तेज़तर्रार वकील था जो तलाक़ के मामले देखता था और दूसरा वकील जायदाद के मामलों को सँभालता था। मैंने जायदाद वाले वकील को चुना। मैं नहीं चाहती थी कि यह मामला ज़्यादा खिंचे बल्कि मैं तो चाहती थी कि यह जल्दी से ख़त्म हो जाए। मुझे उसका पैसा नहीं चाहिए था। मुझे अपने बच्चों के सिवाय कुछ नहीं चाहिए था।

मैं कोर्ट जाने के लिए लाल मिनी स्कर्ट, सफ़ेद ब्लाउज़ और लाल रंग के ऊँची हील वाले जूते पहनकर तैयार हुई, मैंने अपने बाल शानदार तरीक़े से सँवारे थे और मेकअप भी किया था। जब मेरी माँ ने मुझे देखा तो कहा, 'अपना मेकअप साफ़ कर लो, बाल पीछे की तरफ़ बाँध लो और अपनी बहन के पुराने कपड़े पहन लो; और हाँ, बिना हील वाले जूते पहनो'।

मैंने फूलों के प्रिंट वाली एक ओवर-साइज़ ड्रेस पहन ली और बिल्कुल सादे तरीक़े से कोर्ट गई।

जज मुझे देखकर मुस्कराए और फ़्लर्ट करते हुए मुझसे कहा, "क्या आपका पति सचमुच आपको छोड़ना चाहता है?"

मैंने कहा, "उसने काग़ज़ात पर दस्तख़त कर दिये हैं।"

लेकिन मैं झूठ नहीं बोल सकी। मैंने कहा कि वो तलाक़ नहीं देना चाहता, पर उसने दस्तख़त कर दिये हैं।

मैंने बच्चों के सिवा कुछ नहीं माँगा। पर जज ने फ़ैसला सुनाया कि उसे अपनी आमदनी का पाँच प्रतिशत मुझे देना होगा और बच्चों की पढ़ाई, मेडिकल व दाँतों से जुड़े ख़र्च उठाने होंगे। हालाँकि उसने ये सब कभी नहीं किया। जज ने यह भी फ़ैसला सुनाया कि उसे बच्चों की वजह से मुझे एक कार देनी होगी। वैसे तो उसके पास पाँच लग्ज़री कारें और एक ट्रक था, पर उसने जानबूझकर सबसे सस्ती कार खोजी और मुझे दी, एक टोयोटा कोरोला, जिसकी खिड़कियों के काँच बटन से ऊपर-नीचे होते थे और उसमें कोई ए.सी. नहीं था। इसके बाद उसने मुझे जगुआर या मर्सिडीज़ देने की पेशकश की। इस शर्त पर कि वो हर महीने उस गाड़ी का मुआयना करेगा।

यह एक और तरीक़ा था मुझे क़ाबू में करने का, इसलिए मैंने टोयोटा ही

चुनी। वो काफ़ी अच्छी थी, क्योंकि उसके ज़रिये मैं जहाँ चाहे जा सकती थी और मुझे किसी भी बात में उसे शामिल करने की ज़रूरत नहीं थी।

मुझे ख़ुशी थी कि मेरी अपनी एक कार होगी।

मैंने फ़ौरन ही अपनी प्रैक्टिस शुरू कर दी। दक्षिण अफ्रीका में डायटेटिक्स का बड़ा महत्त्व था और डरबन के डॉक्टर अपने मरीज़ों को ख़ुशी-ख़ुशी मेरे पास भेजते थे। मुझे मॉडलिंग का काम भी मिल रहा था। लेकिन पैसों को लेकर मैं जद्दोजहद करती रहती क्योंकि मुझे घर का लोन चुकाना था। बच्चों के पास स्कूल की यूनिफ़ॉर्म थी, जो उनके रोज़मर्रा के कपड़ों से ज़्यादा सस्ती थी। मैं अपने लिए अच्छे कपड़े नहीं ख़रीदती थी, बल्कि कपड़े ही नहीं ख़रीदती थी और अगर ख़रीदती भी थी तो सेकेंड हैंड।

शुरुआत के कुछ सालों तक महीने में एक सप्ताहांत में बच्चे उसके पास जाते और मैं उनके कपड़े पैक करके उन्हें भेजती। लेकिन जब बच्चे वापस आते तो बिना किसी बैग या कपड़े पैक किये आते। मुझे हर बार उनके लिए नये कपड़े ख़रीदने पड़ते। इससे काफ़ी तकलीफ़ होती थी क्योंकि मेरी उतनी हैसियत नहीं थी।

वो ये सब जानबूझकर करता था। वो अक्सर कहता था कि देखना आख़िरकार तुम मेरे पास ही लौटोगी, क्योंकि तुम्हारे सारे पैसे ख़त्म हो जाएँगे और भूखों मरने की नौबत आ जाएगी। अगले दस सालों तक उसने लगातार बच्चों को अपने पास रखने के लिए मुक़दमा लड़ा। इस क़ानूनी लड़ाई में मेरी सारी जमा पूँजी ख़र्च हो गई। पर कम-से-कम मुझे चौबीस घंटे उसे झेलना तो नहीं पड़ता था। हालाँकि वो सारे मुक़दमे, सारी तैयारियाँ और बच्चों को खो देने का डर बहुत ही भयानक था, पर फिर भी लगातार डर के साये में जीने से बेहतर था।

मैं कभी वापस नहीं लौटी। चाहे जितने भी मुश्किल हालात सामने आएँ आपको उनसे पार होना होगा। आपको बाहर निकलना ही होगा। आप देखेंगी कि इसके नतीजे शानदार रहेंगे।

अगर आप डर में जी रही हैं, किसी व्यक्ति की दहशत में जी रही हैं तो आपको उससे बाहर निकलने की योजना बनानी चाहिए।

अगर आप किसी ऐसे रिश्ते में हैं जो आपको लगातार दुख दे रहा है, तो उसे छोड़ने के लिए आपको योजना बनानी होगी। मैं बहुत ज़्यादा दिन रिश्ते में टिकी रही, इस उम्मीद में कि सामने वाला बदल जाएगा या हालात बेहतर हो जाएँगे। पर जब तक मैंने बदलाव नहीं किया, कुछ भी नहीं बदला।

जब आप किसी रिश्ते को छोड़ते हैं, तो हो सकता है कि पहले-पहल यह आपको काफ़ी मुश्किल लगे पर कुछ समय बाद सब आसान हो जाता है। हो सकता है कि आपको भयानक अकेलेपन का सामना करना पड़े लेकिन इसे आपको सहना पड़ेगा। जब कभी भी आपको अकेलापन महसूस हो तो अपने दोस्तों के पास चली जाइए, अपने परिवार को फ़ोन कर लीजिए, कोई फ़िल्म देख लीजिए या फिर किसी दूसरे शहर में चली जाइए।

एक अच्छी योजना में आर्थिक मुद्दे शामिल होने चाहिए और यह भी कि सब बातों पर अमल कैसे किया जाएगा। हो सकता है कि आपको किसी से मदद लेनी पड़े। फिर वे चाहे दोस्त हों या पेशेवर लोग। आपको तरह-तरह के तनाव—आर्थिक, सामाजिक—का सामना करना पड़ेगा लेकिन मैंने देखा कि मेरे बहुत सारे ऐसे दोस्त अचानक सामने आ गए जो मेरे पति की वजह से मुझे नज़रअन्दाज़ करते थे। कुछ जोड़ों ने तो आर्थिक रूप से मेरी मदद की पेशकश भी की, हालाँकि मैंने कभी स्वीकार नहीं की।

*

आपको किसी पंचवर्षीय योजना की दरकार नहीं है। अगर आप हमेशा बहुत आगे तक का सोचेंगी तो आपके लिए पहला क़दम उठाना ही बहुत मुश्किल हो जाएगा। सबसे महत्त्वपूर्ण बात है आपका बाहर आना। भविष्य में क्या होगा इस बात की चिन्ता मत कीजिए। आपका ध्यान अपने अगले क़दम पर होना चाहिए।

जब आपको यह एहसास हो जाए कि अब निकलने का समय आ गया है, तो सबसे महत्त्वपूर्ण है कि बाद में जो कुछ होगा उसके बारे में सोचकर

आप बदहवास न हों। सबसे पहले अपने पहले क़दम की योजना बनाएँ, उसके बाद आगे का सोचें।

जब मैं अपनी ज़िन्दगी के बुरे हालातों के बारे में सोचती हूँ तो मुझे समझ में आता है कि मुझे उनसे बहुत पहले ही बाहर आ जाना चाहिए था। मुझे लगता है जिस पल आपको यह एहसास हो जाए कि मौजूदा परिस्थिति ठीक नहीं है और यह बदलने वाली नहीं है, तो आपको उससे बाहर निकलने का फ़ैसला कर लेना चाहिए। वो भी जितनी जल्दी हो सके उतनी जल्दी।

अगर आप किसी रिश्ते में ख़ुश नहीं हैं तो उसे तोड़ने के बाद आप क्या खो सकती हैं? अगर आप अपने साथी को नहीं बदल सकतीं, और आपने अपनी तरफ़ से पूरी कोशिश की है, तो कोई वजह नहीं बचती कि आप बाक़ी ज़िन्दगी दुखी होकर बिताएँ।

तलाक़ के बाद मैं काफ़ी अकेली थी। ख़ासतौर पर तब जब मेरे बच्चे सप्ताहांत पर या छुट्टियों में अपने पिता के पास चले जाते थे। वो उन्हें ऑस्ट्रिया में स्कीइंग के लिए ले जाता या फिर हांगकांग और न्यूयॉर्क ले जाता। मैं नहीं चाहती थी कि बच्चों को इन अनुभवों से दूर रखूँ। वो हमेशा मुझे बुलावा भेजता था और मुझे नये देशों में सफ़र करना बहुत पसन्द भी था लेकिन फिर मुझे याद आ जाता था कि उसके साथ सफ़र करना कितना तकलीफ़देह होता है। वह हर परिस्थिति में जो मज़ा होता था, उसे ख़त्म कर देता था।

अकेला होना किसी भी रिश्ते में डर के साए में जीने से बेहतर है। दुखी होना सबसे बुरा है। अकेलेपन ने मुझे कभी एक नाख़ुशगवार शादी में वापस लौटने को मजबूर नहीं किया। अकेले रहकर आर्थिक रूप से जूझना रोज़ाना गालियाँ सुनने से बेहतर है। मुझे न तो हवेली चाहिए थी, न सजीले कपड़े, न कार, न प्लेन, न नाव या फ़ार्म-हाउस, जिनके बदले में मुझे रोज़ तकलीफ़ें झेलनी पड़ें।

इसलिए हम एक से ज़्यादा बार एक छोटे-से फ़्लैट में रहे। कई बार मैंने और मेरे बच्चों ने पीनट-बटर सैंडविच खाकर गुज़ारा किया और कई बार बीन का सूप पीकर। क्या फ़र्क़ पड़ता है?

हम एक-दूसरे से प्यार करते थे और हमने एक साथ बहुत मज़े किये। बस, यही मायने रखता है।

मैं आपको अपनी कहानी सुना रही हूँ ताकि आप जान लें कि अगर आप ज़िन्दगी में ऐसी किसी भयानक परिस्थिति में हैं, तो बाहर निकलने का रास्ता ज़रूर होता है। मैं आपको बताना चाहती हूँ कि अगर आप किसी ऐसे व्यक्ति के साथ रिश्ते में हैं जो आपको तकलीफ़ दे रहा है, तो आपको इससे बाहर निकलना होगा ताकि आप ज़िन्दा बची रहें। नौ सालों तक मैं एक ऐसी शादी में रही जिसमें तकलीफ़ें थीं, और शोषण था। एक बार जब मैं निकल आई तो ऐसा लगा मानो मेरे सिर से काले बादल हट गए हों और उम्मीद की किरण चमक रही हो।

हालात चाहे जितने निराशाजनक हों, कोई-ना-कोई रास्ता ज़रूर होता है।

दस

ज़िन्दगी को बदल डालो

अपनी समस्याओं को सुलझाओ

❖

शादी के बाद से मेरा वज़न ऊपर-नीचे होता रहा। हनीमून के दौरान मैं प्रेग्नेंट हो गई और सुबह-सुबह मुझे मचली होने लगी जिससे सारा दिन ही मेरा बुरा हाल रहता था। पहले तो मेरा वज़न बहुत कम हो गया था फिर मेरा वज़न बहुत बढ़ गया। हर बच्चे की पैदाइश के साथ वज़न ऊपर-नीचे होता रहा। मैं ख़ुशक़िस्मत थी कि मेरे बच्चे अच्छे-ख़ासे तन्दुरुस्त पैदा हुए। मैं चाहती थी कि उनकी सेहत बनी रहे इसलिए उन्हें सेहतमन्द खाना पकाकर खिलाती थी।

वे मेरी ज़िन्दगी के सबसे मुश्किल साल थे। ज़िन्दगी में अगर कुछ सबसे अच्छा हुआ था तो वे थे मेरे बच्चे। लेकिन शादी करना मेरी ग़लती थी। तलाक़ लेने के बाद मैं डरबन में रह रही थी। तीन छोटे-छोटे बच्चों की अकेली माँ जिनकी देखभाल की ज़िम्मेदारी मेरे ऊपर थी। बहुत ज़रूरी था कि मैं अपना वज़न कम रखूँ ताकि मैं मॉडलिंग करती रहूँ और मेरी अलग-से आमदनी होती रहे जिससे बच्चों का ख़र्च निकल सके। न्यूट्रीशन के बारे में मुझे जितनी बातें पता थीं, मैंने अपनाईं—मैं तभी खाती थी जब मुझे भूख लगती और वो

भी सिर्फ़ सेहतमन्द खाना, जैसे अनाज, दूध, सब्ज़ियाँ, फल, गेहूँ के आटे से बने ब्रेड के पीनट-बटर सैंडविच, बीन का सूप, डिब्बाबन्द मछली और कभी-कभी चिकन वग़ैरह। यह इसलिए भी आसान था क्योंकि मुझे खाने के ख़र्च को कम बनाए रखना था और सच यह है कि सेहतमन्द खाना उतना महँगा नहीं होता है।

डरबन में मैंने तरह-तरह के लोगों से मिलने की कोशिश की लेकिन मेरे परिवार को मेरा एक भी बॉयफ्रेंड अच्छा नहीं लगा। केय कहती थी तुम्हारी तरफ़ हमेशा बकवास लड़के ही आकर्षित होते हैं और उसकी बात में दम था। एक शाम जब मैं बाहर थी तो मैंने देखा कि एक व्यक्ति मुझमें काफ़ी दिलचस्पी ले रहा है। बस फिर क्या था, हमारा रिश्ता शुरू हो गया। उसने मुझसे कहा, तुम अपना वज़न घटा लो, क्योंकि उसे लगता था कि मैं मोटी दिखती हूँ। मैं मोटी नहीं थी, पर उसकी ख़ुशी के लिए मैंने अपना वज़न घटाया। हालाँकि पतली दिखने के लिए मुझे काफ़ी मेहनत करनी पड़ी और बहुत सारी बन्दिशें लगानी पड़ीं।

उसने मेरे सामने शादी का प्रस्ताव रखा, पर मैंने मना कर दिया क्योंकि वो मुझे धोखा दे रहा था। इसके बावजूद मुझे सरप्राइज़ देने के लिए उसने एक सगाई-पार्टी आयोजित की। मेरे ख़याल से मैं उससे बहुत अलग थी। मेरे साथ रहने के लिए वो एक घर बना रहा था जिसमें उसके बच्चों (पहली शादी से) और मेरे बच्चों के लिए अलग-अलग बेडरूम थे। साथ ही मेरा अलग से एक ऑफ़िस था और वेटिंग रूम भी, ताकि मैं न्यूट्रीशन की अपनी प्रैक्टिस कर सकूँ। जब कभी भी मैं उसे अँगूठी वापस देने की कोशिश करती तो वह ख़ुदकुशी कर लेने की धमकी देता। इसलिए जब भी वो मुझसे मिलने आने वाला होता, मैं एक साथ तीन डेज़र्ट खाने लगती, ताकि वो डरकर भाग जाए। इस वजह से मेरा वज़न बहुत तेज़ी से बढ़ने लगा।

मुझे तला-भुना और मीठा खाना अच्छा लगता था लेकिन असल में मैं ये सब अपनी परेशानी और तनाव की वजह से खा रही थी। मेरा वज़न फिर से क़रीब 102 किलो पहुँच गया यानी कुछ ही महीनों में मैं जहाँ के तहाँ पहुँच गई। लेकिन फिर से एक तन्दुरुस्त महिला के साइज़ यानी साइज़ 8

तक वापस आने में मुझे तकरीबन दस साल लग गए। ज़ाहिर है कि मुझे तब इसका अन्दाज़ा नहीं था।

अब मुझे यह तय करना था कि आगे क्या करूँ—एक नई योजना बनाना नामुमकिन लग रहा था पर तभी मेरी एक सहेली मदद के लिए आगे आई। उसने मुझे एक सीधी-सी सलाह दी। उसने कहा कि तुम रोज़ाना आधा घंटा अच्छे वक़्त को याद करते हुए बिताओ, इससे तुम्हें आगे की योजना बनाने में मदद मिलेगी।

मैंने कभी ध्यान या मेडिटेशन नहीं किया था। बस ऐसे ही बैठना और सोचना मेरे बस का नहीं था। पर मेरी सहेली ने कहा कि तुम्हें यह करना ही है। मेरे लिए यह बड़ा अजीब था। लेकिन मैंने आधे घंटे बस ख़ाली बैठना और दिमाग़ को एकदम ख़ाली रखना शुरू किया। कुछ भी नहीं सोचना था, बस यह याद करना था कि जब मैं ख़ुश थी, वो वक़्त कैसा था। मुझे बड़ा अफ़सोस हुआ क्योंकि मैं ऐसा कोई वक़्त याद ही नहीं कर पा रही थी जब मैं ख़ुश थी। मुझे लगा कि 'हाई स्कूल का ज़माना बड़ा शानदार था,' पर मैं हाई स्कूल में वापस नहीं लौटना चाहती थी। मुझे एहसास हुआ कि मेरी ज़िन्दगी का सबसे ख़ुशनुमा वक़्त यूनिवर्सिटी में बीता है, अफ़्रीकान्स भाषा में पढ़ाई के तनाव के बावजूद। पर इसका फ़ायदा यह हुआ था कि अब मैं अफ़्रीकान्स में माहिर बन चुकी थी।

इसके बाद मैंने फ़ैसला किया कि मैं ब्लूमफ़ॉन्टेन जाऊँगी और डायटेटिक्स में अपनी इंटर्नशिप करूँगी। मैंने सब कुछ छोड़ दिया और अपने छोटे-छोटे बच्चों के साथ चल पड़ी। डरबन के प्यारे से घर से मैं दक्षिण अफ़्रीका के बीचोबीच बसे एक छोटे-से क़स्बे में चली आई थी, जहाँ सारे लोग अफ़्रीकान्स बोलते थे।

मैं बहुत उदास थी फिर भी मैंने सोचा, "चलो यह भी अच्छा हुआ।"

इस छोटे-से क़स्बे में एक ऐसी तलाक़शुदा महिला का कोई सामाजिक जीवन नहीं था, जिसके छोटे-छोटे बच्चे हों। मैं पूरी तरह से अपनी पढ़ाई में डूबी रहती थी। बच्चों के साथ मैं डॉक्टरों के क्वार्टर में रहती थी। मेरे बच्चे बेडरूम में

सोते थे, और मैं किचन या हॉल में सोती थी। पर सब कुछ अच्छा था क्योंकि जब मैं वहाँ पहुँची तो पुरानी उदासी पीछे छोड़कर मुझे अच्छा लग रहा था। अब मैं उस जगह नहीं थी, जो लगातार मुझे ज़िन्दगी के एक गहरे दर्द की याद दिलाती थी, इससे बहुत फ़र्क़ पड़ा।

वहाँ मैंने पढ़ाने, मॉडलिंग और इमेज बनाने में अपनी विशेषज्ञता का इस्तेमाल किया क्योंकि मुझे डायटेटिक्स की पढ़ाई के लिए पैसा चाहिए था। मेरा काम इतना अच्छा चल पड़ा कि जिन बच्चों को मैं पढ़ाती थी उन्होंने मुझसे एक स्कूल खोल लेने को कहा। मेरा यह काम बहुत ज़्यादा कामयाब हुआ जिसमें प्रोफेसरों के बच्चों, दोस्तों और पत्रकारों, सभी ने बहुत सहयोग किया। मैंने फ़ैशन शो किये, न्यूट्रीशन पर भाषण दिये, लोगों का आत्मविश्वास बढ़ाने के लिए भाषण दिये और इस सबमें बड़ा मज़ा आया। यहाँ तक कि मैंने वहीं रुककर अपनी एमएस.सी. की डिग्री भी ली। अपना आत्मविश्वास बढ़ाने का यह शानदार तरीक़ा था।

ज़िन्दगी अच्छी चल रही थी। मैं रात को पढ़ाती थी और यही मेरी सोशल-लाइफ़ बन गई थी। इसके अलावा यूनिवर्सिटी वाले इस शहर में किसी ने भी मेरे वज़न का मज़ाक़ नहीं उड़ाया जिससे मुझे काफ़ी सुकून मिला। यहाँ मैंने कुछ लड़कों के साथ डेटिंग भी की जो मुझसे उम्र में काफ़ी छोटे थे।

मैं उन मॉडलों के करियर में मदद करना चाहती थी जिन्हें मैं सिखा रही थी, इसलिए जोहान्सबर्ग की चोटी की मॉडलिंग एजेंसी 'जी-3' जाकर मैंने उन सारे मॉडलों के फ़ोटो दिखाए।

वहाँ मुझे गैनर बेकर नाम की एजेंट मिली, जिसे इनमें से किसी भी मॉडल में दिलचस्पी नहीं थी। उसने मुझे सिर से पैर तक ग़ौर से देखा और बोली, "आप मॉडलिंग क्यों नहीं करतीं?"

मैंने कहा, "नहीं, अब मैं मॉडलिंग नहीं करती।"

हालाँकि मैंने बीते कुछ महीनों में क़रीब दस किलो वज़न घटाया था, पर मैं अपने मॉडलिंग करियर के बारे में नहीं सोच रही थी।

गैनर ने कहा कि आजकल प्लस-साइज़ यानी मोटी औरतों की मॉडलिंग की एक नई कैटेगरी बन गई है। उसने मेरा हौसला बढ़ाया कि मैं इस ओर

अपने क़दम बढ़ाऊँ क्योंकि मेरे पास मॉडलिंग का अनुभव था।

इस तरह, एक बार फिर, "क्यों नहीं, ज़रूर", कहने से लम्बे समय के लिए मेरा एक नया रास्ता अचानक तैयार हो गया।

प्लस साइज़ का मेरा मॉडलिंग करियर शुरू हुआ जोहान्सबर्ग जाने से, जहाँ मैंने टेलीविज़न के लिए विज्ञापन शूट किये। चूँकि मैं दक्षिण अफ्रीका में अकेली प्लस-साइज़ मॉडल थी इसलिए जल्दी ही मैं पूरे देश में घूम रही थी चाहे वो प्रिंट हो या रनवे शो। साथ में मेरी मास्टर ऑफ़ साइंस की डिग्री भी चल रही थी। उन्हें एक प्लस साइज़ मॉडल चाहिए थी और एक ज़्यादा उम्र की महिला। ये दोनों ही ज़िम्मेदारियाँ मैंने सँभाल ली थीं।

इस बीच मैं और गैनर बहुत अच्छे दोस्त बन गए। जब मैं जोहान्सबर्ग रहने आ गई तो उसने बातों-बातों में मुझसे कहा, "मैं एक भयानक आदमी को जानती हूँ जिसका नाम मस्क है।"

मैंने उससे कहा, "वही मेरा पहला पति था।"

उसने बताया, "मस्क की शादी मेरी एक दोस्त से हुई थी जिसे उसने शादी के ठीक बाद लात मारकर घर से बाहर निकाल दिया था।"

मैंने कहा, "ऐसा वही कर सकता है।"

इसके दो साल बाद उसने कहा, "क्या तुम सू मस्क से मिलना चाहती हो?"

मैंने कहा, "हाँ, क्यों नहीं?"

सू चोटी की मॉडल थी, एक बहुत ख़ूबसूरत महिला, मुझसे कहीं ज़्यादा ख़ूबसूरत। हम एक कॉकटेल पार्टी में गए जहाँ उसने मुझे अलग-अलग लोगों से मिलवाते हुए कहा, "ये मेय मस्क हैं, जिस आदमी के साथ मैं दस मिनट नहीं रह सकी उसके साथ इन्होंने पूरे दस साल बिताए हैं।"

हम इस बात पर बहुत हँसे। लोगों को इसके पीछे छिपा मज़ाक़ समझ नहीं आया पर हमें इसकी परवाह ही कहाँ थी। हम तो बस इस बात पर हँसते रहे।

जोहान्सबर्ग में भी मैं न्यूट्रीशन का अपना काम कर रही थी। मेरी प्रैक्टिस इतनी ज़्यादा बढ़ गई थी कि मैं सेहतमन्द खाने के बारे में भी लेक्चर दिया करती

थी। यह वो समय था जब मैं डॉक्टरी भाषा में मोटापे की बीमारी से पीड़ित थी और अपने मोटापे को लेकर मन में जो दुख, तकलीफ़ और शर्म थी—उसे हँसी में उड़ा देती थी। मैं अपने मोटापे का मज़ाक़ उड़ाती थी ताकि लोगों को लगे कि मैं आत्मविश्वास से भरी हुई हूँ। पर सच यह था कि मेरे भीतर बिलकुल भी आत्मविश्वास नहीं था और अपने शरीर को छिपाने के लिए मैं ढीले-ढाले कपड़े पहनती थी।

इसके बावजूद मरीज़ मेरे पास आ रहे थे और उनका हौसला भी बढ़ रहा था। मुझे लग रहा था मानो मैं उनके साथ धोखा कर रही हूँ क्योंकि मैं अपने मरीज़ों को जो सलाह दे रही थी, ख़ुद उसका उलटा कर रही थी। मेरे पास जानकारी थी, पर मैं ख़ुद अपने लिए उसका इस्तेमाल नहीं कर रही थी।

इकतालीस साल की उम्र में मेरा कोलेस्ट्रॉल बढ़ गया और मेरे घुटने व पीठ में दर्द शुरू हो गया। यह सब बहुत डरावना था क्योंकि जब आपको अपने तीन बच्चे पालने हों, तो आपको अपनी सेहत अच्छी बनाए रखनी चाहिए। मैं अपने शरीर को लेकर काफ़ी शर्मिन्दा थी।

इसलिए अन्तत: मैंने अपनी ही सलाह पर चलना शुरू कर दिया—मैं तभी खाती जब भूख लगे, सिर्फ़ सेहतमन्द चीज़ें ही खाती और ज़रूरत से ज़्यादा नहीं खाती। जब मैंने अपनी जानकारियों पर अमल करना शुरू किया तो वज़न कम होने लगा। इस बार मैं तीस साल तक अपने वज़न को कम बनाए रख पाई।

मैं आपको बताना चाहती हूँ कि वज़न कम रखने के लिए मैं रोज़ाना कोशिश करती हूँ, जो आसान काम नहीं है।

मैं कुदरती रूप से छरहरी नहीं हूँ। ऐसे में अगर मुझे अपना फ़िगर बरक़रार रखना है तो मुझे रोज़ उस पर ध्यान देना पड़ता है। मैं अपने खाने के बारे में हमेशा योजना बनाती हूँ और ध्यान रखती हूँ कि मेरे घर पर सेहतमन्द चीज़ें मौजूद रहें। अगर मैं अच्छी तरह नहीं खाती तो मुझे अच्छा महसूस नहीं होता है। अगर मैं ख़ुद को बहुत देर भूखा रखूँ तो जो कुछ सामने आएगा मैं सफ़ाचट कर जाऊँगी। अगर मैं सेहत को नुकसान पहुँचाने वाली चीज़ें खाने लगी तो शारीरिक और मानसिक रूप से मेरा आत्मविश्वास कम होता चला जाएगा, पेट

फूला लगने लगेगा और मैं थकान महसूस करने लगूँगी। हालाँकि मैं चालीस सालों से डायटीशियन हूँ, इसके बावजूद भी हो सकता है कि मैं अपने लालच को रोक न सकूँ और इसकी वजह से दुख झेलूँ। पर ज़्यादातर मैं अपने खाने के बारे में सतर्क रहती हूँ और कोशिश करती हूँ कि मैं सेहतमन्द खाना ही खाऊँ क्योंकि मैं बहुत अच्छा महसूस करना चाहती हूँ।

आपकी ख़ूबसूरत तसवीरें लोगों को आपकी वो मेहनत नहीं दिखातीं, जो इतना अच्छा दिखने के लिए करनी पड़ती है। मैंने दो बार अपना वज़न 32 किलो बढ़ाया और उसके बाद घटाया है। मैं अच्छी तरह जानती हूँ कि अगर मैं ज़रूरत से ज़्यादा खाती रहूँ तो मेरा वज़न लगातार बढ़ता चला जाएगा, जब तक मैं ज़रूरत से ज़्यादा खाना बन्द नहीं करती। सच में मैंने सोचा था कि एक मुक़ाम पर जाकर वज़न बढ़ना रुक जाएगा, पर ऐसा नहीं हुआ। वज़न कम करने के लिए मुझे अच्छी-ख़ासी मशक़्क़त करनी पड़ी। आज भी करनी पड़ती है।

*

ज़िन्दगी के बुरे दौर से निपटने का मैंने बड़ा आसान-सा उपाय खोजा और ज़रूरत से ज़्यादा खाना खाने लगी। पर वो समस्या का हल नहीं था। इससे हुआ यह कि मेरी हालत और भी ख़राब होती चली गई। अगर आप अच्छा महसूस करना चाहती हैं तो आपको पल भर रुकना चाहिए और बदलाव की सच्ची कोशिश करनी चाहिए। फिर चाहे वो छोटा-सा ही बदलाव क्यों न हो, जैसे ध्यान करना सीखना या फिर बड़ा बदलाव जैसे कि अपने खाने-पीने के पैटर्न को बदलना या फिर किसी नई जगह जाकर ज़िन्दगी की नई शुरुआत करना। बस ज़रूरत है योजना बनाने की।

तीसरा भाग

परिवार

ग्यारह

कामकाजी माँ

मिसाल बनो

❖

जब इलॉन पैदा हुआ, तब मेरी उम्र सिर्फ़ तेईस साल थी, 1971 में एक माँ की औसत उम्र इतनी ही होती थी। यह सिलसिला तीन दिन के अजीब से दर्द के साथ शुरू हुआ था, जब दिन-भर मुझे बहुत दर्द होता था और रात को ग़ायब हो जाता था। इलॉन का पैदा होना मुझ पर काफ़ी भारी रहा, काफ़ी दर्द हुआ क्योंकि उसका सिर बड़ा था। उसका वज़न भी काफ़ी ज़्यादा था, क़रीब चार किलो। मैं नॉर्मल डिलीवरी चाहती थी और मैंने दर्द निवारक दवाएँ लेने से भी इनकार कर दिया था। उस दर्द को याद करके मैं अभी भी सिहर उठती हूँ।

जब इलॉन सामने आया तो मैं सारी तकलीफ़ भूल गई। मैं बहुत ख़ुश थी। मेरी ज़िन्दगी में एक नन्हा फ़रिश्ता आ गया था। मुझे यक़ीन ही नहीं हो रहा था कि ज़िन्दगी में कुछ इतना ख़ूबसूरत भी हो सकता है। वो मेरे बग़ल में लेटा रहता और मैं बस उसे निहारती रहती।

इतनी ख़ुशी मुझे इससे पहले कभी नहीं मिली थी।

उसे बहुत ज़्यादा भूख लगती थी, और तीन महीने तक मैं उसे स्तनपान

कराती थी। चूँकि वो रोता बहुत ज़्यादा था इसलिए तीन महीने बाद मैंने उसे आधा उबाला हुआ दूध और पानी देना शुरू कर दिया। चौथे महीने तक वो पूरी तरह बाहर का दूध पीने लगा था। पाँचवें महीने में वो बेबी सीरियल खाने लगा था। इसके बाद कुचले हुए फल और सब्ज़ियाँ और मेरा सामान्य खाना। इलॉन को खाना बहुत पसन्द था।

जब मैंने उसे दूध पिलाना बन्द किया, ठीक उन्हीं दिनों किम्बल मेरे पेट में आ गया। जब वो पैदा हुआ तो मैं 24 साल की थी। किम्बल लम्बा और पतला था पर उसका वज़न अपने बड़े भाई से कुछ ग्राम ज़्यादा था। उसके पैदा होने में मुझे ज़्यादा तकलीफ़ नहीं हुई। उसे भी मैंने तीन महीने तक स्तनपान कराया और जब उसे बहुत ज़्यादा भूख लगने लगी तो मैंने उसे भी इलॉन की तरह उबाला हुआ दूध और पानी पिलाना शुरू कर दिया। मैं नर्सों को सलाह देती थी कि बच्चों को छह महीने की उम्र से ठोस चीज़ें खाने को देनी चाहिए। लेकिन मेरे बेटे ज़्यादा हट्टे-कट्टे थे इसलिए मुझे जल्दी शुरू करना पड़ा।

जब मैंने स्तनपान कराना बन्द किया, उसके कुछ महीने बाद मैं फिर से प्रेग्नेंट हो गई। जब मैं पच्चीस साल की थी तो मैंने अपनी बेटी को जन्म दिया। टॉस्का का वज़न किम्बल से क़रीब ढाई सौ ग्राम कम था, जो मेरे लिए बहुत हैरत की बात थी। एक बेटी पैदा होने की ख़ुशी बिलकुल अलग ही थी।

मैं अपने दोनों छोटे बच्चों को गोद में उठाकर ले जाती थी, जबकि बड़ा बेटा इलॉन मेरे साथ पैदल चलता था। मेरी झोली पूरी तरह भर गई थी। कमाल के बच्चे थे सब।

तीन साल और तीन हफ़्तों में तीन बच्चों को जन्म देने के बाद अगली बार जब मैं महिला डॉक्टर के पास अपनी जाँच करवाने गई तो उसने मेरी नसबन्दी करवा दी, क्योंकि मेरे शरीर को ठीक होने के लिए वक़्त चाहिए था। वह मेरी चोटें भी देख सकती थी।

इकतीस साल की होने तक मैं एक अकेली माँ थी, और मेरा पहला मक़सद था अपने बच्चों की अच्छी परवरिश करना।

मैं एक कामकाजी माँ थी। ठीक वैसे ही जैसे मेरे माता-पिता थे। फ़र्क़ बस इतना था कि यहाँ मुझे सब कुछ एकदम अकेले करना था। मेरे बच्चे आज भी मेरी ज़िन्दगी का सबसे अहम हिस्सा हैं।

मेरी माँ को कभी यह अफ़सोस नहीं रहा कि वे एक कामकाजी और व्यस्त महिला थीं। मुझे भी यह अफ़सोस कभी नहीं रहा क्योंकि मेरे पास कोई और रास्ता नहीं था। मैं इसलिए काम कर रही थी ताकि हम सबके सिर पर

छत हो, हम भूखे न रहें और हमारे तन पर कपड़े हों। मेरे बच्चे उम्र से पहले ही ज़िम्मेदार हो गए थे, उन्हें एहसास हो गया था कि उनकी माँ अपने काम में व्यस्त रहती है क्योंकि मैंने अपने एक बेडरूम को ही अपना ऑफिस बना लिया था।

अपने भीतर किसी तरह के अपराध-बोध को पालने की ज़रूरत नहीं है। अगर आप काम न करें और अफ़सोस करती रहें तो इससे बच्चों का क्या भला होगा बताइए? इससे तो अच्छा है कि आप अपना रवैया साफ़ रखें। तय करें कि आपको पार्ट टाइम काम करना है या फुल टाइम और जिस भी तरह की मदद मिले उसे हासिल करें। अगर आप अपने काम के समय को इस तरह

व्यवस्थित कर लें कि आप अपने और अपने पड़ोसियों के बच्चों को स्कूल छोड़ आएँ तो स्कूल छूटने पर आपके पड़ोसी बच्चों को लेने चले जाएँगे। इसके अलावा जब तक आप घर वापस नहीं आतीं, आपको बच्चों का ध्यान रखने के लिए आया की ज़रूरत होगी, इस तरह जब आप घर लौटेंगी तो ख़ुश होंगी, सन्तुष्ट होंगी। मैंने यही किया।

जब मेरे बच्चे छोटे थे मैं अपने घर पर ही न्यूट्रीशन के अपने मरीज़ों को देखती थी और जब मॉडलिंग के लिए जाती थी तो मैंने उनके लिए एक आया रख दी थी। कई बार जब मैं रनवे शो करती तो ऐसा भी हुआ कि वे पहली क़तार में किताबें लिये मेरा शो देख रहे होते।

मेरे पिता का कायरोप्रैक्टिक क्लीनिक हमेशा से घर के पास था और माँ उनके साथ काम करती थीं। मैं और मेरी जुड़वाँ बहन भी आठ बरस की उम्र से ही काम में उनकी मदद करने लगे थे। उनका मासिक बुलेटिन पोस्ट करने के लिए हमें एक घंटे के पाँच सेंट मिलते थे। मेरे पिता बुलेटिन का मैटर माँ को बोलकर लिखवाते थे, जिसे वे पहले शॉर्ट-हैंड में लिखतीं और उसके बाद उसे टाइप करतीं। इसके बाद स्टेंसिल टाइप करना और इसकी कॉपियाँ निकालना हमारा काम होता था। इसके बाद केय और मैं घर के हॉल में ज़मीन पर बैठकर बुलेटिन को तीन बार तह करते, उसे लिफ़ाफ़े में भरते और उस पर टिकट चिपकाते। हर महीने हम ऐसी एक हज़ार कॉपियाँ पोस्ट करते थे। मैं तब इतनी छोटी थी कि नहीं जानती थी कि यह मेरे पिता का मार्केटिंग का तरीक़ा था। पर जो भी था अच्छा था। इससे मुझे अपनी प्रैक्टिस के दौरान काफ़ी मदद मिली।

जब केय और मैं बारह साल के थे तो हमने अपने पिता के क्लीनिक में बतौर रिसेप्शनिस्ट काम करना शुरू कर दिया था। सुबह पौने सात से साढ़े सात बजे तक और शाम को चार बजे से छह बजे तक मैं और मेरी जुड़वाँ बहन बारी-बारी से रिसेप्शन पर बैठते थे। हम मरीज़ों के नाम लिखते थे, उनके लिए चाय बनाते थे, उनके एक्स-रे लेते थे और जब तक मेरे पिता उन्हें देखने के लिए तैयार नहीं हो जाते थे, उनसे ढेर सारी बातें भी करते थे।

सब लोग हमसे बड़ों की तरह व्यवहार करते थे और हम पर पूरा भरोसा करते थे।

चूँकि मेरी और मेरे भाई-बहनों की ज़िन्दगी पर मेरे माता-पिता का बड़ा गहरा असर पड़ा था इसलिए हमने अपने बच्चों को भी उसी तरह बड़ा किया। मेरे पिता एक वैज्ञानिक थे और उनका अपना कारोबार भी था। मैं भी एक वैज्ञानिक बनी और कारोबारी भी और मेरे भाई स्कॉट ने भी यही किया। मेरे भाई ली ने दक्षिण अफ्रीका में अपना एक बिज़नेस स्कूल खोला। इसके बाद वो कनाडा के एक बहुत बड़े टेक्निकल कॉलेज में डीन और वाइस प्रेसीडेंट एकेडमिक रहा। मेरी माँ ने एक डांस स्कूल चलाया और मेरी बहनों केय और लिन ने भी अपने-अपने डांस स्कूल खोले।

बहुत कम उम्र से ही मेरे बच्चों ने मेरे न्यूट्रीशन के काम में मदद करना शुरू कर दिया था। मेरी बेटी टॉस्का मेरे ऑफिस जाती थी और एक वर्ड प्रोसेसर पर डॉक्टरों के नाम चिट्ठियाँ टाइप करती थी जिसमें वो डॉक्टर का नाम-पता,

औपचारिक अभिवादन और मरीज़ का नाम वग़ैरह लिख देती और फिर मैं उसमें मरीज़ों को दी गई सलाह और उसके नतीजे से जुड़ी जानकारियाँ टाइप कर देती थी। इसमें कोई हैरत की बात नहीं है कि वर्ड प्रोसेसर पर काम करना मुझे मेरे बड़े बेटे इलॉन ने सिखाया था। छोटा बेटा किम्बल भी मेरी बहुत मदद करता था।

जब हम ब्लूमफ़ॉन्टेन में रह रहे थे, तो मैंने टॉस्का को मॉडलिंग और इमेज स्कूल में काम पर रखा, जिसे मैं चला रही थी। वो मेरे छात्रों को चलने का तरीक़ा सिखाती थी, रनवे शोज़ को कोरियोग्राफ़ करती थी और तौर-तरीक़ों की क्लास भी चलाती थी। मेरे तमाम शोज़ की ड्रेसर भी वही थी। उस वक़्त उसकी उम्र क़रीब आठ साल थी।

क्या कहूँ? उस वक़्त मुझे सचमुच मदद चाहिए थी।

मैंने अपने बच्चों को उसी तरह पाला जैसे मेरे माता-पिता ने हमें बड़ा किया था। उन्होंने हमें आत्मनिर्भर, ईमानदार, दयालु, लोगों का ख़याल रखने वाला और विनम्र तो बनाया ही था साथ ही मेहनत करना और अच्छे काम करना भी सिखाया था। मैंने उन्हें बच्चा नहीं समझा या उन्हें भला-बुरा नहीं कहा। मैंने उन्हें कभी नहीं कहा कि तुम्हें क्या पढ़ना है। वे बस मुझे बता देते थे कि वे क्या पढ़ रहे हैं, क्या नहीं। मैंने उनका होमवर्क तक चेक नहीं किया। यह उनकी अपनी ज़िम्मेदारी होती थी। और देखिए, इससे उनके करियर पर बुरा असर नहीं पड़ा। मेरा मानना है कि मुझे और मेरे भाई-बहनों को कम उम्र में ज़िम्मेदारियाँ सँभालने का फ़ायदा मिला, और मेरे बच्चों को भी।

जब वे बड़े हुए तो अपने फ़ैसले ख़ुद लेते हुए उन्होंने अपने भविष्य की ज़िम्मेदारी भी ख़ुद उठाई। टॉस्का ने अपना हाई स्कूल ख़ुद चुना। सभी बच्चों ने अपनी पसन्दीदा यूनिवर्सिटी में एडमिशन लिया और स्कॉलरशिप व अपनी शिक्षा के लिए लोन की अर्ज़ियाँ भी ख़ुद डालीं। मैंने उन अर्ज़ियों को कभी देखा तक नहीं।

मेरा मानना है कि बच्चों को कभी भी ज़िम्मेदारियाँ लेने से बचाया नहीं जाना चाहिए। मेरे बच्चों ने मुझे कड़ी मेहनत करते देखा ताकि हमारे सिर पर

छत हो, हमारे पेट में खाना हो और हम पुराने ही सही पर कपड़े ख़रीद सकें, और इसका उन्हें फ़ायदा मिला। आज मेरी ज़िन्दगी बड़ी आसान दिखती है, पर वे चाहते हैं आप जानें कि मैंने कितना संघर्ष किया है।

जब वे यूनिवर्सिटी गए तो उन्हें बड़े बुरे हालात में रहना पड़ा। ज़मीन पर बिछे गद्दों पर सोना पड़ा। एक कमरे में छह-छह बच्चे रहते थे। कमरा बहुत ही बुरा होता था। पर उन्हें इससे कोई फ़र्क़ नहीं पड़ा।

अगर आपके बच्चों को ऐशो-आराम की आदत नहीं है तो वे आराम से संघर्ष कर पाएँगे और टिके रहेंगे। आपको उन्हें बेकार की सुविधाएँ देकर बिगाड़ना नहीं है। जब आपको यक़ीन हो जाए कि आपके बच्चे ज़िम्मेदार बन चुके हैं तो उन्हें अपना ख़याल ख़ुद रखने दीजिए।

चूँकि मैं अपने काम में बुरी तरह उलझी हुई थी इसलिए कभी-कभी उन्हें इतनी आज़ादी मिल जाती थी कि वे बदमाशियाँ कर पाएँ। और मेरा अन्दाज़ा है कि अब भी मुझे उनकी सारी बदमाशियाँ नहीं पता। (मुझे याद आता है कि जब भी वो ग़ैर-ज़िम्मेदार लगे तो मैं उनके साथ सख़्ती से पेश आई, हालाँकि वे आपसे कहेंगे कि मुझे बेवक़ूफ़ बनाना या मनाना आसान था)।

बच्चे मुझे याद दिलाते हैं कि उन दिनों में जब मेरी दोस्ती एक ऐसे व्यक्ति से थी जो सिगरेट पीता था और वे उसे पसन्द नहीं करते थे क्योंकि हमारे घर में सिगरेट को कभी पसन्द नहीं किया गया—उन्होंने उस व्यक्ति की सिगरेट में थोड़ा-सा बारूद मिला दिया था। जैसे ही उसने सिगरेट जलाई, एक ज़ोरदार धमाका हुआ। बच्चे हँस-हँसकर लोटपोट हो गए। मुझे भी इसमें बड़ा मज़ा आया। पर उस व्यक्ति को हँसी नहीं आई। इस शरारत के लिए मैंने उन्हें कभी कोई सज़ा नहीं दी।

ऐसा नहीं था कि मैंने उन्हें अनुशासन नहीं सिखाया। अगर उन्होंने कभी शोरगुल मचाया या शरारतें कीं तो मैंने उन्हें सज़ा भी दी। मैं उन्हें टी.वी.नहीं देखने देती थी या उन्हें अपने कमरे में भेज दिया करती थी। हालाँकि अब वे मुझे बताते हैं कि जब उन्हें कमरे में भेज दिया जाता था तो वे चुपके से वापस आ जाते थे और एक पुराने वी.एच.एस. पर अपने पसन्दीदा टी.वी.

शोज़ रिकॉर्ड कर लिया करते थे और फिर अपने कमरे में चले जाते थे। इस तरह उन्होंने अपने पसन्दीदा टीवी शोज़ कभी मिस नहीं किये—चाहे वो 'द ए-टीम' हो या फिर 'मैगाइवर'। मैं ऑफिस में होती थी और मुझे इसकी भनक तक नहीं लगती थी।

एक कामकाजी माँ होने का यह एक और फ़ायदा मेरे बच्चों को मिला, जैसा वो कहते हैं।

बारह

बारह का जादू

अगर बच्चे दिलचस्पी दिखाएँ तो उन्हें प्रेरित करो

❖

आज लोग मुझसे पूछते हैं कि मैंने कैसी परवरिश की जो मेरे बच्चे इतने कामयाब बने। इस पर मेरा जवाब होता है कि मैंने उन्हें अपने-अपने शौक़ अपनाने दिये।

मुझे अपने बच्चों से बहुत प्यार है और उन्होंने ज़िन्दगी में जो भी कामयाबियाँ हासिल की हैं, मुझे उन पर गर्व है। मेरा सबसे बड़ा बेटा इलॉन पर्यावरण की हिफ़ाज़त के लिए इलेक्ट्रिक कार बना रहा है और रॉकेट भी लॉन्च कर रहा है। मेरे दूसरे बेटे किम्बल ने 'फ़ार्म से टेबल' थीम वाले रेस्तराँ खोले हैं और पूरे अमेरिका में मौजूद कम सुविधाओं वाले स्कूलों के बच्चों को फलों और सब्ज़ियों के बग़ीचे लगाना सिखा रहा है। मेरी सबसे छोटी बेटी टॉस्का की अपनी एंटरटेनमेंट कम्पनी है जो सर्वाधिक चर्चित और बड़ी संख्या में बिकने वाले उपन्यासों पर रूमानी फ़िल्मों का निर्माण और निर्देशन करती है। तीनों बच्चों की दिलचस्पी एकदम अलग-अलग क्षेत्रों में है।

इससे मुझे अपना और अपने भाई-बहनों का बचपन याद आ जाता है। हम सभी अपने-अपने रास्तों पर चले। हमारे माता-पिता ने भी हमारी अलग-

अलग रुचियों में पूरा सहयोग दिया। ठीक इसी तरह मेरे बच्चों की रुचियाँ भी बचपन में ही नज़र आने लगी थीं और आज तक उन्होंने उसी दिशा में काम किया और तरक़्क़ी की।

जब भी उन्हें मेरी ज़रूरत महसूस हुई, मैंने उनका उत्साह बढ़ाया और उनकी मदद की। इसी तरह जब उन्हें मेरी सलाह की ज़रूरत पड़ी, मैंने दी। यूँ तो मैंने उन्हें बहुत कम शब्दों में सलाह दी लेकिन इस किताब में मैंने अपनी बात विस्तार से कही है, हा-हा!

किम्बल ने अपनी एक इंस्टाग्राम पोस्ट में इसे बड़ी ख़ूबसूरती से कहा है—'मेरी माँ मेय मस्क (@MayeMusk) ने ज़िन्दगी में हमेशा मुझे रास्ता दिखाया है। सत्तर बरस की उम्र में वे कवर-गर्ल बनीं, उनके पास न्यूट्रीशन में दो मास्टर ऑफ़ साइंस की डिग्रियाँ हैं। साथ ही वे रियल फूड यानी सेहतमन्द खाने की भी बड़ी हिमायती रही हैं। वे हमेशा से मेरी प्रेरणा थीं और आज भी हैं। मैं हमेशा उनका शुक्रगुज़ार रहूँगा कि उन्होंने @BigGreen में अगली पीढ़ी को पौधे लगाना, उनकी देखभाल करना और असली सेहतमन्द खाना खाना सिखाया। थैंक्यू मॉम!!'

मेरे बच्चों ने बारह बरस की उम्र में अपने शौक़ विकसित कर लिये थे जो आगे चलकर उनके करियर बने।

जब इलॉन छोटा था तो मैंने देखा कि वो सब कुछ पढ़ लेता है। मुझे भी पढ़ने का शौक़ था। पर मैं पढ़ने के फ़ौरन बाद उस कहानी को भूल जाती थी। जबकि इलॉन को सब कुछ याद रहता था। वो सारी जानकारियाँ अपने दिमाग़ में रखता था। हम इलॉन को एनसाइक्लोपीडिया कहते थे क्योंकि वह 'एनसाइक्लोपीडिया ब्रिटानिका' और 'कोलियर्स एनसाइक्लोपीडिया' पढ़ चुका था और उसे सब कुछ याद भी था। इसलिए हम उसे 'जीनियस बॉय' भी कहते थे। हम उससे कुछ भी पूछ सकते थे। याद रहे कि यह इंटरनेट से पहले का ज़माना था। आज हम उसे इंटरनेट कहकर तो पुकार ही सकते हैं।

बारह बरस की उम्र में उसे अपना पहला कंप्यूटर मिला था। यह सन् 1983 की बात है जब कंप्यूटर बहुत नये थे। उसने उसे इस्तेमाल करना सीख लिया था

और एक कंप्यूटर प्रोग्राम भी लिखा था, जिसका नाम था 'ब्लास्टर'। यह एक गेम था जिसे मैंने यूनिवर्सिटी के कुछ छात्रों को दिखाया था जो मेरे मॉडलिंग स्कूल में थे। उन्हें यह देखकर बड़ी हैरत हुई थी कि इलॉन को कोडिंग के सारे शॉर्टकट पता हैं। ये वो छात्र थे जो कंप्यूटर साइंस के दूसरे या तीसरे साल में थे और इलॉन की जानकारियाँ देखकर काफ़ी ख़ुश हुए थे।

मैंने उससे कहा कि वो इस प्रोग्राम को एक कंप्यूटर मैगज़ीन के लिए भेज दे।

उसने 'ब्लास्टर' को पीसी मैगज़ीन में भेज दिया और उन्होंने उसे पाँच सौ रैंड (पाँच सौ डॉलर) का इनाम दिया। मुझे नहीं लगता कि मैगज़ीन वालों को पता होगा कि वह सिर्फ़ बारह साल का था। जब वो तेरह साल का हुआ तो इसे प्रकाशित भी किया गया। तब मुझे एहसास नहीं था कि वो बड़ा होकर क्या करने वाला है।

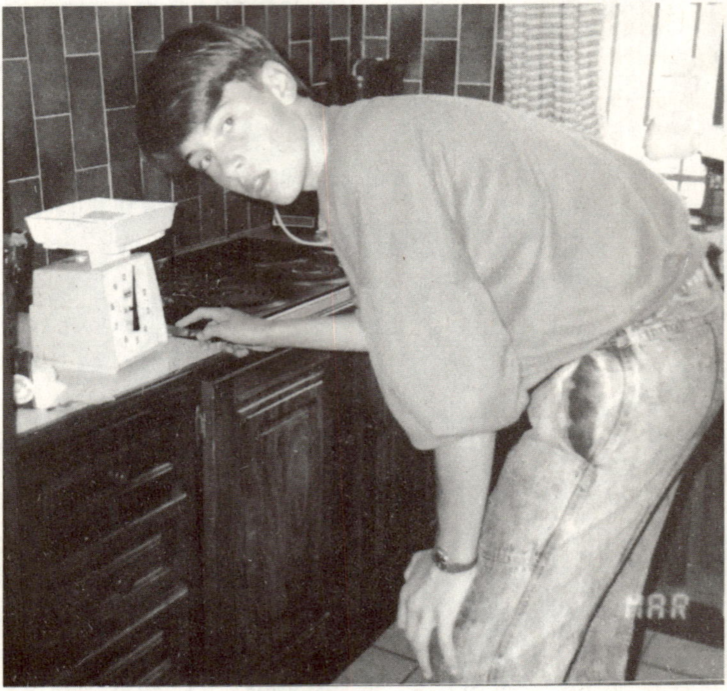

जब किम्बल छोटा था तो उसे खाना बहुत पसन्द था। जब वो बारह साल का हुआ तो उसने खाने की ज़िम्मेदारी अपने ऊपर ले ली और पूरे परिवार के लिए खाना बनाने लगा। उसे ऐसा खाना चाहिए होता था जो ज़ायकेदार हो, और इसके लिए अगर उसे ख़ुद भी खाना पकाना पड़े तो वो इसमें हिचकता नहीं था। उसे मेरे साथ किराना स्टोर पर जाना बहुत पसन्द था। मुझे याद है कि वो मेरे साथ बाज़ार जाता और वहाँ हरी मिर्च को हाथ में लेकर उसे सूँघता और मैं उससे कहती, "यार, तुम कहाँ से आए हो।" मुझे खाना पकाना ज़रा भी पसन्द नहीं था। मैं अपने तमाम बच्चों को सेहतमन्द खाना देती थी पर यह बड़ा आसान था यानी पीनट बटर सैंडविच, मटर और गाजर।

किम्बल ऐसी नई सब्ज़ियाँ ख़रीद लेता था जिन्हें उसने पहले कभी नहीं

देखा था और उन्हें पकाता था। वो ताज़ा मछलियाँ ले आता और टमाटर, नींबू और प्याज़ के साथ उन्हें तन्दूर में पकाता। वो पैदाइशी बावर्ची था। जिन सब्ज़ियों को हम खरीद सकते थे, उन्हें वो बहुत शानदार तरीक़े से पका लेता था, सब्ज़ियों की उसकी समझ कमाल की थी। वो जो कुछ भी पकाता वो ज़ायकेदार होता और मेरे बनाए खाने से कई गुना बेहतर।

जब हम टोरंटो चले आए तो उसने इलॉन को सिखाया कि न्योकी अल्फ्रेडो को क्रैब के साथ कैसे पकाते हैं ताकि वो अपनी किसी गर्लफ्रेंड के लिए इसे पका सके।

कुछ समय पहले जब किम्बल ने मुझसे कहा कि वो मेरा शुक्रगुज़ार है क्योंकि उसने जो भी करना चाहा, उसमें मैंने हमेशा उसका पूरा साथ दिया। उसने कई बार अपना करियर बदला। उसने बिज़नेस की पढ़ाई की और एक इंटरनेट कारोबारी बन गया। फिर उसने न्यूयॉर्क के फ्रेंच कलीनरी इंस्टीट्यूट में कुकिंग की पढ़ाई की। मैं रात ग्यारह बजे, जब उसकी शिफ़्ट ख़त्म हो रही होती, उसके साथ डिनर करने के लिए उसके स्कूल के डाइनिंग रूम में जाती थी। जब वो बोल्डर चला गया और उसने 'द किचन' नामक एक रेस्तराँ शुरू किया जो एक बन्द पड़े रेस्तराँ की जगह शुरू किया गया था, मैंने उसके स्टोव घिसे और फ्रिज साफ़ करके चमकाए। पर अफ़सोस उन्हें बाद में बदल दिया गया। ख़ैर...।

किम्बल ने कमाल का सफ़र तय किया। बच्चों के साथ ट्यूबिंग करते समय हुए एक हादसे में उसकी गर्दन टूट गई थी, जिसके बाद मिले खाली वक़्त में उसने सोचा और समझ पाया कि आखिर ज़िन्दगी में वह करना क्या चाहता है। उसे रेस्तराँ शुरू करने का जुनून था, इसलिए ठीक होते ही उसने मध्य अमेरिका में फ़ार्म-टू-टेबल कॉन्सेप्ट वाले रेस्तराँ शुरू किये। इसके अलावा उसने 'बिग ग्रीन' नामक एक समाजसेवी संस्था शुरू की जो कम सुविधाओं वाले स्कूलों में बग़ीचे लगाना सिखाती है। उसने 'स्क्वायर रूट्स' नामक एक और कम्पनी शुरू की जिसके ज़रिये वो युवा कारोबारियों को शहरी खेती के लिए प्रेरित करता है ताकि वो पार्किंग स्थलों में पुनर्नवीकृत शिपिंग कंटेनरों में बगीचे लगा सकें।

जब उसके बचपन को याद करती हूँ तो याद आता है कि बारह बरस की उम्र में उसे जो कुछ पसन्द था, अब वही उसकी ज़िन्दगी का मक़सद बन गया।

जब टॉस्का बारह बरस की थी और सातवीं कक्षा में थी। उस वक़्त उसके ड्रामा टीचर ने फ़ैसला किया कि अब स्कूल का ड्रामा क्लब बन्द कर दिया जाएगा। इसलिए टॉस्का ने क्लब का काम अपने हाथ में ले लिया।

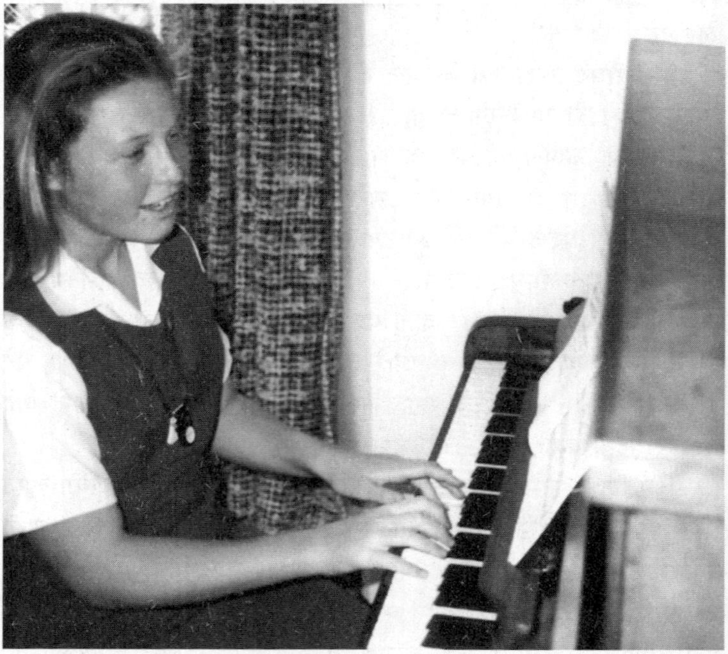

मेरी बेटी हमेशा से एक अभिनेत्री थी। बचपन से ही उसकी दिलचस्पी नाटक, नृत्य, मंच पर प्रस्तुतियाँ देने और संगीत में थी। उसे फ़िल्में भी बहुत पसन्द थीं।

जोहान्सबर्ग में हम शुक्रवार की रात रोमांटिक मूवी देखते हुए और आइसक्रीम खाते हुए साथ बिताते थे (तब मैं ध्यान नहीं देती थी कि क्या खा

रही हूँ जैसे अब देती हूँ)। टॉस्का हमेशा से ऐसे हर क्लब का हिस्सा होती थी जहाँ अपनी कला का प्रदर्शन करना हो। आज मुझे समझ में आता है कि यह सब उसकी निर्देशक बनने की तैयारी थी। आज वो फ़िल्में बनाती है। उसकी कम्पनी 'पैशन-फ़्लिक्स' रोमांटिक उपन्यासों पर आधारित फ़िल्मों का निर्माण करती है।

मुझे अच्छी तरह तैयार होकर उसकी फ़िल्मों के प्रीमियर पर जाना और उसके साथ रेड कार्पेट पर चलना हमेशा से बड़ा अच्छा लगता है।

माता-पिता को बच्चों के भविष्य को लेकर काफ़ी तनाव होता है। न्यूट्रीशन की अपनी प्रैक्टिस के दौरान मैंने ऐसा कई बार देखा है। माता या पिता तनाव में आकर कुछ भी खाना शुरू कर देते थे क्योंकि उन्हें अपने बच्चे का एडमिशन एक अच्छे स्कूल या यूनिवर्सिटी में करवाने के लिए ढेर सारे फ़ॉर्म भरने पड़ते थे। मैं उनसे कहती कि वे अपने बच्चों से कहें कि वो अपने काग़ज़ात ख़ुद तैयार करें। फिर चाहे वो यूनिवर्सिटी में एडमिशन के हों या फिर नौकरी हासिल करने के। अपने भविष्य के लिए उन्हें ही ज़िम्मेदार बनना होगा। अगर उन्हें कोई कारोबार शुरू करना है और आपको लगता है कि यह एक अच्छा आइडिया है तो आपको उनका सहयोग करना चाहिए। अपने बच्चों को शिष्टाचार सिखाएँ। पर यह फ़ैसला तो उन्हें ही करना होगा कि उन्हें ज़िन्दगी में क्या करना है या उन्हें क्या चाहिए।

मैं 'टेस्ला' या 'स्पेस-एक्स' या 'द किचन' या 'बिग ग्रीन' या 'पैशन फ़्लिक्स' के बारे में अन्दाज़ा नहीं लगा सकती थी। पर आज मैं देखती हूँ कि इलॉन टेक्नॉलॉजी के अपने शौक़ के ज़रिये कितना कुछ हासिल कर रहा है। किम्बल किस तरह खाने की दुनिया में कमाल कर रहा है और टॉस्का फ़िल्मों में अपना करियर आगे बढ़ा रही है। इसकी बुनियाद रहे हैं उनके वे शौक़ जो उन्होंने बचपन में शुरू किये थे।

तेरह

नई शुरुआत करो

जीवन को ज़्यादा दिलचस्प बनाने के लिए 'हाँ' कहो

❖

नई शुरुआत करना मुश्किल होता है। ख़ासतौर पर तब, जब इसके लिए आपको किसी नई जगह पर जाना हो।

वयस्क होने के बाद मैं आठ शहरों में गई, मेरा पहला साल बहुत ही अकेलेपन में गुज़रा। दूसरे साल में मैंने कुछ दोस्त बनाए लेकिन तीसरे साल में मेरे बहुत सारे दोस्त थे और मैं बहुत मज़े कर रही थी। मैं स्वीकार करती हूँ कि नई शुरुआत करना मुश्किल होता है। इसकी सबसे बड़ी वजह है मेरा ख़ुद का काम है। मैं किसी ऑफिस में काम नहीं करती जहाँ मैं अपने साथियों से जुड़ सकूँ, दोस्त बना सकूँ। इसीलिए मैंने सारे डायटीशियनों को एक साथ लाने के लिए उनसे सम्पर्क करना शुरू किया। उनमें से कुछ दोस्त बन गए और आज भी मेरे दोस्त हैं।

जब आप किसी नई जगह पर काम शुरू करते हैं तो आपको बाहर निकलना पड़ता है। ऐसा नहीं हो सकता कि आप अकेले बैठकर अफ़सोस मनाते रहें और उम्मीद करें कि आपकी सामाजिक ज़िन्दगी और आपका कारोबार दोनों ही फलने-फूलने लग जाएँगे। इसके लिए आपको बाहर निकलना होगा, लोगों

से मिलना-जुलना होगा, और नये कामकाजी सम्बन्ध बनाने होंगे। आपका लोगों से मिलना बहुत ज़रूरी है क्योंकि उन्हीं के ज़रिये आपके पास काम आने वाला है। इस तरह मिलने-जुलने से ही तो आपके दोस्त और आपके साथी बनते हैं। आपको बहुत सारी जगहों पर मौक़े ढूँढ़ने पड़ते हैं तब जाकर लोग आपसे जुड़ना शुरू करते हैं। नई जगह पर नये लोगों से मिलना-जुलना भी काम की तरह ही है। और यह सही भी है।

किसी कार्यक्रम में अकेले जाना या रहना भी आसान काम नहीं है, यह तनावपूर्ण है। ऐसी जगह जहाँ आपको कोई नहीं जानता, जबकि अन्य लोग एक-दूसरे को गले लगा रहे हैं, और चूम रहे हैं, आप अकेले खड़े रहने के सिवा कर भी क्या सकते हैं। लोगों के एक-दूसरे से रिश्ते हैं, उनकी अपनी टोली है जिसमें आप यूँ ही शामिल नहीं हो सकते क्योंकि ऐसा करना अजीब लगेगा। अगर आप ख़ुशक़िस्मत हैं तो आपके पास कोई अच्छा व्यक्ति आएगा और आपसे 'हाय' कहेगा। कई बार मैंने ख़ुद को एक घंटा तक दिया है, आज़माया है कि कोई अपने-आप आकर मुझसे बात करे, इसके बाद मैं वहाँ से निकली हूँ। वैसे मैंने शायद ही कोई पार्टी बीच में छोड़ी।

यह मैंने तब सीखा जब मैं इकतीस साल की थी और हाल ही में मेरा तलाक़ हुआ था। मेरी एक दोस्त ने मुझसे कहा, "बाहर निकला करो। किसी नये शहर में नये लोगों से मिलने का यही एक इकलौता तरीक़ा है", और मैंने यही किया। पर अक्सर मुझे लगता कि मैं ज़बर्दस्ती किसी के गले पड़ रही हूँ।

इसके बाद मुझे समझ में आया कि इस तरह की बात सभी के मन में आती है। कई बार तो मशहूर हस्तियों को भी अकेलेपन का सामना करना पड़ता है। जब मैं ब्लूमफ़ॉन्टेन में एक मॉडलिंग स्कूल चला रही थी तो मुझसे अपने छात्रों को एयरपोर्ट ले जाने को कहा गया, ताकि हम मिस यूनिवर्स का स्वागत कर सकें। वो वहाँ अकेली खड़ी थी। मैंने विनम्रता से काम लिया, मैं नहीं चाहती थी कि उसके पास जाकर ज़बर्दस्ती करूँ। ठीक ऐसा ही मुझे उन पार्टियों में महसूस होता था जहाँ मैं किसी को नहीं जानती थी। जब कोई

आकर मुझसे बात करता था तो अच्छा लगता था। मैंने सोचा, "मैं अकेलेपन के इस एहसास से वाक़िफ़ हूँ।"

इसलिए मैं उसके पास गई और उससे कहा, "हैलो, मैं मॉडलिंग स्कूल की डायरेक्टर हूँ और आपका स्वागत करने यहाँ आई हूँ।"

वो बोली, "मुझसे बात करने का शुक्रिया। यहाँ अकेले खड़े-खड़े बहुत अजीब लग रहा था।"

तो याद रखिए कि मिस यूनिवर्स को भी पार्टियों में अजीब-सा महसूस होता है।

*

मैंने अपनी मास्टर्स डिग्री पूरी कर ली थी, अब मैं ब्लूमफ़ॉन्टेन से वापस जोहान्सबर्ग चली आई ताकि अपने परिवार के क़रीब रह सकूँ। मुझे जल्दी से अपनी प्रैक्टिस भी शुरू करनी थी।

अगर आप कोई ऐसी नौकरी करती हैं जहाँ रोज़ आपको वही लोग मिलते हैं, तो वे आपके दोस्त बन सकते हैं। मैंने अपना करियर बनाने के लिए नेटवर्किंग नहीं की। मैंने अपने सहकर्मियों के साथ सम्बन्ध बनाए ताकि मुझे पता चले कि क्या चल रहा है और बतौर डायटीशियन अपनी प्राइवेट प्रैक्टिस में मैंने क्या कामयाबी हासिल की है, उसके बारे में अपने अनुभव साझा कर सकूँ। मैं चाहती थी कि ज़्यादा से ज़्यादा डायटीशियन अपनी ख़ुद की प्रैक्टिस करना शुरू करें और लोकप्रिय हो चुके ऐसे खाने (Fad diets) के बारे में लोगों को बताएँ जो काफ़ी नुकसानदायक हैं। दिलचस्प बात यह रही कि डायटेटिक्स की दुनिया के साथी मेरे साथ बहुत अच्छी तरह पेश आए, उन्होंने अलग-अलग जगहों पर लेक्चर्स देने के लिए मेरा नाम सुझाया, प्रवक्ता और मीडिया का काम दिलाया और कुछ क्लाइंट्स को भी काउंसलिंग के लिए मेरे पास भेजा। लोगों से जुड़ने से आपका कारोबार बढ़ता है बजाय अकेले बैठे रहने और काम के लिए फ़ोन बजने का इन्तज़ार करने के या आज के ज़माने में काम के लिए ई-मेल आने का इन्तज़ार करते रहने के।

ये सारे न्योते स्वीकार करने के साथ-साथ काम को लेकर मेरी रणनीति यह

थी कि मैं जितने ज़्यादा लोगों से जुड़ सकूँ, जुड़ूँ। मैं डायटेटिक्स एसोसिएशन में शामिल हो गई और इस तरह मुझे अपने इलाक़े के सारे डायटीशियंस की फ़ेहरिस्त मिल गई। अगर आप अपने व्यवसाय या काम से जुड़ी किसी कमेटी की सदस्य बन जाएँ, तो आपको वही लोग बार-बार मिलेंगे और इस तरह एक रिश्ता क़ायम हो जाएगा। मैंने ऐसे डायटीशियनों की मीटिंग आयोजित करनी शुरू की, जो या तो प्राइवेट प्रैक्टिस करते थे या करना चाहते थे, उन्हें सलाह दी कि कैसे कामयाब हुआ जा सकता है और इसके बाद हम सबको एक-दूसरे से बातचीत करने का वक़्त भी मिला। इस तरह मैं नये लोगों से मिली और वहाँ आए सारे लोग एक-दूसरे से मिल सके और बातचीत कर सके। मेरे साथी डायटीशियनों को मेरी यह पहल इतनी अच्छी लगी कि मैंने नियमित रूप से ऐसी बैठकें करनी शुरू कर दीं।

इस तरह, मेरे मरीज़ों की ज़ोरदार सूची बनती चली जा रही थी। दो साल बाद मैं रोज़ाना बीस लोगों को देख रही थी।

*

इसके बाद वो हुआ जिसकी उम्मीद तक नहीं थी। मेरा फ़ोन बन्द हो गया। मेरे घर में बने ऑफिस तक आने वाला फ़ोन का तार ख़राब हो गया था और यह अस्सी का दशक था, जब दक्षिण अफ्रीका में ये चीज़ें नहीं बनती थीं। यूरोप से तार पहुँचने में छह महीने लगने वाले थे।

मैं अपने सारे अपॉइंटमेंट फ़ोन पर ही तय करती थी और मेरे मरीज़ों के पास मुझ तक पहुँचने का यह एकमात्र रास्ता था या फिर वो चिट्ठी लिखकर मुझसे सम्पर्क कर सकते थे। सबसे ख़राब बात यह थी कि मेरे पास ऐसा कोई तरीक़ा नहीं था जिससे मैं लोगों तक यह ख़बर पहुँचा सकूँ कि मेरा फ़ोन ख़राब हो गया है। अगर वे मुझसे सम्पर्क करने की कोशिश करते तो उन्हें मेरा फ़ोन व्यस्त मिलता। अब अगर मुझे इस कारोबार में बने रहना था तो कोई तरीक़ा खोजना ज़रूरी था। अपने हिसाब से मैंने वो तरीक़ा खोज भी निकाला था। मैंने एक पेजर ख़रीदा और अपने मरीज़ों तथा साथी डॉक्टरों को सन्देश भेजा, जिसमें मैंने उन्हें बताया कि मुझसे सम्पर्क करने के लिए उन्हें सन्देश भेजना

होगा और तभी मैं कहीं कोई फ़ोन खोजकर उनके फ़ोन का जवाब दे सकती हूँ।

यह तरीक़ा कारगर साबित नहीं हुआ। तीन हफ़्तों में मेरा काम इतना कम हो गया कि एक दिन में बस एक ही क्लाइंट आता था।

मेरी हालत ख़राब हो रही थी। मेरी आमदनी भी लगातार कम हो रही थी। मुझे समझ नहीं आ रहा था कि क्या करूँ।

मेरे द्वारा आयोजित अगली बैठक में मेरे साथियों में से कई लोगों ने मुझसे कहा कि उन्होंने मुझसे सम्पर्क करने की कोशिश की थी पर मेरा फ़ोन हमेशा व्यस्त ही मिलता रहा। मैं टूट गई, मुझे रोना आ गया। इसके बाद एक हैरतअंगेज़ घटना हुई। उन्होंने मुझसे कहा कि मैं पिछले दो सालों से उनकी मदद करती आ रही हूँ, और अब वक़्त आ गया है कि वे मेरी मदद करें। उन्होंने अपने छह पार्ट टाइम कंसल्टेंसी के काम—नर्सिंग होम, प्राइवेट क्लीनिक, बच्चों की ख़ुराक को लेकर रिसर्च, लिखने के काम, पढ़ाना और सुपर मार्केट में न्यूट्रीशन से जुड़ी सलाह देना—मुझे दिलवा दिये। हर काम में हफ़्ते में चार से आठ घंटे देने होते थे और कोई फ़ोन कॉल नहीं करना था। मुझे ख़ुशी थी कि मैं एक बार फिर काम में जुट जाऊँगी और न्यूट्रीशन के एक ऐसे क्षेत्र में काम करूँगी जो मैंने इससे पहले नहीं आज़माया था।

जब टेलीफ़ोन का तार ठीक कर दिया गया, तो मेरी प्रैक्टिस फिर से चल पड़ी और मैं पहले से भी ज़्यादा व्यस्त हो गई। अब तो कंसल्टेशन भी मेरी आमदनी का एक नया ज़रिया बन गया था, जिसने न्यूट्रीशन में करियर बनाने में मेरी बहुत मदद की। देखा आपने, कई बार सबसे अच्छा यह होता है कि आप लोगों की मदद लें।

मुझे इसका एक और फ़ायदा तब मिला जब मेरी एक साथी डायटीशियन ने आगे बढ़कर मुझे यह बताया कि मेरे एक बच्चे को नौकरी मिल सकती है।

जब हम नये-नये टोरंटो आए थे, तब इलॉन नौकरी खोज रहा था। मैं डायटीशियनों की एक मीटिंग में गई तो वहाँ मैंने ज़िक्र किया कि मेरा बेटा नौकरी खोज रहा है। वहाँ मौजूद एक साथी डायटीशियन के पति माइक्रोसॉफ़्ट में काम करते थे।

मैंने उस महिला से कहा, “मेरा बेटा कंप्यूटर में बड़ा माहिर है।” हर माँ

अपने बच्चे की तारीफ़ कुछ इसी तरह से करती है। इस मामले में हुआ यह कि इलॉन को आज़माया गया और उन लोगों को लगा कि मैंने उसके बारे में बिलकुल सही कहा था।

अपने पूरे करियर में मैंने कड़ी मेहनत की और कामयाब बनने में दूसरों की मदद की। सबसे हैरत की बात है कि कई बार मुझे भी उनकी मदद की ज़रूरत पड़ी। लेकिन किसी के साथ सिर्फ़ इसलिए अच्छाई नहीं करनी चाहिए ताकि आगे चलकर बदले में वो भी आपके लिए कुछ अच्छा करे। आप अच्छाई इसलिए करें क्योंकि इसमें आपको मज़ा आ रहा है और इससे दूसरों की ज़िन्दगी बेहतर हो रही है।

इकहत्तर साल की उम्र तक अपने काम के ज़रिये मैं अपने कुछ सबसे अच्छे दोस्तों से मिली। आज भी न्यूट्रीशन और मॉडलिंग के अपने करियर की वजह से मैं एक से बढ़कर एक प्यारे दोस्त बनाती जा रही हूँ।

आज जब मैं किसी आयोजन में जाती हूँ और किसी को अकेले खड़े देखती हूँ तो उसके पास चली जाती हूँ और उसे बातचीत में शामिल कर लेती हूँ। अगर आपको भी कोई ऐसा व्यक्ति नज़र आए जो पूरी तरह से अकेला हो, तो वो चाहे पुरुष हो या महिला—उससे बात करें। हो सकता है कि कभी-कभार आपको शर्मिन्दा भी होना पड़े, हालाँकि आमतौर पर ऐसा नहीं होगा। ज़्यादातर आप अच्छे लोगों से ही मिलेंगे।

चौदह

ज़रूरत पड़े तो नये देश में चले जाओ

मौक़ा मत चूको, क़दम कभी भी पीछे लिये जा सकते हैं

❖

ज़िन्दगी अनिश्चित है और क़दम-क़दम पर हैरत में डालती रहती है इसलिए कभी-कभी बड़े बदलाव करने के लिए आपको मौक़े का फ़ायदा या जोखिम उठाने की ज़रूरत होती है।

मैं इकतालीस साल की थी, जोहान्सबर्ग में मेरा काम अच्छा चल रहा था और हमारे पास एक अच्छा-सा घर भी था। आख़िरकार अब लग रहा था कि भविष्य सुरक्षित है।

इलॉन कनाडा जाना चाहता था। उसे लगा कि उत्तर अमेरिका कंप्यूटर में उसकी दिलचस्पी को आगे बढ़ाने के लिए एकदम सही जगह है। उसने मुझसे कहा कि मैं कनाडा की नागरिकता दोबारा हासिल करने के लिए अर्ज़ी दूँ ताकि तीनों बच्चों को भी यह नागरिकता मिल सके।

मेरी बेटी टॉस्का भी उसके साथ जाना चाहती थी क्योंकि उसे लगता था कि इसमें बड़ा मज़ा आएगा। जब टॉस्का तेरह साल की थी तो उसने कहा था कि अगर वो कनाडा जाती है तो वो आलयांस फ्रॉन्सेस में फ्रेंच पढ़ना चाहेगी। उसकी फ्रेंच में बहुत ज़्यादा दिलचस्पी थी क्योंकि उसने कहीं पढ़

लिया था कि फ्रेंच कनाडा की दूसरी भाषा है।

मैंने भी फ्रेंच पढ़ना शुरू किया। चूँकि मैंने स्कूल में भी फ्रेंच पढ़ रखी थी, इसलिए मैं एडवांस यानी उससे आगे की कक्षा में थी। आलयांस फ्रॉन्सेस में हर कक्षा एक प्रस्तुति तैयार करती थी और मेरी कक्षा में कहा गया, "हमें एक ओपेरा गायिका चाहिए।" हममें से किसी को भी ओपेरा गाना नहीं आता था।

मैंने कहा, "मेरी बेटी गा सकती है।"

सबने जवाब दिया, "पर तुम्हारी बेटी तो शुरुआती कक्षा में है। वह फ्रेंच नहीं बोल सकती।"

मैंने कहा, "उसका रास्ता हम निकाल लेंगे।"

हम किराए पर एक सुनहरा ओपेरा गाउन व विग लाए और इतनी छोटी-सी उम्र में उसने फ्रेंच में गाना गाया, हालाँकि उसे फ्रेंच में बात करना नहीं आता था। लेकिन उसने इस चुनौती को स्वीकार किया और शानदार प्रदर्शन किया।

कोई उसे पहचान नहीं सका। कुछ लोगों ने टिप्पणी की कि हम कहीं से कोई गायिका ले आए, यह तो बेईमानी है। लेकिन जब उन्हें पता लगा कि यह टॉस्का है तो उन्हें बड़ा झटका लगा। तब टॉस्का सिर्फ़ तेरह साल की थी।

उसे अभी भी यह फ़िक्र हो रही थी कि वो फ्रेंच में माहिर नहीं हो पा रही है। दरअसल, दक्षिण अफ्रीका में अगर आप अफ्रीकान्स भाषा में पास नहीं हो पाए तो आपको पूरी परीक्षा में फ़ेल मान लिया जाता था। उसे पूरा यक़ीन था कि हम कनाडा

ज़रूर जाएँगे, और अगर वहाँ जाने के बाद उसे फ्रेंच बोलना नहीं आया तो वो सारे विषयों में फ़ेल हो जाएगी।

इस मामले को सुलझाने में काफ़ी लम्बा वक़्त लगा। आख़िरकार जब पासपोर्ट आया तो तीन हफ़्ते बाद इलॉन को कनाडा जाना था। वो सिर्फ़ सत्रह साल का था।

मैंने उसे कुछ पते दिये और दो हज़ार डॉलर के ट्रैवलर चेक भी। ये पैसा उसी सौ रैंड में से था जो मैंने बीस बरस पहले अपने पहले ब्यूटी कॉम्पटीशन में जीते थे। मेरी एक दोस्त ने कहा था कि ये पैसा शेयर में लगा दो। 1969 में जब शेयर मार्केट बुरी तरह धराशायी हुआ और मेरे सौ रैंड घटकर दस रैंड हो

गए, मैंने इलॉन के नाम से एक अकाउंट खोला और भूल गई। 1989 में मुझे पता चला कि इस अकाउंट में दो हज़ार डॉलर जमा हो चुके हैं, यानी कनाडा में उसके कुछ हफ़्तों के ख़र्च का इन्तज़ाम तो हो ही गया था।

मैंने कनाडा में अपने परिवार को चिट्ठी लिखी और बताया कि मेरा बेटा वहाँ आ रहा है। हालाँकि चिट्ठी पहुँचने से पहले ही वो उन लोगों के पास पहुँच गया। उस वक़्त दक्षिण अफ़्रीका से कनाडा तक चिट्ठी पहुँचने छह हफ़्ते लगते थे।

वो मॉन्ट्रियल में उतरा और उसने मेरे अंकल को फ़ोन किया, पर उन्होंने फ़ोन नहीं उठाया। उसके बाद उसने मुझे फ़ोन किया और कहा, "अब मैं क्या करूँ?"

मैंने उससे कहा कि तुम वाय.एम.सी.ए. खोजो। इसके बाद वो अपने एक और अंकल को खोजने के लिए टोरंटो गया, पर वे भी वहाँ नहीं मिले। इसके बाद उसने एक बस ली और वो सस्कैचवान चला गया जहाँ मेरे चचेरे भाई रहते थे।

वो वहाँ पहुँचा, दरवाज़ा खटखटाया और बोला—"हाय, मैं मेय का बेटा हूँ।" उसने अपना अठारहवाँ जन्मदिन वहीं मनाया।

टॉस्का, जो तब पन्द्रह साल की थी, ने मुझसे कहा, "मॉम, क्यों न हम भी इलॉन के पास चलें। चलो न, चलकर देखते हैं वो क्या कर रहा है।"

लेकिन मुझे तो केपटाउन यूनिवर्सिटी में पीएच.डी. के लिए एडमिशन मिल गया था।

मैंने कहा, "मैं यहाँ अपनी डिग्री पूरी कर लूँ, उसके बाद हम वहाँ चलेंगे।"

टॉस्का बोली, "अगर हम दोनों नहीं जा पा रहे हैं तो मैं अकेली चली जाऊँगी और वहाँ इलॉन मेरा ख़याल रखेगा।"

पहले तो मुझे लगा कि यह बेकार की बात है, पर फिर मैं जाकर देखने के लिए राज़ी हो गई। वैसे मुझे वहाँ जाने में कोई दिलचस्पी नहीं थी पर इलॉन वहीं पर था। किम्बल ने कहा कि हाई स्कूल ख़त्म करने के बाद वो भी कनाडा जाना चाहता है और टॉस्का ने तो ज़िद पकड़ ही रखी थी। पर मैंने भी तय कर रखा था कि मैं इन बच्चों को अकेले तो जाने नहीं दूँगी, इसलिए अन्ततः मैंने

फ़ैसला किया कि मैं भी वहाँ जाऊँगी और सब देखकर वापस आ जाऊँगी।

मुझे दो ऐसे डायटीशियन भी मिल गए, जो इस दौरान मेरी प्रैक्टिस सँभालने को राज़ी थे। टॉस्का का ख़याल रखने के लिए वे मेरे घर पर ही रुके।

जब मैं कनाडा गई तो एक मक़सद यह भी था कि मैं वहाँ अपने लिए मौक़ों की तलाश करूँ। मैं और इलॉन कनाडा के पाँच प्रान्तों की यूनिवर्सिटीज़ में गए। मॉन्ट्रियल के अलावा हर यूनिवर्सिटी मुझे लेने को तैयार थी क्योंकि उसके मुताबिक़ रिसर्च करने के लिए मेरी फ्रेंच अच्छी नहीं थी।

मुझे लगा कि टोरंटो यूनिवर्सिटी मेरे लिए सही रहेगी, क्योंकि वहाँ मुझे हफ़्ते में दस दिन बतौर रिसर्च ऑफ़िसर काम करने के पैसे भी मिलने वाले थे। इस तरह मैं वहाँ अपनी प्रैक्टिस चला सकती थी, पढ़ सकती थी और मॉडलिंग भी कर सकती थी। टोरंटो कनाडा का मॉडलिंग केन्द्र भी था। चूँकि मैं यूनिवर्सिटी के स्टाफ़ की सदस्य बन जाती इसलिए वहाँ मेरे बच्चे भी मुफ़्त में पढ़ सकते थे।

मैं कनाडा के पाँच बड़े शहरों की सभी मॉडलिंग एजेंसियों में गई। उस वक़्त मैं उम्र के चौथे दशक में पहुँची ही थी, इसलिए पता नहीं था कि वे मुझे काम देंगे या नहीं। पर हर एजेंसी ने मुझसे 'हाँ' कहा। उन्होंने बताया कि वे एक ज़्यादा उम्र की मॉडल को भी काम दे सकते हैं।

तीन हफ़्ते बाद जब मैं जोहान्सबर्ग वापस आई तो मुझे पता लगा कि टॉस्का ने मेरा घर, फ़र्नीचर और कार सब बेच डाला है। पाँच फुट दस इंच की पन्द्रह साल की इस लड़की ने यह भी परवाह नहीं की थी कि अभी उसकी उम्र बहुत कम है और उसे ये सब करने की इजाज़त नहीं है। घर की सारी चीज़ें बिक चुकी थीं, यहाँ तक कि मेरी कार भी।

अब मुझे काग़ज़ात पर दस्तख़त करने थे बस, और काम ख़त्म था। इसके कुछ हफ़्ते बाद हमने दक्षिण अफ्रीका छोड़ दिया। हमारी योजना थी कि छोटा बेटा किम्बल अपनी पढ़ाई पूरी करने के बाद हमारे पास चला आएगा।

बहुत से लोगों ने मुझसे पूछा कि मैंने घर, कार या फ़र्नीचर बेच डालने के लिए टॉस्का पर ग़ुस्सा क्यों नहीं किया। दरअसल, मुझे लगा कि उसका तर्क

सही था। कनाडा जाने के बारे में हम पहले ही विचार-विमर्श कर चुके थे; उसने तो बस इस प्रक्रिया को तेज़ किया था। अगर परिवार का कोई सदस्य एक अच्छा क़दम उठाता है, भले ही वो इतना ज़बर्दस्त बदलाव हो कि आप चकरा जाएँ तो भी आपको उसका साथ देना चाहिए।

टोरंटो चले जाना हमारे परिवार के लिए अच्छा था क्योंकि वहाँ हमारे सामने नये मौक़े थे। जोहान्सबर्ग में मैं कामयाबी के शिखर पर थी और ख़ुश थी, पर मेरे बच्चों को अपना भविष्य अमेरिका में नज़र आ रहा था। इसकी शुरुआत हमने कनाडा से की। हमें पता था कि शुरुआत में हमें काफ़ी दिक़्क़तों का सामना करना पड़ेगा लेकिन जब हमने कनाडा में ख़ुद को साबित कर दिया तो इसका फ़ायदा हमें लम्बे समय तक मिलता रहा।

सबसे पहली बात तो यह थी कि बीस बरस का नर्क भोगने के बाद अब मुझे अपने पूर्व पति से ख़ौफ़ खाने की ज़रूरत नहीं थी। जब आप डर के साए से निकल आते हैं तो बहुत अच्छा महसूस होता है। भले ही आपको पता न हो कि यहाँ से निकलना आपके और आपके परिवार के लिए अच्छा होगा या नहीं, आप वापस भी लौट सकती हैं। मैं कभी वापस नहीं लौटी।

अगर आपके पास आगे निकलने का अवसर आए, तो ख़ुद को एक मौक़ा दीजिए। अपने-आप को तीन साल दीजिए और मेहनत कीजिए ताकि आप कामयाब हो जाएँ। अगर फिर भी आपकी ज़िन्दगी में सुधार नहीं आता और आप बहुत नाख़ुश हैं, तो पहले वाले हालात में वापस लौट सकती हैं।

पन्द्रह

नेकी के काम

अच्छे कामों की तारीफ़ करो

❖

आप कई ऐसी घटनाओं के बारे में डरती रहती हैं, जो कभी नहीं होतीं जबकि कुछ ऐसा भयानक आपके साथ हो जाता है जिसका आपको अन्दाज़ा तक नहीं होता। इसलिए जो हुआ ही नहीं उसकी चिन्ता मत कीजिए। आप योजना बना सकती हैं, तैयारी कर सकती हैं, पर आप कभी भी यह पक्का नहीं कर सकतीं कि आगे क्या होने वाला है। टॉस्का को बहुत ज़्यादा डर था कि फ्रेंच न आने की वजह से कहीं उसके रास्ते में अड़चन न आ जाए। इसलिए हमने पहले से तैयारी की और फ्रेंच पढ़ी। पर जब हम टोरंटो पहुँचे तो पता लगा कि उस शहर में तो कोई भी फ्रेंच नहीं बोलता।

इसके अलावा भी ऐसा बहुत कुछ था जो गड़बड़ हो गया था। इसके बावजूद हमने अपनी तरफ़ से पूरी कोशिश की। बहुत सारे लोगों ने हमारी मदद भी की। कुछ तो हमारे दोस्त थे जबकि कुछ भले अजनबी थे।

हमारे दक्षिण अफ्रीका छोड़ने से ठीक पहले एक दोस्त ने टोरंटो के एक ऐसे व्यक्ति के बारे में बताया, जो हमें शुरुआती कुछ महीनों के लिए फ़र्नीचर समेत एक फ़्लैट किराए पर दे सकता था, और ये किराया मैं दक्षिण अफ्रीका

में ही चुका सकती थी। तरह-तरह की जो हमें मदद मिली, उसमें से यह पहली थी। इससे इसलिए मदद मिली क्योंकि यहाँ से जाने के बाद दक्षिण अफ्रीका की सरकार मेरे पैसे रोक सकती थी या हो सकता था कि मुझे दो हज़ार डॉलर से ज़्यादा रकम ले जाने की इजाज़त ही न मिल पाती। अच्छा यही था कि मैं यहीं इस रकम का इस्तेमाल कर लूँ और यह मुझे वहाँ काम आए।

टॉस्का और मैं टोरंटो चले गए और एक फ़्लैट में रहने लगे। वह एक बेडरूम वाला फ़्लैट था। टॉस्का और मैं बेडरूम में पलंग पर सोते थे और इलॉन हॉल में सोफ़े पर सोता था। हम दिसम्बर में वहाँ पहुँचे थे, जब टोरंटो में बहुत भयानक सर्दी पड़ती है। लेकिन हमारे पास तो सर्दियों के कपड़े थे ही नहीं। जो कपड़े थे वो वहाँ की बर्फ़ीली सर्दियों में काम आने वाले नहीं थे। हमें मेरी माँ और बहन से कोट उधार लेने पड़े जो बीस से पचास साल पुराने थे।

हमें काफ़ी कुछ सीखना था। मैं शहर को अच्छी तरह नहीं जानती थी, और किसी भी जगह जाने में मुझे बहुत ज़्यादा परेशानी होती थी। मैं कार नहीं ख़रीद सकती थी इसलिए हमेशा भूमिगत ट्रेनों (लोकल ट्रेन) और बसों में सफ़र करना पड़ता था। मुझे बस इतना पता था कि ट्रेन या बस लेने के लिए आपको एक लूनी का इस्तेमाल करना पड़ता है—जो एक डॉलर का भारी-भरकम सिक्का होता है।

शुरुआती दो हफ़्तों तक मैं एक बड़ा-सा बैग लेकर चलती थी जिसमें एक डॉलर के सिक्के भरे होते थे ताकि मैं बस का किराया दे सकूँ, ट्रेन के टिकट ख़रीद सकूँ और उसके बाद फिर बस का किराया दूँ क्योंकि मुझे ऑडिशन के लिए बहुत सारी अलग-अलग जगहों पर जाना पड़ता था। इसके अलावा मैं किराए का घर भी खोज रही थी।

एक दिन जब मैं बस में थी, जिसमें कुछ पर्यटक भी थे उन्होंने बस ड्राइवर से 'पास' के बारे में पूछा। उन्होंने पास लिया और बस से ट्रेन में चले गए। तब मुझे समझ में आया, "अरे, यहाँ तो बस और ट्रेन दोनों में एक ही पास चलता है!"

ये तमाम चीज़ें सीखना बड़ा ही मज़ेदार था। मुझे मॉडलिंग के बहुत सारे काम मिल गए थे पर वहाँ तक पहुँचने के लिए मुझे दूर-दूर तक सफ़र करना

पड़ता था। अब 'पास' का इस्तेमाल करके मैं कहीं भी जा सकती थी। शुक्र है अब मुझे सिक्कों का वो भारी बैग लेकर नहीं चलना पड़ता था जो पैसों के लिहाज़ से भी राहत की बात थी।

*

बयालीस साल की उम्र में, मैं टोरंटो में अपनी प्रैक्टिस शुरू करने को बेताब थी, लेकिन यह तब तक नहीं हो सकता था जब तक कि मैं एक रजिस्टर्ड डायटीशियन या RD न बन जाऊँ, और इसके लिए मुझे कनाडा की परीक्षाएँ पास करनी पड़तीं। इसके साथ-साथ मुझे टोरंटो यूनिवर्सिटी से अंडर-ग्रेजुएट प्रोग्राम की पाँच परीक्षाएँ भी देनी थीं, ताकि मैं दिखा सकूँ कि मेरे ग्रेड ग्रेजुएट वर्क के अनुरूप हैं। इसमें रजिस्ट्रेशन के लिए मुझे वही परीक्षा देनी थी जो नये-नये ग्रेजुएट हुए डायटेटिक छात्र देते हैं, तकरीबन बीस साल की उम्र में। शुक्र है कि पहली बार मुझे अंग्रेज़ी में पढ़ाई करनी थी, वरना अफ्रीकान्स में पढ़ाई करते हुए मैं कितना जूझी थी।

जिस दिन मेरी परीक्षा थी, उसी दिन मुझे एक टी.वी. एड की शूटिंग भी करनी थी जिसके लिए मैं बहुत बेक़रार थी, और अपनी आर्थिक परिस्थिति को देखते हुए उसे छोड़ना नहीं चाहती थी। ऐसे में न्यूट्रीशनल साइंस डिपार्टमेंट की एक स्टाफ़ डायटीशियन ने ग़ज़ब का सहयोग किया और वो मेरी परीक्षा उस दोपहर के बजाय किसी और दोपहर करवाने के लिए राज़ी हो गईं।

डायटीशियनों की एक बैठक में, एक महिला साथी ने मुझे बताया कि वो हफ़्ते में दो शाम एक कॉलेज में बच्चों के न्यूट्रीशन के बारे में पढ़ाती थी, पर अब वो ऐसा नहीं कर पा रही है। उसने मुझसे पूछा कि क्या मैं वहाँ पढ़ाना चाहूँगी। वो कॉलेज दक्षिण अफ्रीका में मेरी मास्टर ऑफ़ साइंस डिग्री को मान्यता देने को राज़ी था और वहाँ मेरा रजिस्टर्ड डायटीशियन होना ज़रूरी नहीं था। इस तरह अचानक मेरे पास एक और काम आ गया।

इस बीच मैं मॉडलिंग भी कर रही थी। मैं देखकर बता सकती थी कि कौन सी महिला मॉडल है। दरअसल मॉडल लम्बी और पतली होती हैं और एक बड़ा-सा बैग लेकर चलती हैं।

हम अपने बाल ख़ुद बनाते थे, अपना मेकअप ख़ुद करते थे। यहाँ तक कि अपने जूते, एक्सेसरीज़, विग और बालों को सजाने के लिए चीज़ें भी ख़ुद ही लेकर जाते थे। यह पेशेवर फ़ैशन शो की तरह नहीं था।

मेरे पास मॉडलिंग का बहुत सारा अनुभव था, पर यह दक्षिण अफ़्रीका में मॉडलिंग के तौर-तरीक़ों तक ही सीमित था।

पहली रिहर्सल के लिए मैं टोरंटो गई। मुझे दुल्हन की माँ की भूमिका दी गई थी।

महिला निर्माता ने मुझसे कहा, "आप सैंडल क्यों पहने हुए हैं? आपको तो फ़ॉल-होज़ और पम्प पहनना चाहिए।"

मुझे समझ ही नहीं आया कि वो क्या कह रही है।

मैंने जवाब दिया, "मैं फ़ायर ब्रिगेड वाली थोड़ी हूँ। होज़ (यानी पाइप) क्यों चाहिए? और पम्प की क्या ज़रूरत है?"

बाद में पता चला कि होज़ का मतलब होता है, स्टॉकिंग्स और पम्प का मतलब होता है ऊँची हील वाले जूते। लेकिन मुझे ये सब कैसे पता चलता? यानी जब आप किसी नये देश में जाते हैं तो इस तरह की नई चीज़ें आपको सीखने को मिलती हैं।

जब उसने शिकायत करने के लिए मेरी एजेंसी में फ़ोन किया तो मैं रुआँसी हो गई क्योंकि मुझे काम की ज़रूरत थी और ग़ैर-पेशेवर होने का इल्ज़ाम लगाकर मेरे साथ बुरा बर्ताव किया जा रहा था। जब एक मॉडल ने सुना कि किस तरह प्रोड्यूसर मेरी शिकायत कर रही है तो उसने मुझे बताया, "टोरंटो में एक स्टोर है जहाँ 19 डॉलर में शूज़ मिलते हैं।"

मैंने वहाँ से एक जोड़ी रूपहले और एक जोड़ी सुनहरे जूते ख़रीदे। और हर रनवे शो में उन्हें पहनती रही जब तक मेरी माली हालत अच्छी नहीं हो गई। इस तरह, एक साथी मॉडल ने वक़्त पर मेरी मदद की।

सर्दियाँ अपने शबाब पर थीं और टोरंटो की उड़ान के दौरान मेरा सामान गुम हो गया। मेरे सारे कपड़े और डिग्रियाँ भी उसी में थीं। विडम्बना देखिए कि टॉस्का के खिलौनों वाला बैग एकदम सही-सलामत वापस लौट आया था।

जब तक मेरा सामान वापस नहीं आया, मैं मजबूरी में इलॉन और टॉस्का के कपड़े पहनती रही क्योंकि नये कपड़े ख़रीदने की मेरी हैसियत नहीं थी। कई बार मुझे लोगों को यह बताना पड़ता था कि मैं इतने अजीबोग़रीब कपड़े क्यों पहने हुए हूँ।

मैं सबसे यही कहती थी, "दरअसल, फ्लाइट में मेरा सामान गुम हो गया है।"

हर महीने मैं किराए की कार लेकर एयरलाइन के दफ़्तर जाती और उनसे अपने सामान के बारे में पूछती। और हर महीने मुझे यही जवाब मिलता, "माफ़ कीजिए, आपके बैग का कुछ पता नहीं चल रहा है।"

कुछ महीनों बाद जब मैंने टोरंटो में एक आदमी को बताया कि मैं इतने विचित्र कपड़े क्यों पहने हुए हूँ तो उसने कहा, "अरे, ये क्या बात हुई। अब तक आपको आपका सामान नहीं मिला? चलिए मेरे साथ एयरपोर्ट।" और वो मुझे अपनी गाड़ी में ले गया। यह मेरे लिए बड़ी राहत की बात थी क्योंकि उस वक़्त मेरे पास किराए की कार लेने तक के पैसे नहीं थे। उसे अन्दाज़ा भी नहीं था कि मेरी हालत कितनी ख़राब थी।

हम एयरलाइन के दफ़्तर पहुँचे, वो व्यक्ति अन्दर गया और बोला, "मैं इनका वकील हूँ। अब बताइए आप इनका सामान जल्दी-से-जल्दी दिलवा रहे हैं या नहीं।"

वे हड़बड़ा गए और कहा, "जी सर।"

पर असल में वो वकील नहीं बल्कि एक अकाउंटेंट था। बाद में मैं इस बात पर बहुत हँसी। मुझे तो जैसे यक़ीन ही नहीं हुआ।

अगले दिन एयरलाइन से उसे फ़ोन आया, "सर, हमें मैडम का सामान मेक्सिको में मिला है।" तीन दिन बाद दो विशाल बैग मुझे वापस मिल गए। एक बैग थोड़ा-सा टूट गया था। एक स्वेटर ग़ायब हो गया था पर मेरी डिग्रियाँ सही-सलामत थीं।

तो इस तरह एक ऐसे व्यक्ति ने वकील बनकर मेरी मदद की जो वकील था भी नहीं।

मैंने मिसिसॉगा में मॉडलिंग का एक काम लिया था। यह जगह टोरंटो से चालीस मिनट की दूरी पर थी, पर इसके लिए कार होना ज़रूरी था। सुबह जब मैं उठी तो पाया कि बर्फ़ गिर रही है। ख़ैर, अगर आपको किसी ज़रूरी काम से जाना है तो आप कोई-न-कोई रास्ता खोज ही लेते हैं, फिर चाहे आँधी आ रही हो या तूफ़ान। मैंने भी अपने बड़े से बैग में अपने जूते पैक किये और निकल पड़ी। मुझे दो बसें बदलनी पड़ीं, दो लोकल ट्रेनें बदलनी पड़ीं फिर दो और बसें और इसके बाद तीन फीट बर्फ़ में क़रीब आधा किलोमीटर पैदल भी चलना पड़ा तब जाकर मैं स्टूडियो पहुँची।

बर्फ़ की वजह से मुझे फुटपाथ नज़र नहीं आ रहा था, बस एक लैंप-पोस्ट दिख रहा था और कारों के लिए सड़क। मैंने अन्दाज़ा लगाया कि फ़ुटपाथ इन दोनों के बीच में ही कहीं होगा, हालाँकि दिख कुछ नहीं रहा था। सड़क पर मैं अकेली थी। वहाँ तीन फ़ुट ऊँची बर्फ जमी थी। मैं अकेली पैदल चल रही थी, और किसी तरह तीन फीट ऊँची बर्फ़ में मशक़्क़त करते हुए स्टूडियो पहुँची। मुझे वहाँ पहुँचने में क़रीब दो घंटे लग गए।

जब मैं वहाँ पहुँची तो उन लोगों ने कहा, “शुक्रिया, इतने ख़राब मौसम में आप ख़ुद ड्राइव करके यहाँ तक आईं।”

मैंने कहा, “अरे नहीं-नहीं, मैं तो बस से आई हूँ।” ये सुनकर तो वे जैसे हैरान ही रह गए।

हमने शूट किया। उसके बाद मैं फिर सड़क पर जमी उसी मोटी बर्फ़ में चलती हुई वापस लौटी।

बहुत दूर, सड़क के आख़िरी सिरे पर मैंने देखा कि एक बस रुकी हुई है। मैं चलती चली गई और जब नज़दीक पहुँची तो ड्राइवर ने दरवाज़ा खोल दिया।

मैंने पूछा, “क्या बस फँस गई है?”

उसने जवाब दिया, “नहीं मैम, मैंने देखा कि आप बड़ी दूर से चलकर आ रही हैं तो मैं आपके लिए रुक गया। मैं समझ गया था कि आप बस पकड़ने के लिए ही जल्दी-जल्दी चलकर आ रही हैं।”

बस में मैं अकेली थी। तो इस तरह बस ड्राइवर ने मुझ पर रहम दिखाया, मेरी मदद की।

यहाँ मैं आपको यह बताना चाहती हूँ कि अजनबियों से मिली मदद का शुक्रिया अदा करके आपको ख़ुशी मिलेगी। जब तक मैंने यह किताब नहीं लिखी थी, मुझे एहसास तक नहीं था कि कितने लोगों ने अलग-अलग वक़्त पर मेरी कितनी मदद की है। अब याद आता है। ज़िन्दगी इसलिए ज़्यादा आसान हो पाई, क्योंकि अच्छे लोग मिले। उन्होंने बहुत मुश्किल, असुविधा और दुख-भरे हालात में मेरी मदद की जिसके बदले में उन्हें कुछ भी नहीं चाहिए था। वे अच्छे लोग थे। यक़ीन मानिए दुनिया में बहुत से अच्छे लोग हैं। आपकी ज़िन्दगी में जो अच्छी चीज़ें हो रही हैं, उनका शुक्रिया अदा कीजिए। जब आप मुश्किल परिस्थिति में हों तो अपने परिवार, दोस्तों, यहाँ तक कि अजनबियों से भी मदद लीजिए और उनकी मदद करने की कोशिश भी कीजिए।

चौथा भाग

कामयाबी

सोलह

महिला काम पर

जितनी कड़ी मेहनत, उतनी अच्छी क़िस्मत

❖

मेरे पिता का सिद्धान्त था—'जितनी कड़ी मेहनत उतनी अच्छी क़िस्मत।' लोग उनसे कहते थे आप कितने क़िस्मत वाले हैं कि आप कामयाब हैं। यही बात लोग मुझसे भी कहते हैं, पर उनकी यह बात ग़लत है। मेरे परिवारवालों और दोस्तों ने देखा है कि मैंने कितनी कड़ी मेहनत की है, कितना संघर्ष किया है, और वे चाहते हैं कि मैं अपनी जद्दोजहद के बारे में अपनी किताब में लिखूँ। उनमें से किसी ने भी यह नहीं कहा कि मैं क़िस्मत वाली हूँ। आपको ऐसा लग सकता है कि टाइम्स स्क्वायर के बिलबोर्ड पर मेरा नज़र आना क़िस्मत की मेहरबानी की वजह से हुआ था या उनहत्तर साल की उम्र में कवर-गर्ल बनना भी मेरी ख़ुशक़िस्मती थी। हाँ, मैं मानती हूँ पर अपनी क़िस्मत बनाने के लिए आपको कड़ी मेहनत करनी पड़ती है।

जब हम टोरंटो के लिए निकले तो अपने साथ बहुत कम पैसे ले जा पाए। मैंने बहुत कड़ी मेहनत की थी और आख़िरकार जोहान्सबर्ग में काफ़ी अच्छी

स्थिति में आ गई थी लेकिन चूँकि मेरा पैसा दक्षिण अफ़्रीका में ही फँस गया था इसलिए कनाडा में मुझे नये सिरे से शुरुआत करनी पड़ी।

मेरे अकाउंटेंट हर महीने हर किसी के लिए एक छोटी रकम ही भेज पा रहे थे, जिससे हम चारों अपनी-अपनी पढ़ाई कर रहे थे या किचन का सामान लाने के लिए हमें एक छोटी रकम मिल जाती थी। मैं हफ़्ते में दस घंटे बतौर शोधकर्ता काम कर रही थी जिससे हमारे फ़्लैट का किराया निकल जाता था। वहाँ पहुँचते ही मैंने मॉडलिंग भी शुरू कर दी थी जिससे बाक़ी सारे ख़र्चों का इन्तज़ाम हो जाता था।

मैंने फ़ौरन ही यूनिवर्सिटी में काम करना शुरू कर दिया था और मैं इतनी ज़्यादा व्यस्त हो गई थी कि मेरे पास अपनी बेटी टॉस्का के लिए स्कूल खोजने तक का वक़्त नहीं था।

उस बेचारी ने अपने आप ही अलग-अलग स्कूलों के बारे में जानकारियाँ जमा कीं, ताकि वो आसपास के इलाक़े में ही एक स्कूल का चुनाव कर सके। इस तरह स्कूल का इन्तज़ाम तो हो गया। पर जब वो घर पहुँची तो उसे समझ में आया कि हम जिस घर में रह रहे हैं, वहाँ तो उसे बस हाथ पर हाथ रखे बैठे रहना है, जो उसे मंज़ूर नहीं था। इसलिए वो पास ही हैमबर्गर की एक दुकान में नौकरी के लिए गई।

उन्होंने पूछा, "तुम कितने दिन काम करना चाहती हो?"

उसने जवाब दिया, "मैं रोज़ाना काम कर सकती हूँ।"

हैमबर्गर शॉप के मालिक ने बताया कि क़ानूनी तौर पर तुम्हें हफ़्ते में छह दिन ही काम करने की इजाज़त मिल सकती है।

इसके बाद जब उन्होंने पूछा कि वो रोज़ कितने घंटे काम करना चाहती है तो उसने जवाब दिया, दिन में बारह घंटे। इस पर हैमबर्गर शॉप के मालिक ने कहा कि क़ानूनी तौर पर तुम रोज़ाना दिन में सिर्फ़ आठ घंटे ही काम कर सकती हो। उसे इस क़ानून के बारे में ज़िन्दगी में पहली बार पता चला था क्योंकि वो पहली बार कोई नौकरी करने जा रही थी।

उसने फ़ौरन ही सारा दिन उस जगह काम करना शुरू कर दिया, और जब उसका स्कूल शुरू हो गया तो स्कूल के बाद वो वहाँ काम करने चली जाती।

हैमबर्गर की दुकान में वो फ़र्श साफ़ करती थी, कचरा निकालती थी और टॉयलेट साफ़ करती थी, जो काम उसने ज़िन्दगी में पहले कभी नहीं किये थे। दक्षिण अफ़्रीका में उसने जो ज़िन्दगी जी थी, यह उससे बहुत अलग दुनिया थी। वहाँ उसके पास अपना एक बेडरूम था, जो उसकी ज़रूरतों और माँगों के हिसाब से बनाया गया था। उसके पास पूरी दीवार जितनी बड़ी एक अलमारी थी। घर का सबसे अच्छा कमरा उसके पास था। पर अब वो मेरे साथ बेडरूम शेयर कर रही थी और एक फ़ास्ट-फ़ूड जॉइंट में बाथरूम साफ़ कर रही थी।

लेकिन उसने इसे एक रोमांचक यात्रा की तरह देखा। उसने ख़ुद से कहा, "यह तो बस मेरी एक नौकरी है।" और वो काम करती गई। उसने कभी कोई शिकायत नहीं की।

वो पूरे महीने बर्गर और फ्रेंच फ्राइज़ खाती, यह भी उसके लिए एक नया अनुभव था क्योंकि दक्षिण अफ़्रीका में उसे फ़ास्ट फ़ूड नहीं मिलता था। उसने सिर्फ़ एक महीने सफ़ाई-कर्मचारी की तरह काम किया, इसके बाद उसकी तरक़्क़ी हो गई और उसे ड्राइव-थ्रू में असिस्टेंट मैनेजर बना दिया गया।

आख़िरकार टॉस्का को एक नई नौकरी मिल गई जो घर के पास ही थी। इस बार उसे एक महँगे सुपर मार्केट में काम मिला था और अब उसकी तनख़्वाह भी तकरीबन दोगुनी हो गई थी। यह उसके लिए अर्थशास्त्र का एक सबक था जिसे वो ज़िन्दगी-भर नहीं भूली।

आज वो मोलभाव करने में माहिर है और अपने यहाँ काम करने वाले सभी कर्मचारियों के साथ इन्साफ़ करती है। जो लोग मन लगाकर काम करते हैं और दिन में कई-कई घंटे जुटे रहते हैं, उनकी तारीफ़ भी करती है।

टोरंटो में हमारी ज़िन्दगी आसान नहीं थी, पर हम जल्दी ही सब सीख रहे थे और वहाँ के मुताबिक़ ख़ुद को ढाल रहे थे। मैं एक मॉडल के तौर पर काम कर रही थी, पर मुझे क्रेडिट कार्ड नहीं मिल सकता था क्योंकि मेरी कोई क्रेडिट रेटिंग नहीं थी। हर बार मेरी अर्ज़ी ठुकरा दी जाती थी। इसका मतलब यह था कि हम इस दौरान अपने पास जो नकद पैसे होते थे बस उन्हीं के सहारे जी सकते थे। जब भी मुझे मॉडलिंग के लिए पैसे मिलते थे, उसके बाद

हम कुछ और चीज़ें ख़रीदने के क़ाबिल हो जाते थे जैसे कि गर्म कोट और जूते या फिर घर के लिए चादरें और कम्बल।

हमने जाने कितने बैंकों से सम्पर्क किया, पर कार्ड नहीं मिलना था, तो नहीं मिला। वजह यह थी कि मेरा कोई क्रेडिट स्कोर नहीं था और क्रेडिट कार्ड के बिना मैं इस देश में अपना क्रेडिट स्कोर बना भी नहीं सकती थी। अगर मैं अपना क्रेडिट स्कोर नहीं बना पाई तो मेरे लिए नामुमकिन था कि मैं किराए पर कार, घर या कुछ और लेने के लिए लीज़ डॉक्यूमेंट बनवा सकूँ। एक भी बैंक ऐसा नहीं था जो मुझ पर भरोसा करने को तैयार हो।

किसी ने मुझे सलाह दी कि डिपार्टमेंटल स्टोर की शर्तें थोड़ी नरम होती हैं, इसलिए मुझे एक स्टोर कार्ड के लिए अर्ज़ी देनी चाहिए। मुमकिन है कि वे राज़ी हो जाएँ और इस तरह मैं अपना क्रेडिट स्कोर बना सकूँ।

मैं 'ईटन्स' गई, जो एक बहुत बड़ा और शानदार डिपार्टमेंटल स्टोर था।

उन्होंने 'ना' कह दिया।

उन्होंने साफ़ कहा कि उन्हें इस बात की तसल्ली नहीं हो पा रही है कि मैं वक़्त पर भुगतान कर पाऊँगी। तभी मेरी नज़र उनके ऑफिस में डेस्क के ऊपर लगे 'मदर्स डे' के एक पोस्टर पर पड़ी जिसमें मैं ही मॉडल थी। मैंने उन्हें वो पोस्टर दिखाकर अपने बारे में बताया।

वो ख़ुश हो गए और उन्होंने कहा, "हम आपको कार्ड दे रहे हैं।"

इस तरह, मेरी तो जैसे क़िस्मत ही खुल गई। फिर मुझे याद आया कि ईटन्स के शूट के लिए मैं किस तरह गई थी। मैंने यूनिवर्सिटी से एक दिन की छुट्टी ली थी। उसके बाद मैं लोकल ट्रेन और बसों का सफ़र तय करते हुए एक बर्फ़ीले दिन स्टूडियो पहुँची थी। मेरी वह मेहनत रंग लाई।

मैं सौभाग्य लेकर पैदा हुई थी। मेरे माता-पिता बहुत अच्छे थे, जिन्होंने मुझे अच्छी शिक्षा दी। इसके बाद की पढ़ाई मैंने अपने पैसों से की और अपने काम को तीन देशों के आठ शहरों तक फैलाया। मॉडलिंग की नज़र से देखूँ तो मैं अपनी ख़ूबसूरत माँ की तरह दिखती थी और क़द मुझे मेरे आकर्षक पिता से मिला था, ये मेरी ख़ुशनसीबी थी। मॉडलिंग ने मुझे थोड़ी अतिरिक्त

आमदनी करवाई। और अब, इकहत्तर साल की उम्र में, इससे काफ़ी शानदार आमदनी हो रही है। अच्छी क़िस्मत के सिवा, और क्या कहूँ। हाँ यह ज़रूर है कि बीते पचास सालों में मैंने मॉडलिंग की दुनिया में कड़ी मेहनत की है। आज भी अपनी सेहत बनाए रखने, और अपने वज़न को क़ाबू में रखने के लिए मैं रोज़ाना, हर मिनट, हर घंटे बहुत कड़ी मेहनत करती हूँ। यह सिर्फ़ क़िस्मत नहीं है, बल्कि सही मायनों में कड़ी मेहनत है।

अगर आप सुविधाओं में पैदा नहीं हुई हैं, तो आपको अपनी प्रतिभा खोजनी होगी और उस पर कड़ी मेहनत भी करनी होगी। सोशल मीडिया के ज़रिये अपनी प्रतिभा को दोस्तों और दुनिया के सामने रखिए। मैं तो कहूँगी कि आपको भूलना होगा कि आप किन हालात में पैदा हुई थीं। एक कहावत याद रखिए—'इक्कीस साल की उम्र में आप अनाथ नहीं कहला सकतीं'। इसका मतलब यह है कि अपने भावी जीवन की ज़िम्मेदारी आपको ख़ुद उठानी होगी। आप जितनी कड़ी मेहनत करेंगी, क़िस्मत उतने ही आपके क़रीब आती चली जाएगी।

सत्रह

जो चाहती हो, माँगो

ज़िद कामयाबी की ओर ले जाती है

❖

जब बच्चे छोटे थे, तो मैंने हमेशा उन्हें यह सिखाया कि जो तुम्हें चाहिए, वो माँगो।

मेरी बेटी टॉस्का ग्यारह साल की थी जब मैं उसे अमेरिकी गायिका लॉरा ब्रानिगन के कॉन्सर्ट में ले गई थी क्योंकि वो उसकी बहुत बड़ी दीवानी थी। मैं उस रिसॉर्ट के फ़ोटोग्राफ़र को जानती थी, जहाँ कॉन्सर्ट हो रहा था। उसने हमें टिकट दे दिये क्योंकि हमारी हैसियत नहीं थी कि हम इतने महँगे टिकट ख़रीद पाते। उसने टॉस्का को लॉरा की स्टेज पर गाते हुए एक तसवीर भी दी।

अगले दिन, हम एक रेस्त्राँ में एक टेबल पर बैठे थे, और कमाल की बात थी कि पास ही लॉरा ब्रानिगन लंच कर रही थी।

टॉस्का उसका ऑटोग्राफ़ लेना चाहती थी, पर उसे डर लग रहा था। वो बार-बार यही कह रही थी—"मैं उससे ऑटोग्राफ़ नहीं माँग सकती।"

मैंने कहा, "देखो, अगर तुम उससे ऑटोग्राफ़ नहीं माँगोगी, तो ऑटोग्राफ़ अपने-आप तो मिलेगा नहीं। पर अगर तुम उससे जाकर पूछोगी तो हो सकता है कि वो हाँ कह दे।"

टॉस्का ने इस बारे में सोचा और बोली, "ठीक है।" वो वहाँ गई और उससे ऑटोग्राफ़ माँगा।

पहले तो लॉरा ने कहा, "अरे, यह तसवीर तुम्हारे पास कैसे आई?" उसने कभी पहले वो तसवीर नहीं देखी थी। टॉस्का ने उसे बताया कि यह तसवीर रिसॉर्ट के फ़ोटोग्राफ़र ने उसे दी है। इसके बाद लॉरा ने तसवीर साइन कर दी। टॉस्का की ख़ुशी का ठिकाना नहीं रहा। यह उसकी एक बड़ी कामयाबी थी जो वो कभी नहीं भूली।

जब टॉस्का अपनी कम्पनी 'पैशन-फ़्लिक्स' के लिए निवेशक खोज रही थी तो किम्बल ने कहा, "अगर वो तुमसे बार-बार मिल रहे हैं, इसका मतलब है कि उन्हें तुम्हारी कम्पनी में दिलचस्पी है।" और बाद में उसे पता चला कि यह बात एकदम सही थी।

अगर वो पक्के तौर पर न कहते हैं, तो तुम आगे बढ़ जाना।

पर अगर वो 'न' नहीं कहते, तो तुम्हें कोशिश करते रहना चाहिए जब तक कि वो 'हाँ' न कह दें।

हर बार जब मैं किसी नये शहर में जाती थी तो मुझे अपनी न्यूट्रीशन प्रैक्टिस नये सिरे से शुरू करनी पड़ती थी। दक्षिण अफ़्रीका में यह ज़्यादा आसान काम था। वहाँ के डॉक्टर इस बात से हमेशा ख़ुश रहते कि मैं अपना ऑफिस उनके क्लीनिक के पास खोल रही हूँ और फ़ौरन ही मुझे मरीज़ भेजने शुरू कर देते। मुझे लगा था कि क़नाडा में इससे भी ज़्यादा जोश देखने को मिलेगा, पर यहाँ तो मामला इसके उलट था।

ऐसे में अगर मुझे मरीज़ चाहिए थे तो मुझे डॉक्टरों से जाकर कहना था कि मुझे क्या चाहिए। मैंने इसकी शुरुआत टोरंटो में डॉक्टरों को चिट्ठी लिखकर की। मैंने उन्हें लिखा कि मैं उनके मरीज़ों की मदद कर सकती हूँ। लेकिन बाद में मुझे पता चला कि मेरी इस तरह की ज़्यादातर चिट्ठियों को नज़रअन्दाज़ कर दिया गया क्योंकि वो ऑफ़िस मैनेजर या रिसेप्शनिस्ट के हाथ लगती थीं। फिर भी, अगर आप सौ चिट्ठियाँ भेजती हैं तो कुछ जवाबों की उम्मीद तो कर ही सकती हैं।

जब मैंने चिट्ठियों की पहली खेप टोरंटो रवाना की, मुझे लगा कि मेरा फ़ोन ख़राब हो गया है क्योंकि मुझे कोई फ़ोन नहीं कर रहा था। मैंने डॉक्टरों के क्लीनिक में फ़ोन करना शुरू किया। ज़्यादातर ऑफ़िस मैनेजर या रिसेप्शनिस्ट ने कहा कि डॉक्टर आपसे मिलना नहीं चाहते। मुझे लगा कि मुझे अन्य डॉक्टरों को फ़ोन करते रहना चाहिए, मुमकिन है कि किसी तरह बीस लोग तो मिलने के लिए राज़ी हो ही जाएँ, और ऐसा ही हुआ। मैं अपनी ही सलाह पर चल रही थी—"पक्के तौर पर 'हाँ' जैसी कोई चीज़ नहीं होती, पर अगर तुम पूछोगी नहीं तो जवाब 'न' ही होगा'।"

मैं वेटिंग रूम में बैठी रहती, कभी-कभी तो एक-एक घंटे और अपने अपॉइंटमेंट का इन्तज़ार करती। मैं डॉक्टरों से इल्तिजा करती कि वे अपने ऐसे मरीज़ मेरे पास भेजें, जो प्री-डायबिटीज़, हाई कोलेस्ट्रॉल और हाई ब्लड प्रेशर से पीड़ित हैं। मुझे पता था कि अगर मैं ऐसे मरीज़ों की खानपान की आदतों में सुधार ला पाई तो तीन महीने के अन्दर उनके ब्लड टेस्ट के नतीजे बेहतर आने लगेंगे। इससे एक फ़ायदा और था, दवाओं के साइड-इफ़ेक्ट से बचा सकता था।

डॉक्टर अपने मरीज़ों को मेरे पास भेजने से हिचक रहे थे। उनका कहना था—"न्यूट्रीशन काउंसलिंग इंश्योरेंस में शामिल नहीं है जबकि वज़न घटने की दवाएँ इसमें शामिल होती हैं।"

या फिर वो कहते, "मरीज़ आपकी बात नहीं मानेंगे।"

मुझे पता था कि मरीज़ ज़रूर सुनेंगे, बस मुझे एक मौक़ा तो मिले। अगर डॉक्टर अपने कुछ मरीज़ों को मेरे पास भेजें, तो मैं उन्हें बेहतर नतीजे दे सकूँगी। जब आपका खानपान एकदम सही हो तो आपके भीतर ज़्यादा ऊर्जा रहती है और आपको बहुत अच्छा महसूस होता है पर इसमें वक़्त लगता है और इसके लिए निरन्तरता चाहिए। यही मेरी न्यूट्रीशन काउंसलिंग का आधार था। आख़िरकार चार डॉक्टरों ने ट्रायल के तौर पर मेरे पास कुछ मरीज़ भेजे।

असली नतीजे रातोंरात नहीं आते। एक मरीज़ अपने टेस्ट के नतीजे लेकर

आता है और बताता है कि उसे हाई ब्लड शुगर है। तीन महीने बाद अगर वो अपने खान-पान की मेरी बताई योजना पर टिका रहता है तो उसका वज़न दस किलो घट सकता है। उसका ब्लड शुगर नॉर्मल हो सकता है और डायबिटीज़ का उसका जोखिम भी कम हो सकता है।

एक बार जब मरीज़ों के नतीजों में काफ़ी सुधार नज़र आने लगा और डॉक्टरों की नज़र इस पर गई तो धीरे-धीरे मेरी व्यस्तता बढ़नी शुरू हो गई। छह महीने की मेहनत लगी, इसके बाद मैं सुबह साढ़े सात बजे से रात साढ़े सात बजे तक मरीज़ देख रही थी। सप्ताहांत और छुट्टियों के दिन मैं काग़ज़ात तैयार करती और मरीज़ों की रिपोर्टें भेजती। इसके अलावा और भी डॉक्टरों को अपने परिचय वाली चिट्ठियाँ भेजती, जिनमें मेरे काम के बारे में बताने वाले कुछ ब्रोशर भी होते। मीडिया का सहारा लेने के लिए मैंने अख़बारों, मैगज़ीनों और टी.वी. चैनलों से सम्पर्क करना शुरू किया, जो आसान काम नहीं था। उनकी मुझमें कोई दिलचस्पी नहीं थी क्योंकि तब तक मुझे कोई नहीं जानता था।

मैं अपने-आप को एक जाना-पहचाना नाम बनाना चाहती थी इसलिए मैंने डायटीशियनों के सम्मेलनों में जाना शुरू किया, वहाँ लेक्चर देने शुरू किये ताकि मुझे बोलने के और भी मौक़े मिल सकें। यह भी एक लम्बी मुहिम थी। मैंने न्यूट्रीशन पर एक लेक्चर दिया और इसके बाद मैंने कम्पनियों को अपने ब्रोशर भेजे। इसके बाद मैंने एक और लेक्चर दिया और फिर कुछ और ब्रोशर भेजे। इस तरह मैंने एक के बाद एक कई लेक्चर्स दिये और इस तरह बतौर सलाहकार मुझे फ़ूड इंडस्ट्री में काम मिलना शुरू हो गया। जल्दी ही मैं ओन्टारियो में कंसल्टिंग डायटीशियंस की संस्था की चेयरमैन बन गई, फिर कनाडा के डायटीशियनों की संस्था की प्रेसीडेंट। अब मीडिया मेरे पीछे पड़ा रहता था। उसे ख़बरों पर मुझसे टिप्पणी चाहिए होती थी या फिर न्यूट्रीशन के बारे में जानकारी हासिल करनी होती थी।

1994 में, यानी हमारे टोरंटो आने के चार साल बाद मैंने कनाडा के डायटेटिक एसोसिएशन के लिए एक लेक्चर दिया, जहाँ श्रोताओं में किसी प्रकाशन संस्था की एक प्रतिनिधि भी मौजूद थी।

लेक्चर के बाद वो मेरे पास आई, और उसने मुझसे कहा, "मैं चाहती हूँ कि आप एक किताब लिखें।"

ऐसा इसलिए हुआ क्योंकि मैं डटी रही।

कुछ महिलाएँ शरमाती हैं या उनमें आत्मविश्वास की कमी होती है या उन्हें यह डर होता है कि उन्हें ठुकरा दिया जाएगा। इसलिए वे जो चाहती हैं उसे कह या कर नहीं पातीं। मर्दों में आमतौर पर यह दिक़्क़त नहीं होती क्योंकि वो मानते हैं कि वे कमाल के हैं और बेहतर नौकरी, तरक़्क़ी, ज़्यादा फ़ायदे या खिड़कियों वाले कोने के ऑफिस के हक़दार हैं। भले ही वो बुरे या नाक़ाबिल हों। हमने अक्सर ऐसा ही देखा है।

मुझे याद है कि मुझे एक ऐसी महिला मिली जिसकी हाल ही में नौकरी गई थी। मैंने उससे पूछा कि दूसरी नौकरी खोजने के लिए वह कहाँ जा रही है। उसने जवाब दिया वो भगवान के भरोसे बैठ गई है, कुछ-न-कुछ तो ज़रूर हो जाएगा। मैंने उससे कहा, "इससे अच्छा होगा कि आप अपना बायोडेटा भेजती रहें।" अगर आप बीस जगह बायोडेटा भेजती हैं और इसके बावजूद नौकरी नहीं मिलती है तो समझ लीजिए कि आपकी हालत मेरे जैसी है।

याद रखिए कि कभी-कभी डटे रहना कारगर रहता है, हमेशा नहीं। अगर आप पूछें और सामने वाला न कह दे तो आपको आगे बढ़ जाना चाहिए। लेकिन हाँ, अगर आपको कुछ चाहिए तो लगातार कोशिश करनी पड़ती है।

अठारह

बेहतरीन महसूस करो

निराशा को पास भी न फटकने दो

❖

मेरे सारे बच्चे अलग-अलग यूनिवर्सिटीज़ में पढ़ने गए जो उन्होंने ख़ुद चुने थे। मैं टोरंटो यूनिवर्सिटी में पढ़ रही थी, और अगर मेरे बच्चे मेडिसिन या क़ानून की पढ़ाई करना चाहते तो वो वहाँ मुफ़्त में पढ़ सकते थे। वे मेरे साथ रह सकते थे जिससे किराया और खाने का ख़र्च भी बचता। पर सबने अपनी मर्ज़ी से अपनी यूनिवर्सिटी चुनी। इलॉन ने फ़िज़िक्स और बिज़नेस चुना। किम्बल ने भी बिज़नेस चुना और टॉस्का ने फ़िल्म को चुना। अपने-अपने लोन और स्कॉलरशिप का इन्तज़ाम उन्हें ख़ुद करना था और अपनी पढ़ाई का ख़र्च भी जुटाना था और उन्होंने ये सब किया। मुझे ख़ुशी है कि उन्होंने अपनी आज़ादी चुनी और अपने-अपने रास्तों पर गए। शायद वे मेरे बनाए बींस का सूप पीते-पीते थक गए थे।

लोगों ने कहा कि बच्चों के चले जाने के बाद मैं 'एम्पटी नेस्ट सिंड्रोम' से जूझूँगी क्योंकि अब तक मैं अपने बच्चों के लिए जीती आ रही थी। मुझे लगा कि वे सही कह रहे हैं क्योंकि मेरे बहुत सारे मरीज़ इसलिए उदास रहते थे क्योंकि उनके बच्चे बाहर चले गए थे। मैंने सोचा कि ऐसा मेरे साथ भी होगा।

पर असल में ऐसा नहीं हुआ, मुझे अच्छा लगा। इसलिए जो परेशानियाँ दूसरे लोगों के साथ होती हैं वो आपके साथ भी हों, ये ज़रूरी नहीं है। मुझे नब्बे साल के एक व्यक्ति की कही बात याद आ गई—"आप जिन 95 प्रतिशत चीज़ों के लिए डरते हैं, वो कभी होती ही नहीं हैं।"

जब टॉस्का भी चली गई तो मैंने सोचा, "इतनी आज़ादी मिलेगी, मैंने कभी सोचा नहीं था।"

बीस साल में पहली बार मैं एकदम अकेली जी रही थी। अब मैं रात को कसरत कर सकती थी, घर पर खाना हो या न हो मुझे कोई फ़र्क़ नहीं पड़ता था, और मैं बिना कपड़ों के भी टहल सकती थी। वैसे एक बार जब मैंने ऐसा करके देखा तो मुझे समझ में आया कि कम-से-कम टी-शर्ट पहन लेना ज़्यादा अच्छा रहता है। यह सब तब तक चला जब तक कि किताब का कॉन्ट्रैक्ट (अनुबन्ध) नहीं हो गया। इसके बाद मैं रात को क़रीब पाँच घंटे लिखती थी और सप्ताहांत में क़रीब बारह घंटे। किताब का पहला ड्राफ़्ट तैयार करने में मुझे तीन महीने लगे।

इसे अपने बच्चों के साथ साझा करने के लिए मैं बेताब थी।

महीने में एक बार, मैं अपने किसी एक बच्चे के पास चली जाती थी। मैं हर महीने दो हज़ार डॉलर बचाती थी और इतने में बच्चों के पास जाने का प्लेन का किराया और बाक़ी सारा ख़र्च निकल आता था। मैं सबसे सस्ती फ़्लाइट खोजती और बस से एयरपोर्ट जाती, क्योंकि टैक्सी करने लायक़ पैसे मेरे पास होते नहीं थे। कभी-कभी मुझे डेढ़ सौ डॉलर में फ़्लाइट मिल जाती थी। और बाक़ी का पैसा मैं अपने बच्चों पर ख़र्च कर देती थी। उनकी ज़रूरतों को पूरा कर देती थी। फिर चाहे वो खाना हो, कपड़े हों या फिर फ़र्नीचर।

मैं इलॉन से मिलने के लिए व्हार्टन जा रही थी। मैंने पूछा, "बोलो इलॉन, तुम क्या करना चाहते हो।"

इलॉन बोला, "चलो मॉम, न्यूयॉर्क घूमकर आते हैं।"

हमने न्यूयॉर्क की ट्रेन ली, यहाँ-वहाँ टहले और पर्यटकों की तरह घूमे भी। इसके बाद जब हम रॉकफ़ेलर सेंटर में बैठे हुए थे, मैंने उसे अपनी किताब की

पांडुलिपि पढ़ने के लिए दी जो कैलोरीज़, मेटाबॉलिज़्म, ज़रूरी पोषक तत्त्वों वग़ैरह के बारे में थी। ये बड़ी दिलचस्प जानकारियाँ थीं।

इलॉन ने वो किताब पढ़नी शुरू की और फिर उसने मुझसे कहा, "मॉम, बड़ी बोरिंग किताब है।"

मैंने कहा, "क्या मतलब है तुम्हारा?"

उसने कहा, "आप दिन में पच्चीस मरीज़ क्यों देख रही हैं? वे क्या जानना चाहते हैं?"

मैंने कहा, "अरे, मरीज़ मेरे पास न्यूट्रीशन के बारे में सलाह लेने आते हैं।"

"और वही सलाह आपने इस किताब में शामिल कर दी है," उसने कहा।

इतनी कम उम्र में भी इलॉन की बुद्धिमानी कमाल की थी। मैंने उसकी राय मान ली। इसके बाद जब भी कोई मरीज़ मुझसे सलाह लेने आता तो मैं उससे कहती कि देखिए, मैं एक किताब लिख रही हूँ और उससे इजाज़त लेती थी कि क्या मैं इस सेशन के बारे में नोट्स ले सकती हूँ, पर मैं आपके नाम के साथ इसका ज़िक्र नहीं करूँगी।

वे किताब के बारे में तरह-तरह की सलाह देते थे। आहार की योजना के अलावा वे चाहते थे कि मैं किताब में समाज में प्रतिष्ठा प्राप्त करने और आत्मविश्वास बढ़ाने के बारे में भी बात करूँ। चूँकि जब मरीज़ मेरे पास आते थे तो मैं अक्सर उन्हें अपनी हेयर-स्टाइल बदलने, कपड़ों की शैली बदलने, सीधे खड़े होने और मुस्कराने के बारे में कहती थी।

मैंने इस सबके बारे में भी किताब में लिखा। इसके बाद जब मैंने इसे अपने बच्चों को दिखाया तो इस बार वो थोड़े उत्साहित नज़र आए। मुझे सबसे मदद मिली। छोटे बेटे किम्बल ने मेरी पहली किताब को पाँच बार सम्पादित किया। बेटी टॉस्का ने मुझे बताया कि उसने यह किताब छह बार सम्पादित की थी। मुझे याद है कि मेरी माँ इस किताब को ज़ोर-ज़ोर से पढ़ती थीं ताकि जान सकें कि वो रोचक बन पड़ी है या नहीं। मैं ख़ुशक़िस्मत हूँ कि मुझे ऐसा परिवार मिला जहाँ सब कामयाब होने में एक-दूसरे की मदद करते हैं।

जब प्रकाशक को यह किताब मिली, तो उन्होंने बताया कि यह पढ़कर उन्हें बड़ा अच्छा महसूस हुआ और उनका मन सुकून से भर गया। उन्होंने यह भी कहा कि कवर पेज पर हम आपकी तसवीर देना चाहते हैं जिसके लिए उन्होंने मुझे फ़ोटोशूट के पैसे दिये और मैंने अपनी जान-पहचान के एक फ़ोटोग्राफ़र से फ़ोटोशूट कराया। जूलिया ने मेरी स्टाइलिंग की। मैंने एक लाल स्लैक-सूट पहना, जो तब तक का मेरा सबसे महँगा सूट था। हालाँकि मैंने

इसके सारे पैसे वसूल लिये थे क्योंकि मैंने इसे अपने कई लेक्चर्स में पहना। उन दिनों सोशल मीडिया तो था नहीं, इसलिए किसी को एहसास तक नहीं हुआ कि मैं हर लेक्चर में ऐक ही सूट पहनकर आ रही हूँ।

आख़िरकार, ऐसा लगा कि अब मेरा करियर बाक़ायदा चल पड़ा है। मेरे लेक्चर्स की बुकिंग भी लगातार बढ़ रही थी और इससे मेरी किताब की बिक्री में भी मदद मिल रही थी। इसी तरह, एक बार मुझे केलॉग्स के हेडक्वार्टर में बोलने के लिए बुलवाया गया। मैंने वहाँ अच्छे आहार और आत्मविश्वास के बारे में बात की क्योंकि इससे आप बेहतर महसूस करते हैं। जब आप पोषण से भरपूर खाना खाते हैं और आपके भीतर ज़्यादा ऊर्जा होती है तो आपका आत्मविश्वास भी बढ़ जाता है। यहाँ मुझे एक बहुत बड़ी कामयाबी मिली जब केलॉग्स ने मेरे प्रकाशक से सम्पर्क किया और कहा कि वे मेरी किताब के कवर को एक ख़ास 'K सीरियल्स' के बॉक्स पर छापना चाहते हैं, और इसके ज़रिये वे महिलाओं के आत्मविश्वास को बढ़ाने का एक अभियान चलाना चाहते हैं तो मेरी ख़ुशी का ठिकाना नहीं रहा।

मैं ऐसी पहली डायटीशियन थी जिसकी किताब का कवर ब्रेकफ़ास्ट-सीरियल के बॉक्स पर छपने जा रहा था, और किताब के कवर पर भी मेरी ही तसवीर थी। इससे सच में मुझे लगा कि मैं ख़ास बनती जा रही हूँ। केय जब भी सुपर मार्केट जाती तो यह देखकर बहुत ख़ुश होती कि मेरे सीरियल बॉक्स को एक पूरी शेल्फ़ में ख़ास तरह से सजाकर पेश किया गया है।

एक बार उसने वहाँ से गुज़रते एक अनजान व्यक्ति से कहा, "वो देखो, मेरी जुड़वाँ बहन का पोस्टर।" लेकिन वो अजनबी व्यक्ति ख़ुश होने के बजाय भाग खड़ा हुआ। जब केय ने मुझे यह घटना बताई तो हम बहुत हँसे। हँस-हँसकर लोटपोट हो गए।

*

यह वो दौर था जब मेरे भीतर अपनी प्रैक्टिस, बच्चों की पढ़ाई और अपनी किताब को लेकर बहुत आत्मविश्वास आ गया था। मैं लम्बे समय से किराये के घर में ही रह रही थी लेकिन छियालीस साल की उम्र में मुझे लगा कि मैं

एक नई चुनौती उठाने को तैयार हूँ जो थी अपना घर ख़रीदने की चुनौती। मुझे लगा कि अब इसका वक़्त आ गया है।

मैंने कुछ पैसे बचा रखे थे और टोरंटो में मेरे ऑफ़िस के पास एक ख़ूबसूरत, छोटा-सा दो मंज़िला मकान बिक रहा था। उस दौर में, कनाडा में आपको सिर्फ़ पाँच प्रतिशत डिपॉज़िट देना पड़ता था। उस घर की क़ीमत थी दो लाख डॉलर और मेरे पास दस हज़ार डॉलर बैंक में थे। यह पहला मौक़ा था जब मैं कुछ पैसे बचा पाई थी।

मैं बैंक गई और अपनी एप्लिकेशन एक महँगे शॉपिंग मॉल में भरी। मुझे लगा कि जब मैनेजर मुझे वहाँ मॉडलिंग करते देखेगा तो इसका उस पर अलग ही असर पड़ेगा। बैंक को पता था कि मैं काम करती हूँ। मुझे पूरा यक़ीन था कि वे मेरा एप्लिकेशन स्वीकार कर लेंगे। लेकिन दो हफ़्ते बीतने पर भी जब कोई ख़बर नहीं आई तो मैं फिर से बैंक गई और पूछा, "आपने तो कहा था कि आप मेरे एप्लिकेशन के बारे में एक हफ़्ते के अन्दर बता देंगे, क्या हुआ?"

मैनेजर काफ़ी शर्मिन्दा हुआ और उसने कहा, "आपकी अर्ज़ी मंज़ूर नहीं की गई है।"

उसने कहा कि पिछले पाँच सालों में मेरी आमदनी बहुत ज़्यादा नहीं रही है। और चूँकि अपनी प्रैक्टिस भी मैं अकेले अपने दम पर चला रही हूँ इसलिए मुझे लोन देना बैंक के लिए बहुत ज़्यादा जोखिम भरा होगा।

मुझे हैरत हुई और मेरी सारी अकड़ निकल गई। मैं बैंक के लिए एक बेहतरीन ग्राहक थी और उन लोगों ने मुझे अपने ही शॉपिंग मॉल में मॉडलिंग करते हुए देखा था लेकिन मेरी एप्लिकेशन को ठुकरा दिया गया था। ख़ैर, मुझे अपनी प्रैक्टिस पर फिर से ध्यान देना था। मेरे पास इतना वक़्त नहीं था कि अपनी निराशा को लेकर बैठी रोती रहूँ। मेरे लिए इसका मतलब यही था कि अब घर लेने में देर होगी और ख़ुद को साबित करने के लिए मैं इससे ज़्यादा बचत करके दिखाऊँगी।

*

जब यह सब चल रहा था तो मेरा छोटा बेटा किम्बल टोरंटो में काम कर रहा था, और रोज़ आकर मेरे ऑफिस के फ़ोन से इलॉन से बात करता था जिसकी वजह से फ़ोन का बिल आठ सौ डॉलर आया। मैंने उससे कहा कि उसे भी पालो आल्टो, कैलिफ़ोर्निया जाकर इलॉन के साथ काम करना चाहिए। इसलिए वो सिलीकॉन वैली चला गया, ताकि दोनों भाई मिलकर इंटरनेट के दौर में तेज़ी की शुरुआत में अपनी पहली टेक्नोलॉजी कम्पनी लॉन्च कर पाएँ। उनकी कम्पनी का नाम था 'Zip-2', जो आपको किसी भी सड़क या किसी के भी घर तक का ऑनलाइन नक़्शा दिखाती थी और इन नक़्शों को वे दुनिया के बड़े अख़बारों के साथ मिलकर ऑनलाइन लाए थे। यह एकदम नया आइडिया था। मुझे लगा कि यह बहुत ही शानदार था, लोगों की ज़िन्दगी को बेहतर बनाने वाला आइडिया। अपने बेटों के सहयोग के लिए मैं कुछ भी करने को तैयार थी। जब वो अपने कारोबार की योजना बना रहे थे तो मैं हर छह हफ़्ते में उनके पास जाती थी। मैं उनके लिए खाना, कपड़े और फ़र्नीचर ख़रीदती और छपाई का उनका सारा ख़र्च भी उठाती थी। चूँकि अमेरिका में उन्हें क्रेडिट कार्ड नहीं मिल पा रहा था इसलिए वे कनाडा का मेरा क्रेडिट कार्ड इस्तेमाल कर रहे थे।

उनके तकरीबन सारे पैसे ख़त्म हो गए थे और कारोबार आगे बढ़ाने के लिए उन्हें पैसों की ज़रूरत थी। सौभाग्य से, मेरे पास अभी भी दस हज़ार डॉलर बैंक में पड़े थे। मैंने ये पैसे उन्हें दे दिये क्योंकि वे जो कुछ कर रहे थे, उसकी कामयाबी पर मुझे पूरा यक़ीन था।

उनकी निवेशकों के साथ मीटिंग से एक रात पहले किम्बल और मैं किंको'ज़ गए, ताकि उनके प्रेज़ेंटेशन का रंगीन प्रिंटआउट निकलवा सकें। इसके पैसे मैं दे रही थी क्योंकि एक पेज के प्रिंट की क़ीमत थी एक डॉलर, जो काफ़ी महँगा था।

अगली सुबह, हम सब थककर पस्त थे क्योंकि हममें से कोई भी एक पल के लिए भी नहीं सोया था। पर इलॉन एकदम तरोताज़ा था क्योंकि वो कभी सोता ही नहीं था। वो हमेशा देर रात तक अपने प्रोग्राम की कोडिंग करता रहता था।

बीते कई महीनों से दोनों भाई बहुत सारे निवेशकों से मिल रहे थे और अपने आइडिया को पेश कर रहे थे। उस सुबह भी वे दो निवेशकों से मिले, जिन्होंने अपना पहला ऑफ़र दे दिया था। हम ख़ुशी के मारे जैसे पागल हो गए थे।

उस रात मैंने कहा, "चलो शहर के सबसे अच्छे रेस्तराँ में चलते हैं।"

हम एक शानदार रेस्तराँ में गए और हम पूरी तरह से पस्त व मलिन नज़र आ रहे थे, पर वहाँ का स्टाफ़ हमारे साथ बहुत अच्छी तरह पेश आया। हमें आज तक नहीं पता कि उन्होंने हमारे साथ इतना अच्छा बर्ताव क्यों किया था। मुझे तो यह भी याद नहीं कि तब हमने खाया क्या था। दरअसल उस वक़्त हम 'जैक इन द बॉक्स' यानी सस्ता या फ़टाफ़ट खाने लायक़ खाना खाते थे। और वो भी ऐसे रेस्तराँ से जो रात दो बजे भी खुले रहते हों। किम्बल ने मुझसे कहा कि वह आज भी उनके चिकन फ़जीता पीटा का स्वाद ले सकता है।

बिल आया, मैंने पैसे दिये और ऐलान किया, "आज आख़िरी बार तुम लोग मेरा क्रेडिट कार्ड देख रहे हो।"

और ऐसा ही हुआ।

तो कुल मिलाकर यहाँ मैं यह कहना चाहती हूँ कि कभी भी निराशा के सागर में डूबना नहीं चाहिए। अगर आप निराशा का सामना कर रही हैं तो किसी और दिशा में चली जाएँ। अगर आपको निकाल दिया गया है या आपको नौकरी नहीं दी जा रही है तो उसे भूल जाएँ और बस चलती चली जाएँ। अगर आपके होम लोन का एप्लिकेशन ठुकरा दिया गया है, तो कोई बात नहीं। अपनी क्रेडिट रेटिंग को बेहतर बनाने की कोशिशों में जुट जाएँ। ये सब मेरे साथ बार-बार हुआ। मैं तो शादी और रिश्तों तक में कामयाब नहीं रही। कई ऐसी नौकरियाँ थीं जिनमें मुझे बार-बार ठुकरा दिया गया। मेरी ज़िन्दगी इतनी ज़्यादा पटरी से उतर गई थी कि मैं अलग-अलग देशों और शहरों में भटक रही थी।

रिश्तों में भी मेरा यही हाल था कि एक बॉयफ्रेंड ने मुझे छोड़ दिया तो मैं छह महीने तक उदास पड़ी रही। इसके बाद फिर से छोड़ दिये जाने पर तीन महीने उदास पड़ी रही। इसके बाद तीन हफ़्ते और इसके बाद तीन दिन। आज मैं सोचती हूँ कि काश शुरुआत में मैं इतनी ज़्यादा निराश न हुई होती। निराशा

में डूबने से आपका सारा आकर्षण चला जाता है। लोग आपसे चिढ़ने लगते हैं और आपसे दूर होने लगते हैं। जब न्यूट्रीशन के मेरे मरीज़ उदास चेहरा लिए मेरे पास आते तो मैं उनसे कहती थी ज़रा तनकर, मुस्कराते हुए चलिए। मैं नहीं चाहती थी कि वे मेरी ज़िन्दगी में भी उदासी के रंग भर दें। वे हँस

पड़ते और इस सलाह के लिए मेरा शुक्रिया अदा करते। जब मुझे मॉडलिंग से अतिरिक्त आमदनी की बहुत ज़्यादा ज़रूरत थी और मुझे उस काम के लिए नहीं चुना गया, जिसके बारे में मेरा मानना था कि वो तकरीबन मुझे मिल ही गया है, तो मैं बहुत डर गई थी। लेकिन अब मेरी आदत पड़ चुकी है। और अब अगर ऐसा हो तो मैं कहती हूँ कि चलो इस तरह मुझे अपने डॉगी के साथ कुछ वक़्त बिताने का मौक़ा तो मिला। जब मैं घर पर रहती हूँ, मेरा डॉगी ख़ुशी से झूम उठता है। उम्र बढ़ने का एक सबसे बड़ा फ़ायदा यह है कि जब आपका किसी निराशा से सामना होता है, तो यह आपके लिए कोई नई बात नहीं होती। आप जल्दी उससे उबर जाती हैं।

मैं आपको यही सलाह दूँगी कि जितना हो सके उतनी ज़्यादा सकारात्मक रहें। वक़्त सब ठीक कर देता है। भले ही मैं निराशा से देर से उबरी, पर आपको बाहर आने में इतनी देर नहीं लगानी है। और हाँ, एक डॉगी पालना भी अच्छा रहता है।

उन्नीस

आगे बढ़ो

सबसे अच्छा होता है नई शुरुआत करना

❖

सब लोग किसी-न-किसी वजह से एक जगह से दूसरी जगह जाते हैं। लेकिन कहीं भी जाने के लिए आपके पास एक ठोस वजह होनी चाहिए क्योंकि किसी दूसरी जगह जाना आसान नहीं होता।

मेरी माँ अपना कारोबार शुरू करने के लिए (कनाडा में) मूस जॉ से रेजीना गईं, और इस बीच उन्होंने न्यूयॉर्क और शिकागो जैसे बड़े शहरों में डांस की ट्रेनिंग ली। मेरे पिता भी जिस फ़ार्म में पले-बढ़े थे उसे छोड़कर कायरोप्रैक्टर बनने के लिए बाहर निकले और रेजीना आ गए, जहाँ उनकी मुलाक़ात मेरी माँ से हुई। जब हम दक्षिण अफ्रीका गए तो उन्होंने बसने के लिए प्रिटोरिया को चुना क्योंकि वहाँ जकारांडा के ख़ूबसूरत बैंगनी फूल होते थे।

सबसे पहले मैं अपनी पढ़ाई या करियर के लिए बाहर निकली। उसके बाद मैं तब बाहर निकली जब मुझे लगा कि मुझे निकलना चाहिए, या फिर मैं ख़राब परिस्थितियों से दूर जाना चाहती थी। और उसके बाद जब मैं बाहर निकली तो अपने बच्चों के पास जाने के लिए निकली या ऐसी जगहों पर जाने के लिए निकली, जहाँ जाने से मुझे ख़ुशी मिलती। कभी-कभी मैं बहुत बेचैन

हो जाती हूँ और नये शहरों व नये देशों में घूमना चाहती हूँ और नई संस्कृतियों के बारे में जानना चाहती हूँ। मेरी जुड़वाँ बहन केय कहती है कि मेरे पैरों में पहिए लगे हैं। जब मेरे बच्चे दूसरे शहरों या देशों में गए तो वो नये मौक़ों की तलाश, पढ़ने या अपने परिवार को बनाने के लिए गए। उनके साथ रहने के लिए मैं वहाँ गई, फिर कहीं और चली गई और फिर उनके पास चली गई।

वयस्क होने पर मैं तीन देशों और नौ शहरों में रही। कहीं जाना हमेशा मुश्किल होता है। ख़ासतौर पर नये देशों में जाना तो और भी बड़ी मुहिम है। जब कनाडा का क़ानून बदला और मैं अपने बच्चों को अपनी नागरिकता देना चाहती थी क्योंकि वे उत्तरी अमेरिका जाना चाहते थे, इस प्रक्रिया में कई महीने लग गए—काग़ज़ात तैयार करने के लिए हमें कई बार लाइन में लगना पड़ा, इन्तज़ार करते हुए बैठे रहना पड़ा, सलाह लेने के लिए अनुरोध करना पड़ा और न जाने कितने काग़ज़ात जमा करने पड़े पर हर बार कुछ और नये काग़ज़ात की माँग की जाती थी। इसके बाद जब आख़िरकार मुझे कनाडा की नागरिकता मिल गई तो लोगों ने मुझसे कहा कि अरे आपको तो इतने काग़ज़ात की ज़रूरत ही नहीं थी क्योंकि आप तो कनाडा में ही जन्मी हैं, ज़रा सोचिए।

मैं दो बार टोरंटो और तीन बार न्यूयॉर्क गई। पर मैं बहुत पहले से योजना बनाती थी। हमेशा वही चीज़ें साथ ले जाती थी जिन्हें ले जाना किफ़ायती हो। मैं बहुत सारे रिसर्च जर्नल भी पैक कर लेती थी, जो बहुत ज़्यादा भारी होते थे और बहुत जगह घेरते थे, साथ ही उन्हें ले जाना महँगा भी पड़ता था। शुक्र है कि आज इंटरनेट के आ जाने के बाद मुझे बस अपना लैपटॉप लेकर जाना पड़ता है। अब तो रिसर्च का सारा काम ऑनलाइन हो गया है। आपको एकदम तरतीब से रहना पड़ता है, लेकिन ज़रूरी ये है कि चाहे वो घर की चीज़ें हों या आपके मन में पड़ी चीज़ें—बेकार की चीज़ों से आप जल्दी-से-जल्दी पीछा छुड़ा लें।

हालाँकि टोरंटो में मैं ख़ुश और कामयाब थी, मेरे बच्चे चाहते थे कि मैं उनके क़रीब रहूँ। मैं भी वहाँ से कभी कहीं नहीं जाना चाहती थी। मैंने सोच लिया

था कि अब तो हमेशा टोरंटो में ही रहना है। मेरी योजना यही थी। पर शायद अब नई योजना का वक़्त आ गया था।

अमेरिका जाना कहीं और जाने से ज़्यादा मुश्किल था। मेरे पिता मिनियापोलिस में पैदा हुए थे इसलिए मैं टोरंटो में अमेरिकी कॉन्स्यूलेट जनरल के पास यह पता लगाने के लिए गई कि क्या मुझे अमेरिकी नागरिकता मिल सकती है। मैं कई घंटों तक अमेरिका जाने की चाहत में इन्तज़ार कर रहे दो सौ लोगों के साथ बैठी रही। इसके बाद मुझे कई फ़ॉर्म भरने को दिये गए और यह भी कहा गया कि मैं जो भी काग़ज़ात लगाऊँगी उनके साथ सबूत भी जमा करने होंगे। छह महीने तक कॉन्स्यूलेट जनरल के दफ़्तर के चक्कर काटने और लगभग आधे दिन के इन्तज़ार के बाद पता लगा कि मुझे अमेरिकी नागरिकता इसलिए नहीं मिल सकती क्योंकि मेरे पिता मेरे पैदा होने से छह साल पहले ही कनाडा चले गए थे, यानी यह दरवाज़ा तो बन्द हो गया था। इसके बाद मुझे एक H1B वीज़ा के लिए एप्लिकेशन देनी पड़ी, जिसमें कई महीने लग गए।

अड़तालीस साल की उम्र में मुझे अपने दम पर पढ़ाई करनी पड़ी ताकि मैं अमेरिकी परीक्षाएँ पास कर सकूँ और अमेरिका में न्यूट्रीशन की प्रैक्टिस कर सकूँ। इसका मतलब था कि मुझे अभी और बहुत सारी बायोकेमिस्ट्री पढ़नी थी। लेकिन मुझे ये सब अब मीट्रिक के बजाय इम्पीरियल सिस्टम में पढ़ना था, यानी औंस, पाउंड, फ़ुट और इंच में जबकि बाक़ी सारी दुनिया में मीट्रिक सिस्टम का ही इस्तेमाल किया जाता है। आपको यक़ीन नहीं होगा कि दोनों सिस्टम सीखना कितना मुश्किल होता है। लेकिन जब आप अन्तरराष्ट्रीय तरीक़ा सीख लेते हैं तो इससे काफ़ी मदद मिलती है।

उस वक़्त मेरा साइटिका का दर्द बहुत बढ़ गया था, इसलिए मैं लोगों से मिल-जुल नहीं पा रही थी। पर मैं दर्द सहते हुए भी किसी तरह काम कर रही थी। मैं पीठ के बल लेटती और पढ़ती रहती। बीमारी को मैंने अपने फ़ायदे के लिए इस्तेमाल कर लिया था। हैरत की बात थी कि मैं परीक्षाओं में पास हो गई। मैंने टोरंटो की अपनी प्रैक्टिस का सारा सामान बेच दिया और अपने बेटों के साथ माउंट-व्यू चली गई।

पर जब मैं वहाँ पहुँची तो पता चला कि वहाँ न तो पहाड़ हैं और न ही

कोई व्यू। और बच्चे भी नहीं थे क्योंकि वे दिन-रात काम कर रहे थे। किम्बल को तो अब याद भी नहीं है कि उन दिनों मैं उसके और इलॉन के साथ तीन हफ़्ते तक रही थी। और ठीक भी है, क्योंकि वो दोनों लगातार काम कर रहे थे।

मैंने कहा, "मुझे अपने तरीक़े से जीना है। मैं किसी बड़े शहर में जाना चाहती हूँ। मैं सैन-फ्रांसिस्को जाना चाहती हूँ।"

*

मेरा बजट बहुत कम था क्योंकि अभी तो मुझे अपनी प्रैक्टिस शुरू करनी थी, और कनाडा में अपनी प्रैक्टिस बेचकर मैंने जो पैसे हासिल किये थे, वो यहाँ बहुत ज़्यादा वक़्त तक चलने वाले नहीं थे।

मैंने छोटे बेटे किम्बल की कार उधार ली और ख़ुद ड्राइव करती हुई सैन-फ्रांसिस्को गई ताकि रहने के लिए एक फ़्लैट खोज सकूँ। चूँकि अमेरिका में मेरे पास क्रेडिट कार्ड नहीं था, इसलिए मैं वहाँ सूट पहनती थी ताकि मैं इज़्ज़तदार दिखूँ। मेरे पास बैंक-गारंटी का चेक था और मैं किराए का घर हासिल करने के लिए लम्बी-लम्बी लाइनों में इन्तज़ार करती रहती थी। लेकिन कोशिश नाकाम रही। आख़िरकार मुझे एक एजेंट मिल गया, जिसने मुझे नॉब हिल में एक वन-बेडरूम वाला फ़्लैट दिलवा दिया। इसमें फ़र्नीचर भी था, और अच्छी बात यह थी कि यहाँ मैं कनाडा का अपना क्रेडिट कार्ड इस्तेमाल कर पाई चूँकि मैं अपने साथ बहुत कम सामान लाई थी जिनमें ज़्यादातर न्यूट्रीशनल जर्नल और किताबें थीं इसलिए जो दोस्त मेरे घर आते थे वो कहते थे कि यह फ़्लैट कितना पुराने ज़माने का है और यह मेरी स्टाइल से ज़रा भी मेल नहीं खाता। लेकिन मैंने इसकी ज़रा भी परवाह नहीं की क्योंकि यह फ़्लैट मुझे काफ़ी सस्ते में मिला था। इस घर के बारे में सबसे अच्छी बात यह थी कि बिल्डिंग के ग्राउंड फ्लोर पर एक लाइब्रेरी थी और मैं उसका इस्तेमाल अपने ऑफिस की तरह कर सकती थी।

एक बार फिर मैंने उसी तरह डॉक्टरों को चिट्ठियाँ लिखना शुरू कीं और उन्हें इस बात के लिए राज़ी करने की कोशिश की कि वे अपने मरीज़ मेरे पास सलाह के लिए भेजें। मैं पूरे सैन-फ्रांसिस्को में लेक्चर दे रही थी। इनमें से

कई तो मुफ़्त में थे क्योंकि मैं नई थी और अपनी पहचान बनाना चाहती थी। जिन लेक्चरों में पैसे नहीं मिलते थे, उनका इन्तज़ाम भी ठीक नहीं होता था और उन्हें सुनने के लिए लोग भी बहुत कम आते थे। पर मुझे इसकी परवाह नहीं थी क्योंकि कभी-कभी इससे मुझे मरीज़ मिल जाया करते थे। इस तरह मैंने यह सीखा कि आपको जितने ज़्यादा पैसे मिलेंगे, आपके साथ उतना ही अच्छा बर्ताव भी किया जाएगा।

हर बार जब मैं कोई लेक्चर देती, तो मैं उसके प्रोग्राम को प्रिंट कर लेती थी और उसका इस्तेमाल मार्केटिंग के लिए करती थी। मैं इन्हें सारी डायटेटिक एसोसिएशंस और को-ऑपरेशंस को मेल कर देती थी, ताकि उन्हें पता चले कि मैं उपलब्ध हूँ। पर इसका तकरीबन किसी पर कोई असर नहीं पड़ा।

मेरी प्रैक्टिस जमने में वक़्त लग रहा था और पैसे ख़त्म होते जा रहे थे। तीन महीने बाद तो मैं रो पड़ी क्योंकि मेरे पास अपने फ़्लैट का किराया देने तक के पैसे नहीं थे। मैंने अपने बेटों को फ़ोन किया। किम्बल ने कहा कि पहली बार वह मुझे इस तरह निराश और रोते हुए देख रहा है।

उन्होंने कहा, "हम आपका किराया दे सकते हैं।"

मुझे इस तरह मदद लेते हुए ज़रा भी अच्छा नहीं लग रहा था। लेकिन उन्होंने ज़ोर दिया और कहा कि वैसे भी उनके पास अपनी तनख़्वाह ख़र्च करने का बिलकुल वक़्त नहीं होता क्योंकि वे हर वक़्त अपने काम में व्यस्त रहते हैं।

मैंने एक सस्ते फ़्लैट की तलाश शुरू कर दी, जिसका ख़र्च मैं उठा सकती थी। जैसा घर मैं ढूँढ़ रही थी वह मुझे टेंडरलॉयन की सीमा पर मिला जो अच्छा इलाक़ा नहीं था। गन्दा, अँधेरे और गन्ध से भरा घर पर उसका किराया कम था। मेरे बच्चे मेरे भांजों के साथ वहाँ आए और उन्होंने शिफ़्टिंग में मेरी मदद की। मेरे एक दोस्त, जिसके पास ट्रक था, ने मेरे सहकर्मी से ख़रीदा गया मेरा बेड मेरे स्टूडियो अपार्टमेंट में पहुँचाया। हमने भी कुछ सामान पहुँचाया। शुक्र है कि मेरे पास ज़्यादा सामान नहीं था।

एक अन्य डायटीशियन ने तीन फ़िटनेस सेंटरों की अपनी प्रैक्टिस मुझे दे दी, क्योंकि वो वहाँ से डेढ़ घंटे की दूरी पर रहती थी और उसे सिर्फ़ कुछेक मरीज़ों को देखने के लिए इतनी दूर तक आना किफ़ायती नहीं लग रहा था।

इस काम के मिल जाने से सैन-फ्रांसिस्को में मेरा थोड़े दिन और टिक पाना मुमकिन हो गया था।

एक साल पहले मेरे पचासवें जन्मदिन पर, मेरे बच्चों ने मुझे लकड़ी का एक छोटा-सा घर और लकड़ी की एक कार तोहफ़े में दी और कहा कि एक दिन वे मेरे लिए ये दोनों चीज़ें ख़रीदेंगे। मुझे यह तोहफ़ा बहुत प्यारा लगा। एक वक़्त आया जब मेरे बेटों ने अपनी कम्पनी 'Zip-2' बेच दी, उन्होंने मुझसे कहा कि अब समय आ गया है कि आपके लिए एक घर और कार ख़रीदी जाए—जो आपको पसन्द हो।

मैंने टॉस्का के साथ मिलकर सैन-फ्रांसिस्को में खोजबीन की पर वो चाहती थी कि मैं लॉस-एंजेलेस आ जाऊँ, जहाँ वो रह रही थी। इसलिए हमने लॉस-एंजेलेस में भी घर की खोजबीन शुरू कर दी। उसी वक़्त मुझे न्यूट्रीशन के कारोबार पर एक लेक्चर देने के लिए न्यूयॉर्क बुलाया गया। जब मैं वहाँ पहुँची तो शहर देखकर दंग रह गई। न्यूयॉर्क में लोग तेज़ चाल से चलते थे, जल्दी-जल्दी बातचीत करते थे, तेज़ी से सोचते थे और जो कहते थे, उसे करके दिखाते थे। मुझे लगा, "ये हैं मेरी तरह के लोग।"

मैंने अपने बच्चों से कहा, "मैं तो न्यूयॉर्क शिफ़्ट हो रही हूँ।"

बच्चों ने कहा, "आप ऐसा कैसे कर सकती हैं?"

मैंने कहा, "मुझे रोमांच चाहिए।"

न्यूयॉर्क में मैं अपने एक मरीज़ के बिज़नेस पार्टनर के घर सोफ़े पर सोती थी और अपने लिए एक घर की तलाश में जुटी थी क्योंकि मेरे लिए न्यूयॉर्क एकदम अनजान शहर था।

उन्होंने कहा, "आपको अपर ईस्ट साइड में रहना चाहिए।"

मैंने कहा, "क्या मैं डाउनटाउन में नहीं रह सकती।"

उन्होंने कहा, "नहीं, 42वीं स्ट्रीट के बाद वहाँ कोई नहीं रहता।"

एक बार फिर वही हुआ, कोई भी मुझे किराये पर घर नहीं दे रहा था क्योंकि मेरा कोई क्रेडिट रिकॉर्ड नहीं था। मैंने क़रीब एक साल तक किश्त के नक़द पैसे देने की पेशकश की।

उन्होंने कहा, "ऐसा तो सिर्फ़ ड्रग माफ़िया और वेश्याएँ ही करती हैं।"

किसी ने सलाह दी कि मैं एक ऐसे फ़र्नीचर वाले फ़्लैट में रहूँ जहाँ हर महीने पैसा मेरे कनाडा के क्रेडिट कार्ड से दिया जा सके। आख़िरकार मुझे पार्क और ब्रॉडवे के बीच 22वीं स्ट्रीट की युद्ध से पहले निर्मित एक बिल्डिंग में दसवीं मंजिल पर एक फ्लैट मिल गया जो मेरे बजट में था। उस घर में विशाल खिड़कियाँ थीं और वहाँ से पानी की क़रीब तीस टंकियाँ नज़र आती थीं। मुझसे कहा गया कि यह बहुत ही शानदार नज़ारा है।

मुझे लगा कि अब मेरी बाक़ी ज़िन्दगी न्यूयॉर्क में ही कटेगी, क्योंकि जब आप न्यूयॉर्क में होते हैं तो आप दुनिया के बीचोबीच होते हैं। पर वहाँ रहकर मैं अपने-आप में ही सिमट गई और वहाँ पहुँचे बाक़ी सारे लोगों की तरह मेरा भी मोहभंग हो गया। मैं बहुत उदास रहने लगी।

जब मेरी बेटी के जुड़वाँ बच्चे पैदा हुए तो मैं उसकी मदद करने के लिए लॉस एंजेलेस गई। उसने मुझे न्यूयॉर्क वापस नहीं लौटने दिया इसलिए मैंने वो घर बेच दिया, अपने सारे पौधे लोगों को दे दिये और किचन का सारा सामान भी बाँट दिया। बस कुछ चीज़ें शहर के एक स्टोरेज में रख दीं और थोड़ा-सा फ़र्नीचर परिवारवालों के पास भेज दिया। आठ महीने तक मैं टॉस्का के साथ रही। इसके बाद मैंने एक फ़्लैट ख़रीद लिया जो एक अच्छा क़दम था क्योंकि अब मैं अपने दो बच्चों और उनके सात बच्चों के पास आकर ख़ुश हूँ। हालाँकि अभी भी मैं बहुत सफ़र करती हूँ।

एक शहर से दूसरे शहर में बसना हमेशा मुश्किल काम होता है, हालाँकि इस क़दम के ज़रिये आप सीखते बहुत कुछ हैं। जब भी मैंने शहर बदला, पहले से योजना बनाई। मैंने वो तमाम चीज़ें लोगों को बाँट दीं, जिन्हें ले जाने का कोई मतलब नहीं था। घर की बड़ी-बड़ी चीज़ें बेच दीं और बाक़ी तमाम चीज़ें स्टोरेज में रख दीं (अमेरिका में आपको किराए पर स्टोरेज यूनिट मिलती हैं जहाँ आप अपना अतिरिक्त सामान रख सकते हैं)। यह सब बहुत पेचीदा काम होता है। नये शहर में जाने के बाद शुरुआती कुछ साल बहुत संघर्ष करना पड़ता है। बहुत अकेलापन महसूस होता है और कई बार ऐसा लगता है मानो

आप गुम हो गए हैं, शारीरिक रूप से भी और मानसिक रूप से भी। चूँकि मेरा अपना ख़ुद का काम था इसलिए अपना पता बदलने पर मुझे अपने सारे मरीजों को ख़बर करनी पड़ती थी, फिर चाहे मैं उसी शहर में कोई जगह क्यों न बदल रही हूँ। लेकिन मैं आपसे कहना चाहती हूँ कि आपको केवल एक शर्त पर शहर बदलना चाहिए—अगर इससे आपकी ज़िन्दगी में कोई सुधार हो रहा हो तो। अगर आपको लगता है कि आपकी ज़िन्दगी बेहतर हो रही है तो आपको इसे ज़रूर आज़माना चाहिए।

आपके पास दूसरे शहर में जाने की कोई-न-कोई वजह होनी चाहिए। हो सकता है कि आप बेहतर मौक़ों की तलाश में जा रही हों। हो सकता है कि बुरी परिस्थितियों से परेशान होकर शहर बदल रही हों या फिर ख़ुद को एक मौक़ा देने के लिए। हो सकता है कि आपका यह क़दम आपकी ज़िन्दगी को बदलकर रख दे।

बीस

नई ज़मीन तोड़ो

अपनी हदों से बाहर निकलो

❖

ज़िन्दगी में अक्सर आपको कुछ ऐसे काम करने को कहा जाता है जो आपके लिए परेशानी से भरे होते हैं। मिसाल के लिए लेक्चर देना। यह एक ऐसा काम है जिससे लोग बहुत डर जाते हैं और यह बहुत आम बात है। हो सकता है कि आपको अचानक खड़े होकर किसी मीटिंग में लोगों का परिचय करवाना पड़े, किसी व्यक्ति के सामने कोई आइडिया पेश करना पड़े या निवेशकों के एक समूह को यह यक़ीन दिलाना पड़े कि आप जो करने जा रही हैं वो बहुत मायने रखता है।

जब भी मुझे लेक्चर देना पड़ा है, मैं आत्मविश्वास से भरी रही हूँ। मुझे इसमें कोई दिक़्क़त नहीं होती। न्यूट्रीशन की दुनिया में मेरा जो ज्ञान है वो काफ़ी है। मुझे कभी बोलने में कोई परेशानी नहीं होती क्योंकि मैं लगातार पढ़ती रहती हूँ। मैं हर पाँच साल में एक घंटे की 75 परीक्षाएँ देती हूँ ताकि मेरी मान्यता क़ायम रहे, और रोज़ाना नई रिसर्च के बारे में पढ़ती रहती हूँ।

मॉडलिंग की दुनिया में मैं एक पेशेवर मॉडल की तरह काम करती आई हूँ, जिसका मतलब यह है कि मैं कैटलॉग, एयरलाइंस, होटलों, बालों,

मेकअप, दाँतों वग़ैरह के लिए मॉडलिंग करती हूँ, और इसमें मुझे कभी कोई परेशानी नहीं होती।

*

अब बात करते हैं असुविधाजनक परिस्थितियों की :

जब आप किसी शहर में नये हों तो अजनबियों से ठसाठस भरे किसी कमरे में जाते हुए बहुत दिक़्क़त होती है। मैंने इस बारे में बताया भी है।

इसके अलावा, जब मैं साठ साल की हो चुकी थी तो मेरे मॉडलिंग करियर में भी कुछ ऐसी असुविधाजनक परिस्थितियाँ आईं, जैसे दो बार मुझे न्यूड यानी बिना कपड़ों के पोज़ करना पड़ा और एक बार 'टाइम' मैगज़ीन के लिए मुझे बिना कपड़ों के तसवीर खिंचवाने को कहा गया तो मैंने कहा, "नहीं, मैं न्यूड फ़ोटो नहीं देती।"

वे लगातार मुझ पर इस तरह का शूट करने का दबाव डालते रहे तो मैंने किम्बल और टॉस्का से बात की और उन्हें बताया कि मेरे पास इस तरह का एक मौक़ा आया है।

बेटी टॉस्का ने कहा, "मना कर दो।"

लेकिन किम्बल ने कहा, "मॉम, यह 'टाइम' मैगज़ीन है। सब ठीक रहेगा।"

उसकी बात सही थी। वो शूट अच्छी तरह हो गया।

जब आपको कोई ऐसा काम करने को कहा जाता है जिसे करने में आपको असुविधा हो रही हो तो न कहने में कोई बुराई नहीं होती।

मैं पचास सालों तक बिना कपड़ों के फ़ोटो देने को न कहती आई थी। पर फिर मुझे लगा कि 'टाइम' मैगज़ीन पर भरोसा किया जा सकता है और उनके लिए इसे एक बार आज़माया जा सकता है। उन्होंने यह काम एक मशहूर फ़ोटोग्राफ़र को दिया था और उसने शानदार काम किया। मुझे लगा कि अच्छा हुआ मैंने हिम्मत की।

मुझे नहीं पता था कि जब इसकी तैयारी चल रही होगी तो मैं सहज रह पाऊँगी या नहीं। पर उन्होंने मुझे दो महिलाओं के साथ एक कमरे में भेज दिया और

उन महिलाओं ने तैयार होने में मेरी मदद की। मेरे बाल, नाख़ून और मेकअप सब कुछ सहज था। बहुत बढ़िया।

उन्होंने मुझे फ़र्श पर बिठाया, मेरे सामने एक आईना लगा हुआ था ताकि मैं देख सकूँ कि किस तरह की फ़ोटो आ रही है।

इसके बाद फ़ोटोग्राफ़र अन्दर आया, एक पुरुष फ़ोटोग्राफ़र। उसने तसवीरें लीं और चला गया। इस तरह मुझे इसमें कोई दिक़्क़त नहीं हुई।

वे बहुत सुरुचि से ली गई तसवीरें थीं और बहुत ख़ूबसूरत आई थीं। हालाँकि उन्होंने इस तसवीर को टाइम मैगज़ीन के कवर के बजाय उसके सेहत वाले हिस्से के कवर पर डाल दिया। मेरी एजेंट इस बात से ख़ुश नहीं थी। उसने मुझे बताया कि फ़ोटोग्राफ़र भी इस फ़ैसले से ख़ुश नहीं था, क्योंकि हमसे कुछ और कहा गया था।

मैं इस बात से ज़्यादा नाख़ुश नहीं थी।

'न्यूयॉर्क' मैगज़ीन ने न्यू जर्सी में मेरी एजेंट को कॉल किया और कहा कि वो भी मेरे साथ एक न्यूड फ़ोटोशूट करना चाहते हैं। इस बार उन्होंने ख़ासतौर पर कहा कि वो अभिनेत्री डेमी मूर वाला पोज़ शूट करना चाहते हैं और मुझे इस तसवीर में प्रेग्नेंट दिखना होगा।

मैं टॉस्का के साथ थी। मैंने उससे कहा, "तुम्हें यक़ीन नहीं होगा— पता है न्यूयॉर्क मैगज़ीन ने मुझसे डेमी मूर वाला पोज़ शूट करने को कहा है।"

इस बार उसने कहा, "हाँ कह दो।"

मैंने कहा, "पर मुझे यह शूट क्यों करना चाहिए?"

उसने कहा, "क्योंकि यह ऐतिहासिक बन जाएगा।"

मैं यह नहीं करना चाहती थी, पर उसने मेरा इरादा बदल दिया।

उन्हें एकदम नेचुरल लुक चाहिए था, वो भी तेज़ लाइट में क्योंकि वे चाहते थे कि मैं सत्तर साल की दिखूँ। उस वक़्त मैं सिर्फ़ बासठ साल की थी। यानी वो मुझे मेरी उम्र से ज़्यादा बूढ़ा दिखाना चाहते थे। मुझे इससे कोई फ़र्क़ नहीं पड़ा क्योंकि ऐसा तो मैं कई बार कर चुकी थी।

मैंने न्यूड अंडरवियर पहना, (ऐसा अंडरवियर जिसे पहनकर लगता ही

नहीं कि आपने कुछ पहना है) और स्तनों को ढकने के लिए कुदरती रंग के पेस्टीज़ पहने, पर फिर भी मैं बिना कपड़ों के ही लग रही थी।

वो शूट के लिए एक प्रेग्नेंट महिला को भी लाए जो उसी हफ़्ते अपने बच्चे को जन्म देने वाली थी। वो महिला भूल गई थी कि उसने अपने पेट के नीचे एक टैटू बनवा रखा है इसलिए उन्हें टैटू को फ़ोटोशॉप करके हटाना पड़ा। हम दोनों की तसवीरें खींची गईं और इसके बाद उन्होंने फ़ोटोशॉप से उस महिला का पेट मेरी तसवीर पर फिट कर दिया, ताकि मैं प्रेग्नेंट नज़र आऊँ।

यह तसवीर सारी दुनिया में देखी गई—टी.वी. शोज़ में और अख़बारों में भी। इसकी कवर लाइन थी—'क्या प्रेग्नेंट होने के लिए इनकी उम्र कुछ ज़्यादा नहीं है? पचास से ऊपर के नये माता-पिता—बच्चों को पालने की अन्तिम सीमा।'

मज़ेदार बात यह है कि इसके कई महीने बाद जब मैं एक फ़ोटोशूट के लिए गई तो वहाँ लोगों ने इस बात पर ख़ुशी ज़ाहिर की कि बच्चा पैदा होने के बाद भी मेरा वज़न पहले जैसा ही हो गया है। तब मैंने उन्हें बताया कि मैं गर्भवती नहीं थी और मेरी उम्र बासठ साल है।

इसके बाद सबने पूछा, "क्या बिना कपड़ों के फ़ोटोशूट करते हुए आपको दिक़्क़त नहीं हुई?"

मैंने कहा, "मुझे अच्छी-ख़ासी परेशानी हुई। मुझे बहुत ही अजीब-सा लग रहा था। पर मैंने इसे ज़ाहिर नहीं किया क्योंकि मैं एक पेशेवर मॉडल हूँ। मैंने यह इसलिए किया क्योंकि दोनों ही पत्रिकाओं पर मुझे पूरा भरोसा था। अब जबकि मुझे पता चल गया है कि यह कैसा लगता है, तो ज़रूरी नहीं है कि मैं दोबारा ऐसा करूँ।"

ऐसा कई बार हुआ जब मैंने अपनी हदों के पार जाकर काम किया और मुझे बड़े मौक़े मिले। जब एक फ़ोटोशूट के लिए मुझे मार्था ग्राहम की तरह डांस करना था, तो मैं इसमें बहुत सहज नहीं थी। चूँकि मैं डांस में उतनी माहिर नहीं हूँ इसलिए मैंने एक वीडियो देखा और वीडियो में जिस तरह का डांस था, मैंने वैसे-का-वैसा कर दिया। उनमें से कुछ दृश्य एक बैले कम्पनी के पुरुष लीड डांसर के साथ थे। उसने कहा कि मुझे उस पर विश्वास रखना चाहिए।

मैंने ऐसा ही किया और मुझे बड़ा अच्छा महसूस हुआ। वो बहुत ज़ोरदार था। तसवीरें शानदार आईं। मैं एक पेशेवर डांसर लग रही थी। लेकिन इसके बाद दिक़्क़त यह हुई कि सभी लोग मुझसे डांस फ़ोटोशूट की माँग करने लगे।

जब मैंने 'कवर-गर्ल' के लिए काम किया, वे लोग चाहते थे कि मैं ऊँची एड़ी के जूतों में छत पर डांस करूँ। इस पर मैंने उनसे साफ़ कह दिया कि मुझे डांस करना नहीं आता है। पर किसी को मेरी बात पर यक़ीन नहीं हुआ, क्योंकि सभी ने मेरी मार्था ग्राहम वाली तसवीरें देख रखी थीं। मुझे उन्हें एक कोरियोग्राफ़र बुलवाने के लिए राज़ी करना पड़ा। वो आई। उसने कैमरे के पीछे डांस किया और मैंने ठीक उसकी कॉपी कर दी। इसके बाद मेरे पास डांस वाले कई फोटोशूट आए। ऐसा ही होता है।

'हाइप-बीस्ट' के लिए किए एक एडिटोरियल में मुझे नई सदी के लोगों को आकर्षित करने के लिए हिप-हॉप स्टाइल के कपड़े पहनने थे और उन्हें दिखाना था कि दादी-नानी भी स्ट्रीट-वेयर ब्रांड के लिए शूट कर सकती हैं और उनकी तरह स्टाइलिश दिख सकती हैं। इसके लिए मुझे यह याद करने की कोशिश करनी पड़ी कि टीवी सीरीज़ 'एंपायर' के कलाकार किस तरह का डांस करते थे। काश, मैंने इस पर ज़्यादा ध्यान दिया होता, हालाँकि लोगों को शूट पसन्द आया। इसमें मुझे बड़ा मज़ा आया, और मेरे सामने फ़ैशन का एक नया रास्ता खुल गया। इस शूट की वजह से हम यह दिखा सके कि फ़ैशन में उम्र की कोई सीमा नहीं होती।

मैंने यह जाना कि कई बार आप किसी स्टाइल में ख़ुद को सहज नहीं पाते, पर आज़माकर देखिए। और हाँ, उम्र की वजह से कभी किसी काम को करने में झिझकिए मत।

इक्कीस

इंस्टा पर शोहरत

नई टेक्नोलॉजी किसी भी उम्र में सीखी जा सकती है

❖

मैं टेक्नोलॉजी की शुक्रगुज़ार हूँ। निराशा भरी और ग़ुस्सा दिलाने वाली प्रक्रिया होने के बावजूद यह मेरे लिए बहुत ही शानदार रही। मेरे पूरे परिवार को टेक्नोलॉजी से बहुत फ़ायदा हुआ है। हम कभी ऐसे बदलाव करने से नहीं घबराए, जिससे आपका काम बेहतर होता हो, या आपकी ज़िन्दगी और यह धरती बेहतर बनती हो, और इसमें टेक्नोलॉजी भी शामिल है।

मेरे बचपन से आज तक टेक्नोलॉजी काफ़ी बदल चुकी है। जब मैं आठ बरस की थी, अपने पिता के ऑफ़िस में उनकी मदद करती थी, उनके भारी-भरकम, शोर मचाने वाले टाइपराइटर पर टाइप करती थी। उसमें एक रिबन होता था जिसे मुझे अपने हाथों से बदलना पड़ता था। मेरे तीसवें साल के आख़िर तक टाइपराइटर लगातार बेहतर होते गए। इसके बाद मैंने एक वर्ड प्रोसेसर ख़रीदा जो बहुत शानदार था। इसमें आप करेक्शन कर सकते थे, पर इसमें सेव करने की सुविधा नहीं थी। आपको पेज फ़ौरन प्रिंट करने पड़ते थे फिर उन्हें दोबारा टाइप करना पड़ता था। सही मायनों में वही 'कट और पेस्ट' वाला तरीक़ा था जिसमें आप पेजों को काटते थे, उनके टुकड़े

पूरे फ़र्श पर फैला देते थे, और फिर उन्हें सही क्रम में चिपकाते थे। इसके बाद उन्हें दोबारा टाइप करते थे। मैंने अपनी पहली थीसिस चौदह बार टाइप की थी और अपनी पहली मास्टर्स डिग्री पूरी करने में मुझे चार साल लगे थे। जबकि मेरी दूसरी मास्टर्स डिग्री पन्द्रह महीने में पूरी हो गई क्योंकि तब तक मेरे पास कंप्यूटर आ चुका था।

इंटरनेट हालाँकि तब भी नहीं हुआ करता था। इंटरनेट तब तक नहीं आया था जब तक कि मैं सैन-फ्रांसिस्को नहीं आ गई।

उस वक़्त मेरे बेटे टेक्नोलॉजी के साथ क़दम से क़दम मिलाकर चल रहे थे। जब मेरे बेटे 'Zip-2' लॉन्च कर रहे थे, तो अक्सर मुझसे कहते थे कि मैं उनके द्वारा किये गये बदलावों की बीटा टेस्टिंग यानी उपयोग परीक्षण कर दूँ। अगर मुझे उसमें कुछ समझ नहीं आता था तो मेरे बेटे बदलाव करते थे ताकि आम आदमी उनके प्रोग्राम को इस्तेमाल कर सके। एक बार जब वे अपनी इंटरनेट कम्पनी बना रहे थे तो मैंने उनके नक़्शे का प्रिंटआउट ले लिया और शहर में घूमने चली गई। पर मैं वापस नहीं लौट पाई, क्योंकि उन्होंने सड़कों के जो नक़्शे बनाए थे मैं उन एकतरफ़ा रास्तों की उलटी दिशाओं को समझ नहीं पाई। इसमें लौटने के निर्देशों की ज़रूरत थी, जो उन्होंने बाद में जोड़े।

अपने न्यूट्रीशन के कारोबार का प्रचार करने के लिए मैंने उनके साथ एक समझौता किया। मैंने उनसे कहा कि मैं उनके कर्मचारियों के लिए न्यूट्रीशन पर लेक्चर दूँगी जिसके बदले में वो मेरी वेबसाइट बना दें। वो चार पेजों वाली वेबसाइट थी।

मेरे ख़याल से मैं ऐसी पहली डायटीशियन थी जिसकी अपनी वेबसाइट थी, जो मार्केटिंग के लिए बहुत उपयोगी थी। इससे पहले मुझे सब कुछ प्रिंट करना पड़ता था। जब मैं ब्रोशर या इश्तिहारों के भरोसे रहती थी तो वो जल्दी ही बेकार हो जाते थे क्योंकि जानकारियाँ बदल जाती थीं। अब मैं लोगों को अपनी वेबसाइट के बारे में बता सकती थी और वहाँ जो भी वे देखते थे वे सारी जानकारियाँ बिलकुल ताज़ा होती थीं। नब्बे के दशक के आख़िर से मैं न्यूट्रीशन के अपने कारोबार की मार्केटिंग वेबसाइट के ज़रिये करने लगी

थी। वेबसाइट के ज़रिए मुझे कई बार लेक्चर, मीडिया के काम और प्रवक्ता के तौर पर भी काम मिला। 2010 के आसपास मैंने मॉडलिंग पोर्टफ़ोलियो के साथ अपनी वेबसाइट शुरू की, जिसमें मैंने पाँच दशकों का अपना काम दिखाया।

अपने सारे काम में सोशल मीडिया से मुझे काफ़ी मदद मिली। ट्विटर का इस्तेमाल मैंने मुख्य रूप से न्यूट्रीशन से जुड़ी रिसर्च और कुछ और दिलचस्प ख़बरों को साझा करने के लिए किया। इसकी वजह से कई बार मेरे इंटरव्यू लिये गए और मुझे सेहत पर लेक्चर देने के लिए बुलाया गया, जो मुझे बहुत पसन्द है। लोगों की राय जानने का भी यह एक अच्छा माध्यम है। जब मैं ट्विटर पर अपने शोध के बारे में पोस्ट करती हूँ तो मेरे फ़ॉलोअर बहुत जल्दी मुझे बता देते हैं कि उन्हें क्या पसन्द आया और क्या नहीं। साथ ही उन्हें क्या चाहिए और क्या नहीं चाहिए। इस तरह, मुझे वो सब लिखने में मदद मिलती है जिसमें लोगों की दिलचस्पी है। मुझे लगता है कि यह बहुत बेहतरीन प्लेटफ़ॉर्म है।

इंस्टाग्राम पर सफ़ेद बालों वाली महिलाओं के एकदम अलग दिखने के बारे में सम्पादकीय डालने के बाद मैंने जूलिया के साथ एक प्रयोग किया और अपने ख़र्च पर पेरिस गई। मक़सद था अपने लिए कुछ करना। ऐसा हमें बीच-बीच में करते रहना चाहिए। सड़सठ साल की उम्र में हमने पेरिस फ़ैशन वीक के दौरान स्ट्रीट स्टाइल लुक तैयार किया। हालाँकि उस वक़्त मुझे टॉप रनवे शोज़ में नहीं बुलाया जाता था, पर मैंने हर पल को इंस्टाग्राम पर पोस्ट किया। मैंने अलग-अलग लुक में तैयार होकर पेरिस की सड़कों पर तसवीरें खिंचाईं, बिलकुल नये फ़ैशन की डिज़ाइनर पोशाकें पहनीं और फ्रांस के एक स्ट्रीट स्टाइल फ़ोटोग्राफ़र से अपने फ़ोटो खिंचवाए। उससे मेरी मुलाक़ात इंस्टाग्राम पर ही हुई थी।

यह निवेश रंग लाया। टॉप रनवे शोज़, कवर-गर्ल और दूसरे कई कामों के लिए रास्ते खुले। आज इतने साल बाद भी मुझे मॉडलिंग के ऐसे बहुत से काम मिलते हैं जहाँ शूट के लिए वही तसवीरें प्रेरणा का काम करती हैं। कुल मिलाकर, बात यह है कि अगर यह दाँव कामयाब नहीं भी होता तो

भी कोई दिक़्क़त नहीं थी क्योंकि मुझे तैयार होने, शूट करने, नये और पुराने दोस्तों के साथ मौज-मस्ती करने में बड़ा मज़ा आया था। सोशल मीडिया की वजह से ही मुझे दुनिया की जानी-मानी मॉडलिंग एजेंसी आई. एम. जी. मॉडल्स ने साइन किया और मैं सबसे ज़्यादा उम्र की कवर-गर्ल बनी। अब मॉडलिंग का काम पाने के लिए मुझे कास्टिंग में जाने की ज़रूरत नहीं थी।

सोशल मीडिया ने मुझे हाई-फ़ैशन यानी लोकप्रिय और महँगे सौन्दर्य या वस्त्र उत्पादों की दुनिया से रू-ब-रू कराया। एक डिज़ाइनर ने फ़ेसबुक पर मेरी तसवीरें देखीं और लॉस एंजेलेस में अपनी फ़िल्म के प्रीमियर पर आने का निमंत्रण भेजा। मैं अपनी एक सहेली को साथ ले गई लेकिन वहाँ हम किसी को नहीं जानते थे। जब मैंने प्रीमियर की एक तसवीर ऑनलाइन पोस्ट की तो एक डिज़ाइनर ने मुझसे उसका रनवे शो करने को कहा। इससे पहले मैं कभी न्यूयॉर्क फ़ैशन वीक में नहीं गई थी। सड़सठ साल की उम्र में मैंने अपना पहला हाई-फ़ैशन शो किया। मैंने एक सफ़ेद और रुपहला ख़ूबसूरत गाउन पहना था, जिसमें मैं दुल्हन की तरह दिख रही थी। हालाँकि मेरे बाल सफ़ेद थे। दर्शकों में मेरे कुछ दोस्त भी थे जिन्होंने बताया कि जब मैं वॉक करने आई तो वहाँ बैठे लोगों ने तालियाँ बजाईं, वे ख़ुशी के मारे चीख़ रहे थे। मेरी उम्र की महिला को कैटवॉक करते देखकर बहुत हैरत में थे और ख़ुश भी। शो के अन्त में डिज़ाइनर ने मेरे व एक अन्य मॉडल के साथ रैंप वॉक किया। इससे मुझे एहसास हुआ कि मैं बहुत ख़ास हूँ।

एक बार जब मैंने फ़ेसबुक और इंस्टाग्राम की ताक़त को आज़मा लिया, तो सोशल मीडिया पर ऐलान कर दिया कि मैं न्यूयॉर्क जा रही हूँ। बहुत सारे फ़ोटोग्राफ़रों ने मुझसे सम्पर्क किया और पूछा कि क्या मैं उनके साथ टेस्ट शूट करना चाहूँगी। मैंने सभी को हाँ कह दिया। क्या पता कौन से फ़ोटो अच्छे बन पड़ें। कोशिश करके तो देखनी ही चाहिए। उनमें कुछ तसवीरें ख़राब आईं और कुछ बहुत ही शानदार, अच्छी तसवीरें मैंने सोशल मीडिया पर डालीं तो मॉडलिंग के और भी मौक़े सामने आए।

बहुत सारे लोग यह कहते पाए जाते हैं कि टेक्नोलॉजी लोगों को एक-दूसरे से अलग करती है, वो हमें अकेला बनाती है। पर मेरे मामले में तो

ऐसा नहीं हुआ। इसने मुझे नये-पुराने दोस्तों से जोड़ा और सम्भावित मरीज़ भी दिये। यही नहीं जब भी इसके ज़रिये दोस्तों को अचानक पता चला कि मैं उनके शहर में हूँ—तो उन्होंने मुझे फ़ौरन मिलने के लिए बुलाया। टेक्नोलॉजी का एक बहुत बड़ा फ़ायदा यह है कि इसके ज़रिये हम पूरी दुनिया में मौजूद अपने रिश्तेदारों और दोस्तों से सम्पर्क कर सकते हैं, और उन्हें देख भी सकते हैं। सच में कमाल की बात है, शानदार। मैं रोज़ रात को अपनी जुड़वाँ बहन के साथ फ़ेसटाइम पर बात कर सकती हूँ। कैलिफ़ोर्निया में रहने वाले मेरे नाती-पोते न्यूयॉर्क या कोलोराडो में मौजूद अपने चचेरे-ममेरे भाइयों के साथ गेम खेलकर मज़े करते हैं। यह कितना अच्छा तरीक़ा है एक-दूसरे से जुड़े रहने का। मैं याद करती हूँ कि किस तरह एक ज़माने में हम टेलीग्राम करते थे, फ़ोन कॉल करते थे या फिर चिट्ठियाँ लिखते थे, जिन्हें पहुँचने में छह हफ़्ते लग जाते थे और किस तरह संचार से जुड़ी गड़बड़ियाँ हो जाती थीं। आज की टेक्नोलॉजी इस मामले में कमाल की है।

*

यह सच है कि टेक्नोलॉजी जटिल हो सकती है और हर नई टेक्नोलॉजी को सीखना तकलीफ़देह होता है। हर अपडेट के साथ आपका संशय बढ़ता जाता है। आप ग़लतियाँ करते हैं। जब इंस्टाग्राम में कुछ सुधार हुआ तो अचानक मेरे तीन वीडियो सामने आ गए जो मुझे तो लगा था कि पोस्ट नहीं हो पाए हैं और फिर आधी रात को मुझे उन तीनों को डिलीट करना पड़ा। आपका सिर चकरा जाता है। आपको ख़ुद ही मेहनत करनी पड़ती है और इंटरनेट पर अपनी समस्याओं के उपाय खोजने पड़ते हैं। इसमें बहुत सारा वक़्त लग जाता है और बहुत खीज होती है। पर इसका मतलब यह नहीं है कि मैं इस सबके लिए बहुत बूढ़ी हो चुकी हूँ। शायद मैं अपनी माँ के नक़्शे-क़दम पर चलूँगी जिन्होंने चौरानवे साल की उम्र में कंप्यूटर पर काम करना शुरू किया था क्योंकि तब तक उनके हाथ बारीक चित्र बनाते हुए बहुत काँपने लगे थे। इसका उम्र से कोई ताल्लुक़ नहीं है। मज़ेदार बात यह है कि जब मेरे पास न्यूयॉर्क, कोलंबिया और दूसरी यूनिवर्सिटीज़ से इंटर्न काम सीखने और अनुभव

लेने आते थे तो वे कहते थे कि आप तो टेक्नोलॉजी के मामले में बहुत तेज़ हैं, हमसे भी ज़्यादा। मेरा मानना है कि टेक्नोलॉजी आपके लिए कई नये मौक़े रच सकती है—कारोबार के लिए, आपकी सेहत के लिए या फिर लोगों से जुड़ने और मौज-मस्ती के लिए। नई टेक्नोलॉजी सीखने के लिए आप कभी बूढ़े नहीं होते।

बाईस

सारी अकेली महिलाओ

चाहो तो प्यार में ख़ुश रहो, चाहो तो अकेले मौज करो

❖

मैं बहुत सारी सलाहें देती हूँ, पर मैं डेटिंग पर सलाह नहीं देती। मैं ज़िन्दगी में काफ़ी कामयाब रही हूँ, पर प्यार के मामले में फिसड्डी साबित हुई हूँ। हालाँकि मैंने बहुत डेटिंग की है और कुछ पुरुष मुझे काफ़ी पसन्द भी आए, पर ऐसा कोई नहीं मिला जिसके साथ मैं अपनी बाक़ी ज़िन्दगी बिताना चाहूँ। कभी-कभी मैं कहती हूँ कि डेटिंग के बारे में मेरी सलाह यही है कि मुझसे कोई सलाह मत लो। पर प्यार के बारे में मेरी सलाह है कि आप प्यार में खुश रह सकती हैं लेकिन आप अकेली भी ख़ुश रह सकती हैं। अगर आपको अपने लिए एक सही इनसान नहीं मिल रहा है तो अपना प्यार परिवार, दोस्तों और काम में खोजिए।

अगर आपको लगता है कि शादी ख़ुशियों की चाबी है तो अपने उन दोस्तों से बात कीजिए जो शादीशुदा हैं। जब मैं युवा थी तो किसी ने मुझे यह नहीं बताया कि तुम अकेले भी ख़ुश रह सकती हो, इसके अलावा साठ के दशक में सभी लोग बीस साल की उम्र में शादी कर रहे थे। कोई भी अकेला नहीं था। आज मैं उत्सुक हूँ और जानना चाहती हूँ कि उन जोड़ों में

से कितने अभी भी ख़ुश या शादीशुदा हैं। एक अच्छा जीवनसाथी हो तो इससे अच्छा भला क्या हो सकता है, जैसे कि मेरे माता-पिता, मेरे भाई और मेरी जुड़वाँ बहन की शादी की ही मिसाल ले लीजिए। इन सबको ख़ुशी मिली। मैं इकतीस साल की उम्र तक शादीशुदा रही। इस बात को आज चालीस साल हो गए हैं। लोगों ने मुझसे कहा, 'प्यार आपको तब मिलता है जब आपको इसकी उम्मीद सबसे कम होती है'। मैंने अपनी ज़िन्दगी में शायद ही प्यार की कोई उम्मीद की, पर फिर भी मुझे प्यार कभी नहीं मिला। मैंने कोशिश की, पर मुझे कोई ऐसा पुरुष नहीं मिला जो मेरी ज़िन्दगी को मुझसे बेहतर बना सके।

मैंने, तेरह साल की उम्र में अपनी जुड़वाँ बहन केय की वजह से डेटिंग शुरू की थी। तेरह बरस की उम्र में हम जिस डांस स्कूल में काम करते थे, वहाँ उसे अपना बॉयफ्रेंड मिला, और चूँकि उसे अकेले बाहर जाने की इजाज़त नहीं थी इसलिए हमें डबल डेटिंग करनी पड़ती थी। उसने केय से कहा था कि मेय के लिए डेट खोजना आसान है। पर मुझे कभी ऐसा कोई नौजवान नहीं मिला जो इतना दिलचस्प हो कि जिसके साथ बाहर जाया जा सके। जब मैं डेट पर जाती भी थी तो पुरुष मुझसे नाराज़ हो जाते थे और छोड़कर चले जाते थे। मैं इसे कभी समझ नहीं पाई। मैं इसे 'दूर जाओ, पास आओ' रिश्ते कहती थी, जिनसे काफ़ी तकलीफ़ होती थी।

पन्द्रह साल की उम्र में मैंने मॉडलिंग शुरू कर दी, उसके बाद तो लड़कों को लगने लगा कि शनिवार की रात पार्टी में जाने के बारे में पूछने के लिए मैं कुछ ज़्यादा ही लोकप्रिय हूँ। मेरी जुड़वाँ बहन और उसका बॉयफ्रेंड मुझे अपने साथ ड्राइव-इन-थियेटर में ले जाते थे। उन्हें मेरे साथ होने से कोई दिक़्क़त नहीं थी। शनिवार की रातें मेरे लिए डेटिंग के मामले में बड़ी ख़ास थीं और जब मैं बाहर नहीं जा पाती थी तो हमेशा बहुत उदास हो जाती थी। जब मेरी शादी हुई तो मैंने एक अत्याचारी-अभद्र आदमी के साथ समझौता कर लिया जिसने मेरे साथ धोखा किया था। मैंने वो सब करने की कोशिश

की जो मेरा पति चाहता था, पर मेरी हालत ख़राब होती चली गई। जब मैं इस शादी से बाहर निकली तो मेरी ज़िन्दगी सुधरने लगी। हालाँकि मुझे दूसरे तरीक़ों से संघर्ष करना पड़ा। मेरे तलाक़ के बाद मुझे समझ नहीं आ रहा था कि कैसे डेट करूँ। अगर कोई पुरुष मुझसे डेट पर चलने को कहता, तो मैं चली जाती लेकिन अगर मुझे वो दिलचस्प नहीं लगता या उसके साथ खीज होती तो मैं दोबारा नहीं जाती थी। अगर मुझे कोई पुरुष पसन्द आ भी जाता था तो या वो मुझे छोड़ देता था या मुझे धोखा देता था। ज़्यादातर पुरुषों ने मुझे धोखा ही दिया। इसके अलावा जब मैं उस पुरुष की बीती ज़िन्दगी के बारे में पता करती तो मालूम होता कि या तो उसने अपनी पत्नी को या फिर अपनी गर्लफ्रेंड को धोखा दिया था। मेरे लिए भला वो क्यों बदलता। जिस व्यक्ति के साथ क़रीब तीस की उम्र में मेरी सगाई हुई थी, उसने भी मुझे धोखा दिया।

मेरे तीन बच्चे भी थे। इसलिए ज़रूरी था कि मैं जिस भी पुरुष के साथ डेट कर रही हूँ, उसे मेरे बच्चे भी पसन्द आएँ। ज़्यादातर पुरुषों को मेरे बच्चों में कोई दिलचस्पी नहीं थी और वे नहीं चाहते थे कि बच्चे हमारे साथ हों। फिर मुझे ऐसे पुरुष भी मिले, जो चाहते थे कि इस रिश्ते को क़ायम रखने के लिए मैं समझौते करूँ, और मैं ऐसा करती भी थी। एक व्यक्ति का कपड़ों का कारोबार था और वो चाहता था कि मैं उसकी कम्पनी में बने सूती कपड़े ही पहनूँ। इसके अलावा वो मुझे दूसरे कपड़े नहीं पहनने देता था इसलिए मैं उसके बनाए कपड़े ही पहनती। फिर एक ऐसा पुरुष था जो कहता था कि मैं कुछ ज़्यादा ही शानदार ड्रेसिंग वाली हूँ नज़ाकत से भरी, तो मैंने उसके लिए जींस और टी शर्ट पहनना शुरू कर दिया।

अधिकतर मर्द मुझे बदलना चाहते थे, लेकिन मैंने किसी भी पुरुष से यह नहीं कहा कि उसे मेरे लिए बदलना होगा। आख़िरकार मुझे एहसास हो गया कि अगर मैं कभी किसी रिश्ते में गई भी तो मैं किसी तरह का कोई समझौता तो नहीं करना चाहूँगी। और मैंने कोई समझौता किया भी नहीं। इस तरह मेरे रिश्तों में कोई सुधार नहीं आया। वक़्त के साथ मेरा बेवक़ूफ़ बनना कम होता चला गया। इसका मतलब था कि मैं वक़्त के साथ दुनियादारी

सीखती जा रही थी। अपनी किशोरावस्था और फिर क़रीब बीस की उम्र तक मैं बहुत नादान थी यही नहीं तीस की उम्र के आसपास भी यही सिलसिला क़ायम रहा। अपने चालीसवें बरस में मैंने कुछ शानदार पुरुषों को डेट किया, पर उनमें से कोई भी अपनी बाक़ी ज़िन्दगी मेरे साथ गुज़ारना नहीं चाहता था।

पचासवें बरस के शुरुआती सालों में मैंने इंटरनेट डेटिंग को भी आज़माया, तब मैं न्यूयॉर्क में थी। मैंने फ़ैसला किया कि मैं तीस लोगों को चुनूँगी और अगर मुझे प्यार नहीं हुआ तो मैं यह सिलसिला बन्द कर दूँगी। मेरे लिए डेट के लिए लोगों को खोजना बहुत आसान था क्योंकि मैं वेबसाइट पर मॉडलिंग के अपने फ़ोटो अपलोड करती थी। डेटिंग के दौरान मुझे कुछ अपनी उम्र के पुरुष मिले, कुछ मुझसे बीस साल बड़े और कुछ मुझसे बीस साल छोटे। लेकिन उनमें से कोई भी अपनी तसवीरों जैसा नहीं दिखता था।

जल्दी ही मैंने सीख लिया कि लंच या डिनर की डेट का मतलब होता है कि तीन घंटे तक एक पुरुष की शिकायतें सुनो। ज्यादातर पुरुष अपने बारे में ही बात करते रहते थे या फिर अपनी भूतपूर्व बीवी की शिकायत करते रहते थे। इन दोनों में मेरी ज़रा भी दिलचस्पी नहीं थी। उन्हें तो ये तक नहीं पता चलता था कि मेरे बच्चे हैं क्योंकि वे मुझसे पूछते ही नहीं थे। उन्होंने मुझसे मेरे बारे में कुछ भी नहीं पूछा।

मैं एक ऐसे पुरुष की तलाश में थी, जो मेरे दिन-भर काम करने या लेक्चर या मॉडलिंग के सिलसिले में सफ़र करने के बाद वापस लौटने पर मुझे देखकर ख़ुश हो। बताइए क्या मैं कुछ ज़्यादा की उम्मीद कर रही थी? लगता है ज़्यादा ही थी।

इन्हीं दिनों इलॉन के पास एक डकशंड और एक यॉर्की था, और दोनों का एक पपी था।

उसने मुझसे कहा, "मैं आपको अपना ये पपी दे रहा हूँ।"

मैंने डरते हुए टॉस्का से कहा, "मैं न्यूयॉर्क में रह रही हूँ। पहली बार मैं पूरी तरह अकेली हूँ। मेरे पास अपने सिवा कोई ज़िम्मेदारी नहीं है। कोई

जानता तक नहीं कि मेरे बच्चे भी हैं। बड़ा मज़ा आ रहा है। और अब इलॉन अपना पपी मेरे सिर डालना चाहता है।" टॉस्का बोली—"इसको पालने के बाद आप बेकार के पुरुषों को डेट नहीं करेंगी मॉम।" और सच में यही हुआ। मैंने डेटिंग बन्द कर दी।

जब भी मैं किसी मर्द के साथ डेट पर जाती, अक्सर वो नकचढ़ा और खीज दिलाने वाला होता। चूँकि मुझे देर तक शिकायतें सुनने में मज़ा नहीं आता था इसलिए मैंने पुरुषों के साथ सिर्फ़ कॉफ़ी पर मिलना शुरू कर दिया। आधे घंटे के बाद मैं कहती, "मुझे अपने डॉगी को टहलाने ले जाना है।" यह एक अच्छा बहाना था।

जब मैं घर पहुँचती तो मेरा डॉगी मुझे बहुत शिद्दत से प्यार करता था। इस तरह मेरी डेटिंग छूट गई। और अच्छा ही हुआ क्योंकि इसका कोई मतलब नहीं था।

अगर आप प्यार में पड़ना चाहती हैं तो आपको डेट करना चाहिए। आपको बाहर निकलना होगा और दोस्तों से मिलना होगा। ऐसे दोस्त जो आपके साथ डेट पर जाने को राज़ी हों, या फिर आप ऑनलाइन डेटिंग को भी आज़मा सकती हैं (लेकिन ध्यान रहे कि किसी भीड़ भरे कॉफ़ी शॉप में मिलें और अपनी निजी जानकारी कभी साझा न करें जब तक कि आप सामने वाले से कई बार मिल न लें)। डेटिंग मुश्किल काम है। रिश्ते काफ़ी पेचीदा होते हैं पर इससे आपको कोई फ़र्क़ नहीं पड़ना चाहिए। मेरे रिश्तों से मुझे कभी उतनी ख़ुशी नहीं मिली जितनी मेरे डॉगी ने दी। लेकिन मैं इकहत्तर साल की हूँ इसलिए आपको अभी से इस रास्ते पर जाने की ज़रूरत नहीं है। आप कोशिश कर सकती हैं। आपको वही करना चाहिए जो आपको ख़ुशी दे। अगर आप किसी ऐसे व्यक्ति के साथ हैं जिससे आप प्यार नहीं करतीं पर जिसका साथ आपको अच्छा लगता है, जैसे कोई पक्का दोस्त, तो भी आपको कोई दिक़्क़त नहीं होनी चाहिए। अकेले रहने के बजाय अगर उस व्यक्ति के साथ रहने से आपको ज़्यादा ख़ुशी मिलती है तो यह बहुत अच्छी बात है। लेकिन अगर आप किसी के साथ रहने से नाख़ुश हैं तो अच्छा यही होगा कि उसका साथ

छोड़ दें। किसी ऐसे व्यक्ति के साथ रहने का कोई मतलब नहीं है जिसका साथ आपको अच्छा नहीं लग रहा हो।

दुनिया ने रूमानी रिश्तों को कुछ ज़्यादा ही बढ़ा-चढ़ाकर पेश किया है लेकिन क्या दोस्ती इससे बढ़कर नहीं है? मेरे कुछ दोस्त हैं जिनसे मैं ग्यारह बरस की उम्र में मिली थी। जूलिया से मैं तब मिली जब मैं अपने चालीसवें साल में थी। कुछ और नये दोस्तों से भी मैं इसी साल मिली।

जब मैं जूलिया से मिली, हम दोनों जूझ रहे थे और अपने-अपने काम में कामयाबी की तलाश में जुटे थे। इसके बावजूद हमने एक-दूसरे से कोई होड़ नहीं की। हम दोनों एक-दूसरे की कामयाबी चाहते थे। इसलिए हम ज़िन्दगी-भर के लिए दोस्त बन गए।

कामयाब दोस्ती का एक सबसे ज़रूरी तत्त्व है कि वो कितनी लम्बी टिकती है। दूसरा पहलू है कि वो आपको कितना बेहतर बनाती है। अगर आपके दोस्त ऐसे हों जो आपको नीचा दिखाएँ, या जो यह कहें कि आप उतनी अच्छी नहीं हैं तो ऐसे दोस्तों को ज़िन्दगी में बनाए रखने का कोई मतलब नहीं है, न ही उनसे कोई सलाह ली जा सकती है।

जूलिया कहती है कि हम हमेशा से एक-दूसरे के सबसे अच्छे चीयर-लीडर रहे हैं और मैं इस बात से सहमत हूँ। हमें एक-दूसरे का साथ अच्छा लगता है। हम दोनों ही बहुत मज़ाक़िया हैं और एक साथ बहुत हँसते हैं। हम अनुशासित हैं और कड़ी मेहनत करना पसन्द करते हैं। जब हम एक-दूसरे के साथ होते हैं, ख़ूब घूमते हैं—मिलान, पेरिस, दोहा, बुडापेस्ट...जब हम एक-दूसरे से दूर होते हैं, तो हम फ़ेसटाइम करते हैं। अगर आपको दोस्तों के साथ सुकून मिले और आप सहज रह पाएँ, तो इससे अच्छा कुछ नहीं हो सकता।

जब तक मैं इक्कीस साल की नहीं हो गई, अपने माता-पिता और भाई-बहनों के साथ रहती थी। इसके बाद मैं अपने बच्चों के साथ रहती थी। आज मुझे अकेले रहना पसन्द है। अपने दोस्तों और काम की व्यस्तता के बीच मेरे पास रात के खाने या पार्टियों के कई निमंत्रण होते हैं। हमारा परिवार अक्सर लंच पर एक

साथ होता है, बहाना कोई भी हो सकता है—कोई नया रेस्तराँ, नई कार, फ़िल्म, अपना रॉकेट या बिना किसी वजह के भी। मेरे बच्चों के बेटे-बेटियाँ मेरे घर आते हैं और रात में रुकते भी हैं और मेरी चादरों व तकियों से बिस्तर पर किले भी बनाते हैं।

मेरी ज़िन्दगी दोस्तों और परिवार से भरी-पूरी है और इससे फ़र्क़ नहीं पड़ता कि मैं किसी रूमानी रिश्ते में हूँ या नहीं। मुझे अपने डॉगी डेल रे के साथ ख़ामोश रात बिताना भी अच्छा लगता है। भले ही वो शनिवार की रात ही क्यों न हो।

मेरी माँ कहा करती थीं, "अगर तुम्हें अकेले ज़्यादा अच्छा लग रहा है और उसके साथ नहीं, तो इस रिश्ते से बाहर निकल आओ। अगर वो तुम्हारे साथ है और तुम बहुत ख़ुश हो और अकेले रहना तुम्हें काटने को दौड़ता है तो उस रिश्ते में बनी रहो।"

मैं यह बताते हुए बड़ी ख़ुश हूँ कि डेल रे और मेरे बीच ऐसा ही ख़ुशनुमा रिश्ता है।

पाँचवाँ भाग

सेहत

तेईस

अच्छा आहार तुम्हारी ख़ुशी बढ़ाएगा

खाने पर ध्यान दो

❖

एक युवा महिला मेरा इंटरव्यू ले रही थी और वो लगातार मेरी अच्छी सेहत की तारीफ़ किये जा रही थी। "आपकी ऊर्जा कमाल की है, आप कितनी जोशीली हैं।" उसकी बात सही थी।

मीटिंगों में जाने के लिए, पड़ता है, रनवे शोज़ में वॉक करने के लिए, लेक्चर, शोज़ और मॉडलिंग के सिलसिले में दुनिया के अलग-अलग कोनों में जाने के लिए मुझे बहुत सारी ऊर्जा की जरूरत पड़ती है। मुझे अपने डॉगी को टहलाने के लिए ऊर्जा चाहिए। अपने नवासे-नवासियों, पोते-पोतियों को स्कूल से लेने के लिए और कई घंटों या कई दिनों तक उनकी देखभाल करने के लिए ताक़त चाहिए। ऊर्जा मेरे दिमाग़ को तेज़ बनाए रखती है और मेरा मूड तरोताज़ा बनाए रखती है।

जब मैं मोटी थी, क़रीब सौ किलो की, और अपने मरीज़ों को अच्छी ख़ुराक के बारे में सलाह देती थी या कहीं कोई लेक्चर देती थी तो कहती थी कि मेरा वज़न जींस की वजह से बढ़ा है, क्योंकि मेरे परिवार में सारे लोग ज़्यादा वज़न वाले हैं। मैं इसे एक मज़ाक़ की तरह कहती और लोगों को सलाह देती

कि उन्हें अच्छी ख़ुराक लेनी चाहिए और वैसा खाना नहीं खाना चाहिए जैसा मैं खाती हूँ। इससे मेरा आत्मविश्वास नहीं बढ़ा क्योंकि मेरा तो ख़ुद पर क़ाबू ही ख़त्म हो गया था। उन दिनों मुझे खाना बहुत ज़्यादा पसन्द था। मैं फ्राइड चिकन, फ्राइज़, बर्गर, आइसक्रीम, चॉकलेट हर चीज़ खाती थी और जितना चाहती थी, उतना खाती थी। इसके बाद मैं 'फ़ूड कोमा' में चली जाती क्योंकि बहुत सारा खाने की वजह से मैं थक जाती थी। यहाँ यह समझने की ज़रूरत है कि जब आप बहुत ज़्यादा खाते हैं तो आपकी सारी ऊर्जा खाना पचाने में लग जाती है और ज़िन्दगी के बाक़ी कामों के लिए आपके पास ऊर्जा नहीं बचती। लेकिन जब आप स्वास्थ्यवर्द्धक खाना खाते हैं तो आपके पास बहुत सारी ऊर्जा रहती है। मेरी बात सुनकर मेरे मरीज़ हैरत में पड़ जाते थे। लेकिन जब उन्होंने अपनी खान-पान की आदतें बदलीं तो उन्हें पता लगा कि उनके पास भी काफ़ी ऊर्जा है, जिसके बारे में उन्हें पहले पता नहीं था।

सबसे महत्त्वपूर्ण है कि आप उम्मीद रखें, और अपने दिन के बारे में जोश में रहें। हम सभी को चाहिए कि हम सेहतमन्द तरीक़े से अपनी उम्र बढ़ाते चले जाएँ। बुढ़ापे में सेहत ख़राब होने के मुख्य कारण होते हैं—डायबिटीज़, अल्ज़ाइमर या दिल की बीमारी। सभी का ताल्लुक़ न्यूट्रीशन से है। अच्छी ख़ुराक लेने से बढ़ती उम्र के बावजूद भी आपकी सेहत अच्छी बनी रहेगी। साथ ही आपकी गतिशीलता भी बनी रहेगी। हो सकता है कि अभी आप इस बारे में फ़िक्रमन्द न हों, पर अपने परिवार को देखिए, और समझिए कि वो किस तरह जूझ रहे हैं। आप सेहत से जुड़ी कई समस्याओं को लेकर अपना जोखिम कम कर सकती/सकते हैं।

अपने शरीर और मन को सेहतमन्द बनाए रखने के लिए कुछ डाइट सबसे अच्छी हैं, जैसे कि डैश डाइट (नमक और वसा वाली चीज़ों को छोड़कर पौधों और जानवरों से मिलने वाला भोजन), मेडिटेरेनियन डाइट (पौधों से प्राप्त भोजन, जिसमें मिल्क प्रोड्क्टस, अंडा, मीट और प्रोसेस्ड फूड से परहेज़ किया जाता है) या फ़्लेक्सिटेरियन डाइट (अर्ध-शाकाहारी)। इन सबके लिए आपको पहले से योजना बनाने की ज़रूरत पड़ती है।

योजना बनाने की शुरुआत आपको अपनी डाइट के बारे में सब कुछ लिखकर करनी चाहिए। जब मैं अपने क्लाइंट्स से मिलती थी तो मैं रोज़ाना के उनके खाने के बारे में बहुत विस्तार से पूछती थी कि वे कितने बजे उठते हैं, नाश्ते और खाने में क्या-क्या खाते हैं, किस वक़्त खाते हैं, उन्हें क्या-क्या खाना पसन्द है। और किस समय उनकी क्या गतिविधियाँ रहती हैं। इससे मुझे समझ में आ जाता था कि उनकी ख़ुराक किस तरह की चल रही है। अगला सवाल शराब के बारे में होता था, कितनी बार पीते हैं, किस तरह की और कितनी तादाद में। मेरी सलाह होती थी कि महिलाएँ दिन में एक बार एक ड्रिंक ले सकती हैं और पुरुष दिन में दो ड्रिंक ले सकते हैं। रिसर्च दिखाती है कि इतनी तादाद में अगर शराब ली जाए तो वो सेहत को फ़ायदा पहुँचा सकती है। हालाँकि अगर आप शराब नहीं पीते हैं, तो आपको पीनी भी नहीं चाहिए। कुछ क्लाइंट्स ने जब शराब के बारे में मेरी सलाह मानी तो उनका वज़न काफ़ी कम हो गया। इसका मतलब यह था कि वे ठीक-ठीक याद नहीं रख पा रहे थे कि उन्होंने कितनी पी। कभी-कभी वे कहते कि उन्हें हैंग-ओवर हुआ था और यह बहुत ख़ौफ़नाक था। मुझे समझ नहीं आता था कि वे दिन में दो बार शराब क्यों पीना चाहते हैं। चूँकि मैं शराब की इतनी शौकीन कभी नहीं रही इसलिए मुझे यह समस्या समझ में भी नहीं आती। शराब पीने से आपकी इच्छाशक्ति ख़त्म हो जाती है। मेरी भी हो जाती है। जब मैं रम और डाइट कोक जैसे अपने पसन्दीदा ड्रिंक लेती हूँ तब मैं कोई भी खाना खा सकती हूँ। ऐसे मौक़ों पर सलाद तो आसपास होते नहीं इसलिए आमतौर पर चिप्स, फ्राइज़ और मेवे... और मैं ये सारी चीज़ें बहुत सारी खा सकती हूँ। इस तरह अच्छी ख़ुराक की सारी योजना का सत्यानाश हो जाता है। अगर आपको लगता है कि शराब आपकी इच्छाशक्ति को ख़त्म कर देती है तो इसे एक वजह मानकर आपको अभी से शराब की लत से छुटकारा पाने की कोशिश शुरू कर देनी चाहिए।

मैं अपने मरीज़ों से पूछती थी कि अगर वे कॉफ़ी या चाय पीते हैं तो कितने कप, और कैसे दूध के साथ, (आजकल लोग ग्रीन टी भी पीते हैं) शक्कर के साथ या मिठास के लिए कुछ और डालते हैं, मैं अपने मरीज़ों को दिन में ज़्यादा से ज़्यादा तीन कप कॉफ़ी पीने को कहती थी, या तीन कप चाय।

इसी तरह एक दिन में तीन डाइट सोडा, बस। जहाँ तक मेरा सवाल है तो एक आम दिन मैं दो कप कॉफ़ी पीती हूँ। एक कप चाय और एक डाइट सोडा।

अक्सर लोग हैरान रह जाते हैं जब मैं दूध के साथ कॉफ़ी ऑर्डर करती हूँ और वो भी मीठी। आमतौर पर फ़ैड डाइट में यह सब छोड़ने को कहा जाता है। मेरी नज़र में यह कोरी बकवास है। इसलिए विज्ञान और सामान्य बुद्धि से काम लीजिए और अपनी कॉफ़ी का पूरा लुत्फ़ उठाइए। मुझे दूध और स्वीटनर के साथ 'ब्लैक टी' पसन्द है। हालाँकि कहा जाता है कि ग्रीन टी सेहत के लिए काफ़ी फायदेमन्द होती है और इसमें बहुत सारे एंटी-ऑक्सीडेंट होते हैं पर मुझे इसका फ़्लेवर या स्वाद पसन्द नहीं है। अगर आपको न्यूट्रीशन वाले ड्रिंक पसन्द नहीं हैं तो उन्हें पीने की कोई ज़रूरत नहीं है। कुछ चाय वज़न घटाने या रात में अच्छी नींद के लिए पी जाती हैं। पर आपको इनके इस्तेमाल में सावधानी की ज़रूरत है। अगर आपको लगता है कि ये कारगर हैं तो याद रखिए कि उनमें कुछ ऐसे तत्त्व भी हैं जो आपका वज़न घटाने या रात में आपको सुलाने में सहायक हैं।

भूख के अलावा भी कई और वजहें है जिनके रहते लोग ज़रूरत से ज़्यादा खाना खाते हैं। मैं अपने मरीज़ों से पूछती हूँ कि क्या जब उन्हें बेचैनी, तनाव, थकान, बोरियत, निराशा, और अकेलापन महसूस होता है तो वे ज़रूरत से ज़्यादा खाना खाते हैं या फिर जब वे ख़ुश होते हैं दोस्तों या रिश्तेदारों के साथ पार्टी करते हैं तब। कुछ मरीज़ों का जवाब होता है कि इन सभी वजहों से वे ज़रूरत से ज़्यादा खाते हैं जबकि कुछ कहते हैं कि हाँ, इनमें से कुछ वजहें हैं। खाने की सबसे अच्छी इकलौती वजह होती है कि आपको भूख लगी हो—मैं अपने मरीज़ों का अन्य सभी वजहों से खाना खाना बन्द करवाती हूँ। बिना इन वजहों को बदले तो आप लोगों के खाने के तरीक़े को नहीं बदल सकते।

जब आप चिन्तित होते हैं और ज़रूरत से ज़्यादा खाना खाते हैं तो सवाल यह उठता है कि आपकी इस चिन्ता का कारण क्या है? क्या इस वजह का कोई निदान किया जा सकता है? क्या आपको किसी घटना के होने या न होने की फ़िक्र है? कभी-कभी हम उन चीज़ों से डरते हैं जो कभी हमारे साथ होती

ही नहीं। जबकि कई ऐसे मौक़े होते हैं जब हम उम्मीद भी नहीं करते और हमारे साथ भयानक घटनाएँ हो जाती हैं और हमें उनकी चिन्ता भी नहीं होती।

अगर काम के तनाव की वजह से आप ज़्यादा खा लेते हैं, तो फ़ैसला आपको करना होगा कि क्या आपको अपने काम को भी बदलना चाहिए। अगर आपको अपना काम पसन्द है पर आपको अपने साथी पसन्द नहीं हैं, तो इसमें कैसे बदलाव किया जा सकता है? क्या आप उनसे बात कर सकते हैं? उसी कम्पनी के किसी और डिवीजन में जा सकते हैं? या फिर आपको असल में दूसरी नौकरी तलाश करने की ज़रूरत है? आपको अपने दफ़्तर में ख़ुश रहना चाहिए। जब आप ख़ुश होते हैं तो अच्छा आहार (अच्छी डाइट) लेना आसान होता है। वरना आप वो चीज़ें खाते हैं जो आपको सुकून दें, जैसे कि ऑफिस के किचन में कुकीज़ या मफ़िन या ऐसी ही दूसरी चीजें। आपके सामने दूसरा विकल्प यह है कि जितना हो सके, आप पोषक खाना ही खाएँ। अपने आसपास मौजूद जी ललचाने वाली चीज़ों से बचें, और अपनी मेज़ पर तथा अपने किचन के फ्रिज में सेहतमन्द चीज़ें ही रखें।

अगर आप अपने किसी निजी रिश्ते की वजह से ज़रूरत से ज़्यादा खाती हैं, जैसे अपने किसी प्रेमी की वजह से, जिसे आप प्यार करती हैं और जो धमकी दे रहा है कि अगर आपने अपना वज़न नहीं घटाया तो वो आपको छोड़कर चला जाएगा तो इसका फ़ैसला आपको ख़ुद करना होगा। आपको यह समझना है कि असली दिक़्क़त आपके वज़न में नहीं है। मेरे साथ यही हुआ था। मैंने तो अपने-आपको बहुत दुबला-पतला कर लिया था ताकि मेरा बॉयफ्रेंड ख़ुश रहे। इसके बावजूद उसने मुझसे धोखा किया और मुझसे शिकायतें करता रहा। इसका मतलब यह है कि मेरे मोटे होने में कोई दिक़्क़त नहीं थी, बल्कि इसे वो एक बहाने की तरह इस्तेमाल कर रहा था। आपको अच्छा खाना अपने-आप को ख़ुश रखने के लिए खाना चाहिए न कि दूसरों को।

अगर आप थक गई हैं और इस वजह से ज़रूरत से ज़्यादा या नुकसान पहुँचाने वाली चीज़ें खाती हैं, तो आपको अपने आसपास खाने-पीने की सेहतमन्द चीज़ें रखनी चाहिए। जब मैं तीन बच्चों की माँ थी तो मुझे आराम करने का बिलकुल वक़्त नहीं मिलता था। यहाँ तक कि मैं रात को भी नहीं

सो पाती थी। उस दौर में मैं अपने आसपास सेहतमन्द चीज़ें ही रखती थी ताकि लालच में आकर मैं बेकार चीज़ें न खा लूँ। आज भी मैं अपने आसपास सेहतमन्द चीज़ें ही रखती हूँ।

जब आप अवसाद या निराशा की वजह से ज़्यादा खाती हैं, तो आपको पता लगाना चाहिए कि आपके डिप्रेशन की वजह क्या है और उसे ठीक करना चाहिए। एक बार जब मरीज़ अपने डिप्रेशन का उपाय ढूँढ़ लेते हैं और सन्तुलित अच्छी डाइट लेने की कोशिशें शुरू करते हैं तो उनके भीतर ज़्यादा आत्मविश्वास पैदा होता है। उन्हें ज़्यादा सकारात्मकता महसूस होती है। उनके जो कपड़े टाइट हो चुके होते हैं, अब सही होने लगते हैं। वो ख़ुशी से छलकते हुए मेरे पास आते हैं और यह बात बताते हैं। ऐसा ही उन लोगों के साथ भी होता है जो बोर होने पर या अकेले होने पर ज़रूरत से ज़्यादा खाने लगते हैं।

मेरे कुछ मरीज़ हैप्पी-ईटर्स थे। ये ऐसे लोग होते हैं जिन्हें खाना बहुत पसन्द होता है—ख़ासतौर पर ज़्यादा चर्बी, ज़्यादा नमक और ज़्यादा शक्कर वाला खाना। उनकी टेबल पर जितना ज़्यादा खाना होता है, उन्हें उतना ही ज़्यादा अच्छा लगता है। यह दर्शाने के लिए एक अध्ययन किया गया कि अगर आप किसी मोटे व्यक्ति के सामने एक प्लेट पास्ता रख दें तो वो ख़ुशी-ख़ुशी उसका ज़्यादातर ख़त्म कर सकता है। पर अगर आप उसके सामने चार अलग-अलग तरह के पास्ता की चार प्लेटें रख दें तो वो और ज़्यादा ख़ुश हो जाएगा और सारा का सारा खाना ख़त्म करने की कोशिश करेगा। मुझे यह बात अच्छी तरह समझ में आती है क्योंकि सिर्फ़ एक तरह का पास्ता होगा तो हम उसके फ़्लेवर से थक जाएँगे, बोर हो जाएँगे। इसके अलावा हमें प्लेट में मौजूद सारी चीज़ें ख़त्म करना पसन्द होता है। अगर हमारे सामने चार प्लेटें हैं, तो शायद हम उन चारों को ख़त्म न कर पाएँ, पर हम कोशिश ज़रूर करेंगे। जब हम इस तरह से ज़रूरत से ज़्यादा खाते हैं तो बहुत ख़ुश होते हैं पर अगली सुबह हम बहुत उदास हो जाते हैं। जब आप ख़ुश हों तब भी अपने आत्म-नियंत्रण पर काम करें। इसी तरह, अगर आपको लोगों से मिलना-जुलना पसन्द है और आप दो ग्लास वाइन या बीयर पी लेते हैं, और इसके बाद जो भी नाश्ता वहाँ मौजूद

होता है, उसे खाते हैं—ज़ाहिर है कि वहाँ सलाद तो होगा नहीं—क्रैकर, चीज़, चिप्स, मूँगफ़ली, फ्राइज़ और मिनी बर्गर जो अक्सर ज़रूरत से ज़्यादा खा ली जाती हैं। दूसरे लोग भी खा-पी रहे हैं, उनका वज़न क्यों नहीं बढ़ता? ऐसा इसलिए क्योंकि कुछ लोग कुदरती तौर पर दुबले होते हैं—या फिर वो उतनी चीज़ें नहीं खाते जितनी आप खा रहे हैं। अगर मुझे ड्रिंक्स पर आमंत्रित किया जाता है तो मैं आमतौर पर रम या डाइट कोक या फिर फ्रूटी मार्टिनी ऑर्डर करती हूँ और किसी सेहतमन्द चीज़ की तलाश करती हूँ जैसे कि किसी तरह की कोई सब्ज़ी या फिर झींगे से बना एपेटाइज़र, जिसे फ्राई नहीं किया गया हो। और उसके बाद मैं डिनर के लिए बाहर नहीं जाती। जो नाश्ता मैं करती हूँ, वही मेरा डिनर है। उसमें इतनी ज़्यादा कैलोरीज़ होती हैं कि मेरा सच में पेट भर जाता है और डिनर के लिए मेरी सारी भूख ख़त्म हो जाती है। इसके लिए ट्रेनिंग चाहिए, इच्छाशक्ति चाहिए, नज़र रखनी पड़ती है, डटे रहना पड़ता है लेकिन रात के आख़िर में बहुत अच्छा महसूस होता है। याद रखिए, दूसरों के साथ पार्टी करते हुए अच्छी तरह खाने के बाद आपको कितना अच्छा (या बुरा) महसूस होता है, ख़ुद को याद दिलाती रहिए।

खाने-पीने की एक अच्छी योजना सुबह शुरू होती है। मैं ओटमील या कोई हाई-फ़ाइबर वाला सीरियल एक प्रतिशत दूध (यानी बहुत हल्के दूध) के साथ लेती हूँ और केले के कुछ स्लाइस। आपका नाश्ता सादा और फ़ौरन तैयार होने वाला होना चाहिए। अगर आप खाने के साथ रचनात्मक नहीं हैं, और अगर आपको कोई ऐसी चीज़ मिलती है, जो कारगर हो, तो मुमकिन है कि आप रोज़ाना एक ही चीज़ खाने लगेंगे।

मुझे पता होता है कि सुबह आगे चलकर मुझे भूख लगेगी इसलिए मैं पहले से प्लान करती हूँ और फल और योगर्ट खाने को तैयार रहती हूँ या फिर गेहूँ से बनी ब्रेड और पीनट बटर। इसके बाद लंच और फिर एक और स्नैक क्योंकि दोपहर और शाम के बीच का वक़्त ऐसा होता है जब भूख लगती है। इसे पहचानिए कि यह भूख असली है, या बोरियत, थकान या स्ट्रेस की वजह से है। छह घंटे तक बिना खाने के मत रहिए, वरना आपको बहुत ज़्यादा भूख

लग जाएगी। अगर आप ऐसे इनसान हैं, जिसे दोपहर को सही खाना चुनने में दिक़्क़त होती है तो ज़्यादा लम्बे समय तक भूखे मत रहिए। इससे पहले कि आपको भूख लगे, क़रीब साढ़े तीन बजे के आसपास एक स्नैक खाने की तैयारी रखिए। इसके बाद डिनर के वक़्त आप खाने के लिए एकदम तैयार रहेंगी।

मुझे डिनर जल्दी करना पसन्द है और रात को मैं हल्का खाना खाना पसन्द करती हूँ। जहाँ तक मुमकिन हो मैं रात के सात बजे से लेकर सुबह के सात बजे तक कुछ नहीं खाती। लेकिन अगर मुझे भूख लगी हो तो मैं सोने नहीं जा सकती। ऐसे में मैं एक गिलास दूध या फिर आधा कप कॉटेज चीज़ या पनीर खा लेती हूँ। आप देखेंगे कि मैं पूरे दिन हर थोड़ी देर में कुछ-न-कुछ खाती रहती हूँ ताकि बहुत ज़्यादा देर भूखी न रहूँ। इसके साथ ही मैं छोटे-छोटे पोर्शन चुनती हूँ ताकि मुझे पेट बहुत ज़्यादा भरा न लगे। अगर मुझे बहुत ज़्यादा भूख लगेगी तो इससे मेरा मूड ख़राब हो जाएगा या फिर मुझे बहुत थकान महसूस होगी। ऐसे में जब मुझे हल्की भूख महसूस होती है तो मैं समझ जाती हूँ कि अगले खाने का वक़्त हो गया है।

हर थोड़ी देर में कुछ खाना, सेहतमन्द खाने के छोटे-छोटे पोर्शन चुनना और तब तक इन्तज़ार करना जब तक भूख न लगे, खाने की अच्छी योजना की बुनियाद हैं।

मैं खाना बनाने में उतनी माहिर नहीं हूँ—यह काम मैं किम्बल पर छोड़ देती हूँ। छुट्टियों में इलॉन और मैं उसके रास्ते में नहीं आते, वो मज़े से किचन में हमारे लिए शानदार खाना तैयार करता रहता है, टॉस्का उसकी मदद करती है। लेकिन घर पर तो मुझे अपने खाने का इन्तज़ाम ख़ुद ही करना पड़ता है, भले ही मुझे खाना पकाना उतना पसन्द नहीं है। मैं हफ़्ते भर की बची-खुची सब्ज़ियों से बढ़िया सूप बना लेती हूँ, साथ में चावल और बींस (सूखे बींस, जिन्हें रात-भर भिगोकर रखना पड़ता है)। मैं सूप को छोटे-छोटे पोर्शन में फ्रीज़ कर लेती हूँ ताकि ज़रूरत पड़ने पर उसे डी-फ्रॉस्ट करके गरम किया जा सके और पिया जा सके।

मेरे सत्तरवें जन्मदिन पर मेरे बच्चों ने एक स्पीच दिया जिसमें उन्होंने मेरे खाने का मज़ाक़ उड़ाया था कि जब वे बड़े हो रहे थे तो मैं उन्हें किस तरह का खाना देती थी—हाई-फ़ाइबर वाले सीरियल्स दूध के साथ, बहुत सारे फल, सब्ज़ियाँ, पीनट बटर वाले सैंडविच और बीन का सूप। मैं अभी भी यही खाती हूँ, क्योंकि सेहतमन्द खाने का जटिल होना ज़रूरी नहीं है।

ज़रूरी नहीं कि सेहतमन्द खाना महँगा ही हो। हमें बहुत किफ़ायत से पाला-पोसा गया था क्योंकि मेरे माता-पिता ने अमेरिका की महान मन्दी का सामना किया था। हम महँगा खाना नहीं खाते थे और खाना बर्बाद तो क़तई नहीं करते थे। मैंने सारी ज़िन्दगी किफ़ायती खाना ही खाया। आज भी मैं खाने पर ज़्यादा ख़र्च नहीं करती। हालाँकि आज पैसे बचाने की ज़रूरत नहीं है। दिक़्क़त यह है कि कम आमदनी वाले लोग समझते हैं कि उन्हें अपनी रोग-प्रतिरोधक क्षमता बढ़ाने की ज़रूरत है या डी-टॉक्स करना होगा या उन्हें ऊर्जा देने वाले जूस चाहिए, जो महँगे होते हैं। तमाम विज्ञापन देखकर उन्हें यह भी लगता है कि उन्हें सप्लीमेंट्स की ज़रूरत है। लोग हमेशा कहते हैं कि हमें जैविक (ऑर्गेनिक) खाना खाना चाहिए। लेकिन बहुत सारे लोग ऑर्गेनिक चीज़ें नहीं ख़रीद पाते क्योंकि वो बहुत महँगी होती हैं। या फिर वे इन चीज़ों को खोज नहीं पाते। पर इस वजह से आपको फल और सब्ज़ियाँ खाना बन्द नहीं करना है। बस उन्हें अच्छी तरह से धोकर खाइए।

पहले से खाने की योजना बनाने के लिए मैं आपको कुछ युक्तियाँ बता रही हूँ : एक पीनट बटर सैंडविच और एक केला पैक कर लीजिए और एक कैफ़े लाते (दूध वाली कॉफ़ी) ऑर्डर कर लीजिए। या फिर एक एग-सैंडविच, या फिर चीज़ और टमाटर वाला सैंडविच, इन दोनों को आप अपने ऑफिस के फ्रिज में रख सकती हैं। आप चार अंडे उबाल सकती हैं और उन्हें चार दिनों तक खा सकती हैं। एक कुकी के बजाय आपको एक सेब खाना चाहिए। इसके बाद आपको काफ़ी तरोताज़ा महसूस होगा। योगर्ट खाना बहुत ही आसान है। जब आप जल्दी में हों तो एक गिलास दूध पीना कोई मुश्किल काम नहीं है। अगर कोशिश करें तो सब कुछ आपके आसपास होता है। पहली बार अगर

आप यह ग़लती करती हैं कि नाश्ता न करें और सीधे दस बजे एक डोनट खा लें तो इसमें आपका कोई दोष नहीं है। दूसरी बार जब आप ऐसा करती हैं तो यह आपकी ग़लती है। इसके लिए आपको योजना बनानी चाहिए। अगर आप नाश्ता नहीं कर रही हैं तो शायद ऐसा इसलिए है क्योंकि बीती रात आपने डिनर में बहुत कुछ खा लिया था और सुबह आपको भूख नहीं लगी। अगर इसकी वजह यह है कि आपको देर हो रही थी तो अगले दिन पाँच मिनट पहले उठ जाइए। अगर मैं अपने ईमेल चेक करते हुए सीरियल्स खा सकती हूँ तो आप भी खा सकती हैं।

*

मेरे पास कोई विकल्प नहीं है, मैं या तो योजनानुसार सेहतमन्द खाना खाऊँ या फिर वज़न बढ़ने के लिए तैयार रहूँ क्योंकि जो चीज़ें उपलब्ध होती हैं वो सेहतमन्द नहीं होतीं। मैं जानती हूँ कि अगर मैं हाई-कार्ब खा रही हूँ तो मुझे दो घंटे में भूख लग जाएगी। अगर मैं अपने टोस्ट के साथ अंडे लेती हूँ तो मुझे चार घंटे में भूख लगेगी। वसा और प्रोटीन आपको देर तक भूख नहीं लगने देते क्योंकि उन्हें पचने में समय लगता है। पर मुझे हाई-कार्ब पसन्द हैं इसलिए घर पर मैं हर दो घंटे में खाती हूँ। जब मैं सफ़र करती हूँ तो नाश्ते के लिए अपने कमरे में ओटमील मँगाती हूँ जिसकी मात्रा बहुत ज़्यादा होती है। इसमें से आधा सुबह आठ बजे खाती हूँ, आधा दस बजे खाती हूँ और फिर साढ़े बारह बजे लंच करती हूँ तो मुझे बहुत ज़्यादा भूख नहीं लगी होती। जब आपको भूख लगी होती है, तो आपकी सोचने की ताक़त ख़त्म हो जाती है और ज़्यादा वसा वाला खाना लालच जगाता है और अक्सर ही आपके पास होता है। जैसे ऑफिस के कैफ़े में क्रॉसों और चिप्स।

मैं अक्सर कहती हूँ कि मुझे पहले से सोचना पड़ता है वरना रास्ता बहुत फिसलन भरा है और एक बार उलटा-सीधा खाने के बाद वापस लौटना मुश्किल हो जाता है। लेकिन मुझे फ़ौरन सँभलना पड़ता है और सेहतमन्द खाना खाना शुरू करना पड़ता है, वरना मेरा वज़न बढ़ जाता है। अगर मैं रात का खाना ज़्यादा खा लूँ, तो मेरा वज़न लगभग डेढ़ किलो बढ़ जाता है और

मेरे पैंट चुस्त हो जाते हैं। इस वज़न को घटाने में मुझे तीन दिन लग जाते हैं। हर साल यह लगातार कम होता चला जा रहा है।

जब मैं घर पर होती हूँ तो इसी तरह जीती हूँ और जब सफ़र पर निकलती हूँ तो भी मैं इसी सिद्धान्त का पालन करती हूँ। आजकल मैं काम के सिलसिले में बहुत सफ़र करती हूँ। चाहे मैं तीन घंटे के लिए निकलूँ, आठ दिन के लिए या फिर एक हफ़्ते के लिए...मुझे पूरा एहसास रहता है कि मुझे खाने-पीने की अपनी योजना क़ायम रखनी है। अगर मुझे ऐसा लगता है कि मैं बाहर होने की वजह से खाने-पीने की योजना नहीं बना सकूँगी, तो मैं पहले से सोचकर रखती हूँ कि मेरा शेड्यूल क्या होगा और कौन-से खाने वहाँ उपलब्ध हो सकते हैं। लेकिन अगर पक्का नहीं होता, तो मैं केले ख़रीद लेती हूँ, क्योंकि केला खाकर एक या दो घंटे तक काम चल सकता है।

मैंने सीख लिया है कि अगर मुझे अच्छा और सेहतमन्द खाना खाना है, तो एक योजना बनानी होगी और मैं यही करती हूँ—सफ़र के दौरान तो मैं और भी ज़्यादा ख़याल रखती हूँ। पिछले साल मुझे कई आयोजनों में जाना था, और वो भी दुनिया की अलग-अलग जगहों पर। छह हफ़्तों की इस यात्रा में मैं लॉस एंजेलेस से न्यूयॉर्क, वहाँ से लन्दन और फिर न्यूयॉर्क गई। इसके बाद मिलान, वहाँ से वापस लन्दन और फिर लॉस एंजेलेस वापस। हर शहर में मुझे मॉडलिंग का काम करना था, लोगों से मिलना था, जगहें देखनी थीं, यानी मेरी पूरी यात्रा की बेहतरीन योजना बनाई गई थी। ये सब करने में काफ़ी ऊर्जा लगती है।

सबसे पहले तो मैं इमरजेंसी के लिए अपने बैग में कुछ स्नैक्स हमेशा रखती हूँ, जैसे कि नट्स और ड्राई फ़्रूट्स वग़ैरह। अगर आपको बहुत भूख लगी है तो जो मिलेगा, जितनी जल्दी मिलेगा, आप वो खा लेंगी; और याद रखिए अच्छा व सेहतमन्द खाना कभी आपको अपने आसपास नहीं मिलेगा। इस तरह के पेटू एहसासों को जीतने के लिए मैं एक छोटा स्नैक ले लेती हूँ जो अगले खाने तक के लिए कोई सेहतमन्द चीज़ तलाश करने में मेरी मदद करता है।

दूसरी बात, जब मैं होटल में रुकती हूँ, तो मैं पहले ही फ़ोन करके होटल

स्टाफ़ से कह देती हूँ कि कमरे में जो भी स्नैक्स रखे हैं, उन्हें हटा दिया जाए। मुझे अपने आसपास ललचाने वाले चॉकलेट नहीं चाहिए। मैं होटल स्टाफ़ से यह भी कहती हूँ कि वे फ्रिज़ को भी ख़ाली कर दें क्योंकि मुझे अपना खाना रखने के लिए जगह चाहिए। मैं स्थानीय मार्केट में जाकर दूध, सीरियल, फल, नट्स और योगर्ट ख़रीद लेती हूँ। यही नहीं मैं गेहूँ का रोल भी ख़रीद लेती हूँ, साथ में मक्खन, चीज़ और टमाटर, ताकि मुझे एक अच्छा-ख़ासा स्नैक मिल सके।

तीसरी बात, सुबह मैं अपनी कॉफ़ी ख़ुद बनाती हूँ और उसमें अपना ख़रीदा दूध ही डालती हूँ जो ज़्यादा सेहतमन्द होता है। इस तरह मुझे होटल के कमरों में रखे ज़्यादा फ़ैट वाले दूध को इस्तेमाल करने की ज़रूरत नहीं पड़ती। मुझे भूखे बाहर जाना पसन्द नहीं है इसलिए निकलने से पहले मैं योगर्ट या फिर एक गिलास दूध पीकर निकलती हूँ ताकि मुझे यहाँ-वहाँ का नुकसानदेह खाना न खाना पड़े। मुझे पैन-केक बहुत पसन्द हैं, पर मुझे पता है कि अगर मैं उन्हें खाऊँगी तो मेरी डाइट की योजना पटरी से उतर जाएगी क्योंकि जब तक मैं पूरी प्लेट न ख़त्म कर लूँ, मैं रुकूँगी नहीं। अपनी ग़लतियों से सीखिए और पहले से योजना बनाइए।

अगर मैं डिनर पर बाहर जा रही हूँ, तो निकलने से पहले एक स्नैक खा लेने से बहुत फ़र्क़ पड़ता है। इस तरह खाना ऑर्डर करने से पहले मैं लालच में ब्रेड नहीं खाती। खाने में मैं मेन कोर्स की बजाय अक्सर सब्ज़ियों का सूप और गेहूँ का बना ब्रेड लेती हूँ। मैं कभी जल्दबाज़ी नहीं करती बल्कि अपने मन में सब चीज़ों की पहले से योजना बना लेती हूँ।

बहुत सारे फ़ॉलोअर मुझसे पूछते हैं कि मैं रोज़ाना क्या खाती हूँ। जब मैं किसी आम दिन घर पर रहती हूँ तो मेरा खाना कुछ इस तरह का होता है :

नाश्ता

मैं एक बड़े कंटेनर में अपने पसन्दीदा हाई-फ़ाइबर सीरियल रख लेती हूँ, जैसे कि चीरियोज़, ब्रैन फ़्लेक्स, या ब्रैन बड्स, सूखी क्रैनबेरीज़ या किशमिश, अखरोट या सूरजमुखी के बीज। ये दो हफ़्तों के लिए

काफ़ी होते हैं। मैं इसे हिलाकर मिलाती हूँ और एक कप जितनी मात्रा लेती हूँ। इसमें आधे कप कटे हुए केले और एक प्रतिशत वसा वाले दूध का एक कप मिला लेती हूँ।
एक प्रतिशत वसा वाले दूध के साथ कॉफ़ी और एक पैकेट कृत्रिम स्वीटनर।

स्नैक

आधा कप योगर्ट।
एक सेब।
एक कप काली चाय एक प्रतिशत वसा वाले दूध के साथ और इसमें एक पैकेट कृत्रिम स्वीटनर।

लंच

एक कप घर पर पकी बीन और सब्ज़ियों का सूप।

एक घंटे बाद

गेहूँ के ब्रेड के दो स्लाइस, दो टी-स्पून बटर, एक टेबल-स्पून पीनट बटर और लेटस (Lettuce)।
एक डाइट सोडा।

एक घंटे बाद

एक सन्तरा।

स्नैक

कैफ़े लाते, एक प्रतिशत वसा वाले दूध के साथ, इसमें एक पैकेट कृत्रिम स्वीटनर।
एक टेबल-स्पून मेवे।

डिनर : शाम छह बजे

सलाद, जिसमें होता है—एक कप लेटस, एक स्लाइस प्याज़, आधा टमाटर, चौथाई कप गार्बान्ज़ो बींस (सफ़ेद चने या छोले), एक उबला अंडा, दो औंस डिब्बाबन्द सामन (Salmon), एक टेबल-स्पून सूरजमुखी के बीज, दो टेबल-स्पून विनेग्रेट।

स्नैक

एक कप एक प्रतिशत वसा वाला दूध या आधा कप कम फ़ैट वाला कॉटेज चीज़ या पनीर।
बारह अंगूर।

सूप की रेसिपी

एक पैकेट 15 बीन सूप (डिब्बाबन्द सूप) जिसे रात-भर भिगोया जाता है और डेढ़ घंटे उबाला जाता है। आख़िरी बीस मिनट में मैं इसमें वाइल्ड राइस, सब्ज़ियाँ और घर पर जो भी मसाले मौजूद हों—वो मिला देती हूँ।

चौबीस

अपने खाने के मज़े लो

कोई जादुई गोली नहीं है

❖

आजकल लोग सुपर-फ़ूड्स के बारे में बहुत बात करते हैं, जबकि ब्रेड के नाम से ही डरने लगते हैं। दूध के नाम से भी उन्हें डर लगता है। उन्हें डर लगता है कि उनका प्रोटीन कम न हो जाए। सब लोग प्रोटीन पाउडर, प्रोटीन के सप्लीमेंट, हाई-प्रोटीन वाले चॉकलेट लेना चाहते हैं। लेकिन क्यों, मुझे समझ नहीं आता। मैं बीते पैंतालीस सालों से बतौर डायटीशियन प्राइवेट प्रैक्टिस कर रही हूँ, मुझे तो कोई भी मरीज़ ऐसा नहीं मिला, जिसमें प्रोटीन की कमी हो। लेकिन कॉमन-सेंस की इस बात को कोई समझना ही नहीं चाहता। इसकी बजाय उन्हें जादुई गोली चाहिए।

अक्सर मुझे इस बात की ख़ुशी होती है कि मैंने पाँच साल पहले काउंसलिंग बन्द कर दी, अब मैं मॉडलिंग और लेक्चर में ज्यादा व्यस्त रहती हूँ। असल में कोई भी तार्किक बात आज के लोगों को पसन्द नहीं आती बल्कि फ़ैड-डाइट का चलन बहुत बढ़ गया है। अब मुझे लोगों को यह बात बताने के पैसे मिलते हैं कि वे विज्ञान और कॉमन-सेंस पर भरोसा करें। सचमुच वही वक़्त आ गया है।

यह सच है कि फ़ैड-डाइट की वजह से वज़न तेज़ी से घटता है क्योंकि इसमें आपका पसन्दीदा खाना, प्रोसेस्ड खाना, ज़्यादा फ़ैट वाला खाना और शराब बन्द कर दी जाती है। दरअसल लोगों ने सेहतमन्द खाना खाने की कोशिश की, पर कई बार नाकाम रहे। लालच से बचना सचमुच बड़ा मुश्किल होता है। इसलिए लोगों को यह आसान लगता है कि खाने के एक समूह को पूरी तरह से हटा दिया जाए, मिसाल के तौर पर, अगर कार्ब (कार्बोहाइड्रेट) को पूरी तरह से हटा दिया जाए तो पिज़्ज़ा, चिप्स, फ्राइज़, हैमबर्गर बन, पास्ता और डेज़र्ट सब खाना बन्द हो जाता है। लोगों को यह अच्छा व सेहतमन्द खाना खाने की तुलना में ज़्यादा आसान लगता है क्योंकि वे यह नहीं समझ पाते कि सेहतमन्द खाने का मतलब है ज़्यादा कैलोरी वाले इन खानों की सीमित मात्रा ली जाए। जब मैं उन्हें यह बताती हूँ कि अपने लम्बे काउंसलिंग करियर में मैंने नहीं देखा है कि किसी का भी वज़न गेहूँ की ब्रेड खाने से बढ़ा हो। यह बात उन्हें समझ में तो आती है पर वे गेहूँ की ब्रेड नहीं खाते। इसके बजाय वे बेगेल या क्रॉसों खाते हैं। ऐसे लोग ज़्यादा फ़ाइबर वाला खाना भी नहीं खाते, और इसी मामले में उन्हें बदलाव करने की ज़रूरत है। आपको ज़्यादा फ़ाइबर वाले सीरियल, ब्रेड, ब्राउन राइस, बींस, नट, फल और सब्ज़ियाँ खानी चाहिए। मुझे पता है कि ज़्यादातर लोग आजकल बींस ज़रा भी नहीं खाते और बहुत कम लोग सही मात्रा में फल और सब्ज़ियाँ खाते हैं। आप सोचेंगे कि यह तो कॉमन-सेंस की बात है और यह सच भी है। जब कोई डाइट कहती है कि आपको फलों की जगह स्नैक में बेकन खाना चाहिए तो आपके मन में यह बात उठनी चाहिए कि यह अच्छी बात नहीं है। पर इसके बजाय आप क्या कहते हैं—'वाह, मैं बेकन खा सकता हूँ।'

अगर आप सेहतमन्द ख़ुराक लें और अपने पसन्दीदा खाने के बजाय ज़्यादा फ़ाइबर वाला पोषक खाना खाएँ और साथ ही प्रोसेस्ड खाने, ज़्यादा फ़ैट वाले खाने और शराब से बचें—तो आप अपने खाने के मज़े भी ले पाएँगे और कोई बड़ी गड़बड़ी भी नहीं होगी। और इसका एक फ़ायदा यह होगा कि आप किसी पार्टी या डिनर में बिना वजह तकलीफ़ झेलने से भी बचेंगे।

एक बार फिर ग्लूटन-फ्री डाइट का चलन बढ़ गया है और लोग कॉमन सेंस से काम नहीं ले रहे हैं। उन्हें लगता है कि ग्लूटन फ्री कुकी किसी फल के टुकड़े या गेहूँ के ब्रेड के एक स्लाइस से बेहतर है। यह सब मार्केटिंग का कमाल है। मज़े की बात यह है कि जब मैं लोगों से पूछती हूँ कि क्या उन्हें जौ का सूप पसन्द है, तो वे हाँ कहते हैं। लेकिन जब मैं कहती हूँ उसमें तो ग्लूटन होता है तो वे कहते हैं कि उन्हें इस ग्लूटन से एलर्जी नहीं है। ऐसे में मेरे चेहरे पर जो भाव आता है, उससे लोगों को बुरा लग जाता है। ग्लूटन तो रागी में भी होता है, पर इसमें कोई दिक़्क़त नहीं है।

प्रोसेस्ड खाने में ग्लूटन की जगह दूसरे तत्त्वों का इस्तेमाल किया जाता है। हो सकता है कि यह आपके लिए फ़ायदेमन्द न हों। ऐसे में अगर आपका पेट गड़बड़ चल रहा है तो मुमकिन है कि इसकी वजह यही तत्त्व हों। इसके अलावा बिना ग्लूटन वाली चीज़ें उतनी स्वादिष्ट भी नहीं होतीं।

अगर ग्लूटन-फ्री का मतलब है कि आप रोज़ रात को एक पूरा पिज़्ज़ा नहीं खाएँ, और इस तरह आपका वज़न कम हो, आपको बहुत अच्छा महसूस हो, तो फिर आप एक पूरे पिज़्ज़ा की बजाय गेहूँ का सैंडविच अपनी ख़ुराक में शामिल क्यों नहीं कर लेते। आपको बहुत चरम उपाय करने और दूसरों को नाराज़ करने की ज़रूरत नहीं है। बहुत सारे लोगों को यह नहीं पता होता कि आपको ग्लूटन कहाँ मिलेगा या ये होती क्या बला है। जब कोई कहता है—'मैं ग्लूटन-फ्री और हाई-प्रोटीन वाली ख़ुराक लूँगी' तो मैं उससे कहती हूँ कि ग्लूटन असल में एक प्रोटीन है। उन्हें यह बात पता नहीं होती और न ही मेरी दी इस जानकारी से वे ख़ुश ही होते हैं।

लोगों को उम्मीद चाहिए। फ़ैड-डाइट आपको उम्मीद देती हैं और कई बार तेज़ी से आपका वज़न घटाती हैं और इसकी वजह बहुत ज़्यादा पाबन्दियाँ और कम कैलोरी वाला खाना होता है। इसलिए ऐसी डाइट हमेशा लोकप्रिय हो जाती हैं।

मुझे याद है कि जब मैं न्यूट्रीशन की पढ़ाई कर रही थी तो एक बार रेडियो पर मेरा न्यूट्रीशन के बारे में इंटरव्यू चल रहा था। डायटेटिक डिपार्टमेंट में मेरे प्रोफ़ेसर और बाक़ी तमाम लोग अफ्रीकान्स बोलते थे, वो अंग्रेज़ी नहीं बोल

पाते थे इसलिए उन्होंने मुझे रेडियो स्टेशन भेज दिया। हालाँकि मुझे लगा कि मैं इस लायक़ नहीं हूँ क्योंकि मैं ग्रेजुएट नहीं हूँ इसलिए मैंने ज़रूरी पोषक तत्त्वों की पीरियोडिक टेबल पढ़ी और मेटाबॉलिज़्म की क्रेब्ज़ साइकल पढ़ी, ताकि मेरी जानकारियाँ एकदम दुरुस्त रहें। पर वहाँ जाकर समझ आया कि यहाँ तो मामला कुछ और ही है। मुझसे पूछा गया कि क्या आलू खाने से वज़न बढ़ता है? मुझे जल्दी ही समझ में आ गया कि लोग बहुत ही बुनियादी बातें जानना चाहते हैं, उन्हें फिजियोलॉजी या बायो-केमिस्ट्री से कोई मतलब नहीं है।

शोधकर्ताओं को समझ नहीं आता कि आखिर जनता फ़ैड-डाइट्स की दीवानी क्यों है। पैंतीस साल पहले जब जोहान्सबर्ग की विटवॉटरस्ट्रैंड यूनिवर्सिटी के अस्सी साल के एक प्रतिष्ठित न्यूट्रीशन रिसर्चर को लेक्चर देने के लिए कहा गया, तो उन्हें और उनकी पत्नी को कॉन्फ्रेंस में पहुँचाने की ज़िम्मेदारी मुझे दी गई। उन्हें मेरी ज़रूरत इसलिए पड़ी क्योंकि न्यूट्रीशन और ताज़ा रिसर्च पर शानदार लेक्चर के बाद उनसे पूछा गया, 'एटकिन्स डाइट के बारे में आपका क्या ख़याल है?' उन्हें पता नहीं था कि यह क्या है। इस सवाल का जवाब मैंने दिया। मैंने उन्हें बताया कि इन दिनों एक बेहद लोकप्रिय किताब चल रही है, जिसमें हाई एनिमल फ़ैट और कम कार्ब (कार्बोहाइड्रेट) की पैरवी की गई है। इस बात से वो संशय में पड़ गए, क्योंकि रिसर्च में इसे कभी सेहतमन्द ख़ुराक नहीं माना गया। जी हाँ, फ़ैड-डाइट बहुत लम्बे वक़्त से हमारे बीच हैं लेकिन वो आपकी लाइफ़-स्टाइल को नहीं बदलतीं। इन पर टिके रहने के लिए लोगों को काफ़ी मेहनत करनी पड़ती है। अगर आप ग्लूटन-फ्री डाइट को आज़माएँ तो इनसे लगातार वज़न कम होता है क्योंकि इस डाइट का पालन करने पर आप पिज़्ज़ा और कुकीज़ छोड़ देते हैं। आपको ऐसा खाना चुनना चाहिए जो आपको लुत्फ़ दे और साथ ही सस्ता और ज़ायकेदार हो। फ़ैड-डाइट के लिए भी आपको उतनी ही योजना बनानी पड़ती है जितनी सेहतमन्द पोषक ख़ुराक के लिए।

मैं लन्दन में लंच ले रही थी, और मेरे साथ दो बहुत ही होशियार व कामयाब महिलाएँ थीं जो अपनी-अपनी शानदार न्यूट्रीशनिस्ट के बारे में बातें कर रही थीं।

उन्होंने कहा, "वो हर महीने हमारा ब्लड-टेस्ट करवाती है।"

मैंने पूछा, "आख़िर इसकी क्या वजह है?"

"क्योंकि हमारे हार्मोंस आजकल बहुत गड़बड़ हो गए हैं।"

मैंने पूछा, "तो क्या आप लोगों को उनसे गोलियाँ ख़रीदनी पड़ती हैं?"

"हाँ-हाँ, हमें उनसे दवाएँ भी ख़रीदनी पड़ती हैं।"

"इसके लिए आपको हर महीने कितने डॉलर ख़र्च करने पड़ते हैं?"

"ओह, पाँच हज़ार डॉलर टेस्ट के लिए, और इसके बाद कुछ हज़ार डॉलर हर महीने दवा के लिए।"

मैंने कहा, "आप यह सारा सिलसिला रोक सकती हैं।"

"अरे नहीं, मेरा वज़न बढ़ सकता है। उन्होंने मुझे बचा रखा है।"

और तब मैंने कहा, "क्या अपनी न्यूट्रीशनिस्ट से मिलने से पहले आप बेकार खाना खा रही थीं? आपने अपनी डाइट में क्या बदलाव किया है?"

"मैं बहुत सारा चीज़ खाती थी, इसलिए मैंने चीज़ पूरी तरह बन्द कर दिया और इससे मेरा वज़न कम हो गया।"

मैंने कहा, "आपको और कुछ करना ही नहीं था, बस चीज़ बन्द कर देना था।"

उन्हें मेरा तर्क पसन्द नहीं आया और न ही उन्होंने मेरी बात सुनी। आज भी वो अपने न्यूट्रीशनिस्ट की बात मान रही हैं जिसमें कोई योग्यता नहीं है।

कुछ लोग जूस पर बहुत सारा पैसा ख़र्च कर रहे हैं। चालीस डॉलर प्रति बोतल। इसका कोई मतलब नहीं है। अगर आपको सच में जूस पसन्द हैं, तो आपको जूस ख़ुद बनाने चाहिए, ताकि आपको वो सारा फ़ाइबर मिले जो फलों और सब्ज़ियों में होता है। आपको सूक्ष्म पोषक तत्त्वों जैसे विटामिन और मिनरल्स से भरपूर सीरियल्स या ऐसे ही पेय पदार्थों से बहुत से पोषक-पदार्थ मिल सकते हैं, जिनके पीछे बहुत सा गहरा शोध किया गया हो, और यह बताया गया हो कि इनमें लेबल पर दिखाए गए सारे तत्त्व मौजूद हैं और वो भी सही मात्रा में।

मैं कहती हूँ कि सेहतमन्द खाने का कोई पेचीदा राज़ नहीं है। आपको विज्ञान और कॉमन सेंस पर चलना चाहिए। हर बार जब आपको लगता है कि

आप ये खाना खा सकती हैं या ये खाना नहीं खा सकतीं, तो आप इंटरनेट पर जाइए और किसी यूनिवर्सिटी की साइट पर लेख या अलग-अलग डायटीशियन के लेख देखिए, ये भरोसेमन्द स्रोत हैं। ऐसे डॉक्टरों के लेख मत पढ़िए, जिनकी न्यूट्रीशन के बारे में कोई ट्रेनिंग नहीं है या फिर उन्हें इस बारे में बहुत मामूली ज्ञान है, पर उनकी कोई किताब बेस्टसेलर है। होलीस्टिक न्यूट्रीशनिस्ट (पता नहीं, यह होता क्या है), फ़िटनेस ट्रेनर या ऐसे लोग जो आपको जूस, पाउडर या दवाएँ बेचने की कोशिश करते हैं, उनसे बचिए। डायटीशियन आपकी सेहत अच्छी करने के पैसे लेते हैं और वो उतने महँगे भी नहीं होते। वो आपको अच्छे आहार का आत्मविश्वास दिलाते हैं और आपकी खाने-पीने की आदतों को क़ाबू में करते हैं। लोगों को रजिस्टर्ड डायटीशियन न्यूट्रीशनिस्ट (RDN) या रजिस्टर्ड डायटीशियन (RD) और न्यूट्रीशनिस्ट के बीच का फ़र्क़ नहीं पता है। पहले दो न्यूट्रीशन के विशेषज्ञ होते हैं जिन्होंने यूनिवर्सिटी से ग्रेजुएट किया है और जो हॉस्पिटल में इंटर्न रहे हैं। वे तथ्य और कल्पना के बीच का फ़र्क़ जानते हैं, खाने की योजना बना सकते हैं और न्यूट्रीशन के विज्ञान को आपके लिए सेहतमन्द खाने के विकल्पों में बदलने में मदद करते हैं। वे बहुत सारी बीमारियों से बचाव और उनके इलाज में डाइट के महत्त्व को समझते हैं, जैसे कि डाइबिटीज़, कैंसर, हाइपरटेंशन और दिल की बीमारियाँ। उनकी सलाह आपकी ज़िन्दगी को बेहतर बना सकती है।

इसके अलावा न्यूट्रीशनिस्ट होते हैं, जिन्हें किसी योग्यता की ज़रूरत नहीं होती, उनकी कुछ मान्यताएँ होती हैं जो रिसर्च पर आधारित नहीं होतीं। वे आमतौर पर ज़्यादा महँगे होते हैं और कुछ प्रोडक्ट्स बेचते हैं। उनसे बेवक़ूफ़ मत बनिए। उनके पास जाने से पहले उनकी डिग्रियाँ चेक कीजिए। ज़रा देखिए कि क्या उनके नाम के बाद RD या RDN लिखा है। अगर उनके पास MD की डिग्री भी हो तो भी उनकी दी गई सलाहों को मानने से पहले देखिए कि वो आपको क्या बेचने की कोशिश कर रहे हैं। जो भी आपको सामान्य खाना खाने से डरा रहा हो या ऐसे सप्लीमेंट, पाउडर या दूसरे प्रोडक्ट के ज़रिये बीमारियों के इलाज या चमत्कार का दावा कर रहा हो जिनसे कभी किसी को कोई फ़ायदा होते हुए नहीं देखा गया हो—ऐसे लोग आपकी मदद नहीं कर

रहे, बल्कि अपनी जेब भरना चाहते हैं। ये आपकी असुरक्षा का इलाज करते हैं, आपकी सेहत सम्बन्धी समस्याओं का नहीं।

रुझानों या लोकप्रियता के झाँसे में मत पड़िए। सेहतमन्द रहने के लिए आपको केल (kale) खाने की ज़रूरत नहीं है। आप ऐसा कर सकते हैं पर इसकी ज़रूरत नहीं है। मैं सुपर-टेस्टर हूँ, इसका मतलब यह है कि मुझे कुछ चीज़ें नापसन्द हैं और इनमें केल भी शामिल है। यह मुझे पसन्द नहीं है इसलिए मैं इसे नहीं खाती। मैं दूसरी सब्ज़ियाँ खाती हूँ, ऐसी जो मुझे पसन्द हैं।

कई ऐसे लोग मिल जाएँगे जो इस बात से निराश होंगे कि आप केल (लीफ़ कैबेज) नहीं खाते। उन्हें बताइए कि केल में सेहत का कोई 'राज़' नहीं छिपा है। आपकी सेहत का राज़ ज़्यादा फल और सब्ज़ियाँ खाने, अनाज खाने, फलियाँ और डेयरी वाली चीज़ें खाने और ऐसा खाना थोड़ी मात्रा में खाने में है, जो आपको लुत्फ़ दे—वो भी तब जब आपको भूख लगे।

सेहत की सबसे अच्छी योजना वो है जिस पर आप टिके रह पाएँ और जिसे आप निभा सकें। तब भी जब आप तनाव में हों, या थके हों या ज़रूरत से ज़्यादा व्यस्त हों और खाने पर ध्यान देने की स्थिति में न हों।

आपको किसी गोली की नहीं बल्कि नियमानुसार चलने की ज़रूरत है।

पच्चीस

चॉकलेट मेहमानों को तोहफ़े में दे दो

लालच में पड़ने से बचो

❖

खाने के ख़राब चुनाव की वजह होता है संशय और लालच। जब बात लालच की हो तो आपको पहले से (खाने का) चुनाव करना पड़ता है। अगर आप ऐसा नहीं करेंगी तो याद रखिए आपके आसपास अमूमन जो खाना होता है वो ज़्यादा शक्कर और फ़ैट वाला होता है, जैसे कि चिप्स और चॉकलेट। एक बार जब हम इस तरह के खाने को खाना शुरू कर देते हैं तो फिर रुक नहीं पाते। ये हमारे ट्रिगर फ़ूड हैं। हम इनके लालच से उबर नहीं पाते, हम इन्हें खाने से ख़ुद को रोक नहीं पाते। हम इन्हें तब भी खा सकते हैं जब हमारा पेट पूरी तरह भरा हो। मेरे साथ तो ऐसा ही है, यदि मेरा पेट पूरी तरह भरा हो तब भी मैं फ्राई या चॉकलेट खा सकती हूँ।

जब मैं न्यूट्रीशन की अपनी प्रैक्टिस करती थी तो हर क्लाइंट को मैं पहला काम यह देती थी कि वो अपने आसपास सेहतमन्द स्नैक रखे, जैसे कि योगर्ट या फल का कोई टुकड़ा, या ब्रेड का स्लाइस या पीनट बटर। मैं अक्सर कहती थी, "एक कुकी खाने से पहले तीन सेब खाओ।" जिन्होंने मेरी यह बात मानी वो कभी कुकी नहीं खा सके, क्योंकि एक सेब के बाद उनका पेट

पूरी तरह भर गया। तो यह एक अच्छी रणनीति है। कभी-कभी मैं ज़रूरत से ज़्यादा फल और सब्ज़ियाँ खा लेती हूँ और इससे मेरा थोड़ा वज़न भी बढ़ जाता है, पर उतना नहीं बढ़ता जितना बेहिसाब जंक फूड खाने से बढ़ता है।

किसी के जन्मदिन की पार्टी में बहुत लज़ीज़ और शानदार डिनर करने के बाद जब वेटर टेबल पर मीठा लेकर आया तो मैंने उसे खाने में कोई कोताही नहीं की।

मैं वहाँ छह फुट चार इंच के एक व्यक्ति के बगल में बैठी थी। थोड़ी देर बाद उसने मुझसे कहा, "आप तो मुझसे भी ज़्यादा खाती हैं।"

मैंने उससे कहा, "मैं हमेशा इतना ज़्यादा नहीं खाती, पर इस बार खाना बहुत बेहतरीन था इसलिए खाया।" वो डेज़र्ट बहुत ही ज़ायकेदार थे जिन्हें खाकर मेरा पोर-पोर ख़ुश हो गया। मेरा वज़न डेढ़ किलो बढ़ गया था। अगले दिन मैं अपनी नियमित सेहतमन्द ख़ुराक पर लौट आई और डेढ़ किलो बढ़े उस वज़न को घटाने में मुझे एक हफ़्ता लगा। जब मैं क़रीब बीस बरस की थी तो दो दिन में वज़न घटा लेती थी। सत्तर साल की उम्र में वज़न घटाने में एक हफ़्ता लगता है। पर कभी-कभी यह मेहनत मायने रखती है।

अगर आप जमकर खाना चाहती हैं, तो ज़रूर खाइए, पर इसलिए क्योंकि खाना बहुत ज़ायकेदार है। इसलिए नहीं क्योंकि आप उदासी या तनाव में घिरी हैं। वक़्त के साथ मैंने सीखा कि ऐसे मीठे पर अपनी कैलोरी बेकार नहीं करनी चाहिए जो ज़ायकेदार न हो।

खाने के मामले में नखरे करना कई बार मददगार होता है। एक बार मैं एक मीटिंग में थी जहाँ तरह-तरह की कुकीज़ परोसी जा रही थीं और मैं नहीं चाहती थी कि ख़ुद को रोकूँ इसलिए मैंने ऐसी कुकी चुनी जो सबसे शानदार लग रही थी, चॉकलेट और नट्स वाली। एक टुकड़ा खाने के बाद मुझे लगा कि इसमें तो कोई मज़ा ही नहीं है। मुझे काफ़ी निराशा हुई। समझ में आ गया कि इसे खाने का कोई मतलब नहीं है इसलिए मैंने उसे अपनी प्लेट पर वापस रख दिया और दोबारा हाथ नहीं लगाया।

अगर आप किसी ऐसी चीज़ को चखें, जो ज़ायकेदार न हो तो उसे छोड़ दें।

जब लोग मुझे चॉकलेट और मिठाई लाकर देते हैं, तो वो बड़ी प्यारी मुस्कान के साथ आते हैं पर मैं डर जाती हूँ। मैं उनसे कहती हूँ कि आपको इस तरह की चीज़ें मेरे लिए नहीं लानी चाहिए क्योंकि मैं इन्हें पूरा सफ़ाचट कर जाती हूँ। वे कहते हैं कि एक दिन में एक ही पीस खाइए ना। मैं कहती हूँ कि ये मेरे जींस में नहीं हैं। या तो वो ये लज़ीज़ चीज़ें वापस घर ले जाएँ या फिर मुझे उन्हें किसी और को देना होगा और अगर देने के लिए कोई न हो तो फिर फेंक देना पड़ेगा। यह ठीक नहीं होगा कि मुझे पता हो कि मेरी रसोई में एक ऐसी चीज़ है जो मुझे लगातार अपनी तरफ़ खींच रही है। मैं अपने घर में कोई भी मीठी चीज़ नहीं रख सकती क्योंकि यह असल में ट्रिगर फ़ूड है। इसका क्या मतलब है? इसका मतलब है कि मैं चॉकलेट का एक टुकड़ा भी नहीं खा सकती, क्योंकि इससे ट्रिगर रिएक्शन शुरू हो जाता है। इससे मेरी स्वाद की इंद्रियाँ जाग्रत हो जाती हैं और मैं चॉकलेट का पूरा बॉक्स ख़त्म कर देना चाहती हूँ। कई दूसरे लोगों की ठीक यही प्रतिक्रिया दूसरी चीज़ों को लेकर होती होगी जैसे कि चिप्स या फिर आइसक्रीम। सबसे ज़रूरी है यह जानना कि आपके लिए कौन-सा खाना ट्रिगर फ़ूड है। फिर वो चाहे जो भी हो—आपको उसे अपने घर में नहीं रखना है या फिर अपनी पहुँच से बाहर रखना है।

ट्रिगर फ़ूड से बचना असल में वज़न कम करने का तरीक़ा है। इसका ताल्लुक़ निराशा और दुख से बचने से भी है। यह आपके मूड पर असर डालता है और हम नाख़ुश नहीं होना चाहते हैं।

अगर आप तनाव की वजह से खाना खाते हैं या फिर ज़्यादा खाते हैं, तो फिर खाने के बारे में तनाव महसूस करने में और वक़्त ज़ाया मत कीजिए। इसकी बेहतर रणनीति यह है कि अपराध-बोध से बचा जाए। ख़ुद से पूछिए—'क्या मैंने उस खाने का लुत्फ़ लिया'। अगर जवाब 'हाँ' है तो ख़ुद को कमतर मत महसूस कीजिए। ऐसे ही आगे बढ़ते रहिए मानो कुछ भी नहीं हुआ हो। अगले खाने में फल, सब्ज़ियाँ, कम वसा और कैलोरी वाला प्रोटीन (Lean Protein); अनाज और बींस लीजिए। अगले दिन अपनी सेहतमन्द ख़ुराक जारी रखिए। खाना परफ़ेक्ट होना ज़रूरी नहीं है और न ही आपका परफ़ेक्ट होना।

कभी-कभार नुकसान पहुँचाने वाला खाना खाने का मतलब यह नहीं होता कि आपने अपनी सेहतमन्द जीवन-शैली को पूरी तरह ख़त्म कर दिया। अगर आप अस्सी बार सेहतमन्द खाना खाते हैं तो आपको हमेशा बेहतरीन महसूस होगा।

अगर इसका जवाब नहीं है तो अगली बार ख़ुद को याद दिलाने के लिए एक नोट बनाइए कि सेहत बिगाड़ने वाले स्नैक से कोई मदद नहीं मिलती। तो फिर परेशान क्यों होना है?

हमेशा उन अच्छे एहसासों को याद रखने पर ध्यान दीजिए जो आपको समझदारी भरा और सेहतमन्द खाना खाने के बाद होते हैं। अगर आप सेहतमन्द खाना सही मात्रा में खाएँगे, तो आप बहुत ऊर्जावान महसूस करेंगे। आपको अच्छा लगेगा।

जब मैं घर पर होती हूँ तो अच्छे खाने की योजना बनाना बहुत आसान होता है। कभी भी ऐसे खाने पर अपने पैसे खर्च मत कीजिए जो आपकी सेहतमन्द आदतों को तबाह कर दे। अगर आपके बच्चे हैं तो ऐसी मिठाई ख़रीदिए जो बच्चों को पसन्द है न कि जो आपको पसन्द हो। अगर मैं अपने नाती-पोतों को मीठा देना चाहती हूँ तो उन्हें छोटी आइसक्रीम या एक अकेली कुकी चुनने देती हूँ। इस तरह हमारे पास एक पूरा डिब्बा नहीं होता जिसे हमें ख़त्म करना हो।

अपनी कमज़ोरियों को पहचानिए। चीज़ों को अपनी पहुँच से दूर रखिए। इस तरह आपको रोज़ाना बेहतर महसूस होगा।

छब्बीस

आगे बढ़ती रहो

ऐसी गतिविधियाँ चुनो जिनमें मज़ा आए

❖

जब मैं घर पर होती हूँ तो रोज़ टहलती हूँ। असल में मैं चार बार छोटी-छोटी दूरी तक टहलती हूँ, क्योंकि मेरा डॉगी चाहता है कि मैं उसे बाहर घुमाने ले जाऊँ। इसका फ़ायदा मुझे भी मिलता है। बढ़िया-सी वॉक में मुझे बड़ा मज़ा आता है। यह मेरे डॉगी 'डेल रे' को भी बहुत पसन्द है।

मैं रोज़ कोई-न-कोई गतिविधि करना चाहती हूँ। पर इतनी ज़्यादा नहीं कि इसमें तकलीफ़ होने लगे। शारीरिक तन्दुरुस्ती की कोशिश में आपको दर्द नहीं होना चाहिए। यह बात मैंने वक़्त के साथ सीखी है।

मैं खेलों में कभी भी बहुत अच्छी नहीं रही। जब मैं छोटी थी तो मैं बहुत पढ़ाकू थी और केय की दिलचस्पी खेलों में थी। वो खेलों में बहुत अच्छी थी और उसके बच्चे भी खेलों में माहिर हुए। मैं खेलों में उतनी अच्छी नहीं थी और न ही मेरे बच्चे।

आपको दिन-भर की अपनी गतिविधियों की योजना बनानी पड़ती है। अगर मेरे मरीज़ उतने सक्रिय नहीं होते थे तो मैं उनसे बात करके पता करती थी कि वो क्या करने को राज़ी हैं। क्या वो टहलना, दौड़ना या टेनिस खेलना

पसन्द करते हैं, या उन्हें जिम जाना पसन्द है? यह कोई ऐसी गतिविधि होनी चाहिए जिसमें उन्हें मज़ा आए। अगर वो बहुत ज़्यादा मोटे होते, तो मैं उनसे रोज़ाना आधे घंटे धीरे-धीरे टहलने को कहती थी। क्योंकि मैं नहीं चाहती थी कि उनके दिल, घुटनों या पीठ पर दबाव पड़े जब तक कि वे दस से पच्चीस किलो तक वज़न न घटा लें।

अगर उनके पास गतिविधियों के लिए वक़्त न हो तो मैं उनसे कहती थी कि वो बस अपनी जगह पर टहलें या टीवी देखते हुए स्ट्रेच करें। जब मेरे बच्चे छोटे थे तो मैं यही करती थी। मैंने पैंतालीस की उम्र के आसपास जिम जाना शुरू किया, वो भी तब जब बच्चे घर से जा चुके थे और मैं जिम की फ़ीस दे सकती थी। मुझे यक़ीन है कि जब मेरे बच्चों के दोस्त घर आते थे, और वो मुझे जंपिंग जैक करते (यानी उछलते-कूदते) देखते तो वो बहुत शर्मिन्दा होते होंगे। पर मैंने कभी इसकी परवाह नहीं की।

सक्रिय होने का इकलौता मतलब वज़न कम करना नहीं है। पर यह आपको अच्छा महसूस करने की प्रेरणा देता है और इससे वज़न घटाने में मदद मिलती है। अच्छी सेहत के लिए भी शरीर से मेहनत करवाना ज़रूरी होता है। इस समय भी जब मैं यह किताब लिख रही हूँ, वक़्त निकालकर अपने लिविंग रूम में योगा-मैट पर स्ट्रेच ज़रूर करती हूँ, अपने डॉगी को टहलाने ले जाती हूँ, और रोज़ाना चालीस मिनट कसरत करती हूँ—तीस मिनट जिम-बाइक पर और दस मिनट हल्के वज़न के साथ।

जब मैं अपनी पहली किताब लिख रही थी, तब मैं बहुत कसरत कर रही थी। रात को मैं स्टेप और योग क्लास भी लेती थी। चूँकि मैंने इसे ज़रूरत से कुछ ज़्यादा ही कर लिया तो इससे मेरे कूल्हों में दर्द होना शुरू हो गया। ज़ाहिर है कि मैंने कसरत थोड़ी और बढ़ा दी। इससे दर्द मेरी जाँघ तक चला गया और इसके बाद मेरे दाहिने पैर तक चला गया। मुझे इस बात से काफ़ी तकलीफ़ हो रही थी कि मैं अपने घुटने नहीं छू पा रही थी। अगर कोई चीज़ फ़र्श पर गिर जाती तो मैं कुछ दिनों तक उसे ऐसे ही छोड़ देती थी, जब तक कि मेरे हाथ फ़र्श पर नहीं पहुँच पाते थे। घुटनों के दर्द की वजह से मैं झुक नहीं पा रही

थी इसलिए गिरी हुई चीज़ें वहीं पड़ी रहती थीं। मुझे नहाने में भी आधा घंटा लग जाता था। यह कितना भयानक है, इसे वही समझ सकता है जिसे एक पैर में इस कदर मांसपेशीय खिंचाव रहा हो। आप दिखते तो तन्दुरुस्त हैं, पर बैठ नहीं सकते, या खड़े नहीं हो सकते। मैं छह कायरोप्रैक्टर्स के पास गई पर वे मेरा इलाज नहीं कर पाए क्योंकि मेरी समस्या थी डबल हर्नियेटेड डिस्क (स्लिप्ड डिस्क) जो रीढ़ की हड्डी की एक समस्या होती है। मैं मालिश करने वालों के पास गई, पर वो भी मुझे छूने से घबरा रहे थे। मैं बिना दर्द के चल तो पा रही थी पर बाक़ी तमाम गतिविधियों में मेरे पैरों में नीचे तक ज़ोरदार दर्द या खिंचाव होता था। अजीब बात थी कि मैं दिखती तो तन्दुरुस्त थी पर दर्द की शिकायत करती रहती थी।

मैंने अपने भाई को फ़ोन किया, जो एक न्यूरोलॉजिस्ट था तो उसने मुझे एक न्यूरोसर्जन के पास भेज दिया।

सौभाग्य से, कनाडा में किसी सर्जन को ऑपरेशन करने पर अतिरिक्त पैसे नहीं मिलते, इसलिए जब तक ज़रूरी न हो, वो ऑपरेशन नहीं करते।

सर्जन ने कहा कि वो तब तक सर्जरी नहीं करेगा जब तक कि मेरा पैर सुन्न न पड़ जाए। इसका मतलब यह होता कि मेरी नसें ख़त्म हो रही हैं। मैंने कहा कि मुझे इसकी परवाह नहीं है, मैं बस दर्द से छुटकारा पाना चाहती हूँ। आज मुझे ख़ुशी है कि वो पारम्परिक डॉक्टर था, क्योंकि आठ महीनों में मेरा पैर एकदम ठीक हो गया। मेरे कई दोस्त थे, जिन्होंने अपनी पीठ का ऑपरेशन करवाया था पर अगर वो दर्द सहते रहते तो शायद ज़्यादा बेहतर होता।

मैं दर्द में भी काम कर रही थी। जब मैं रनवे शो करती थी तो वो मेरे लिए दो ड्रेस रखते थे। एक मुझे नीचे पहननी पड़ती थी और दूसरी उस ड्रेस के ऊपर। कई बार मैं एक दिन में आठ शो भी करती थी। शोज़ के बीच मैं फ़र्श पर लेट जाती थी और पैर किसी कुर्सी पर रख लेती थी। लोगों को यक़ीन नहीं होता था कि मैं इतना दर्द झेल रही हूँ, क्योंकि जब मैं बिना हिले खड़ी रहती थी तो एकदम बढ़िया दिखती थी।

मैं एक फ़र्म के लिए परामर्शदाता का काम करती थी, और एक रिसर्च

के सिलसिले में एक मीटिंग के लिए फ़िलाडेल्फिया जाना चाहती थी, क्योंकि मुझे वैज्ञानिकों की बात सुनना बड़ा पसन्द था। उड़ान में काफ़ी दर्द हो रहा था पर मैं दर्द की वजह से यह मौक़ा छोड़ना नहीं चाहती थी। इसलिए इस सफ़र में मैं अपने साथ लंबर रोल लेकर गई। जब भी मैं बैठती थी तो उसी का इस्तेमाल करती थी।

जब मैं मीटिंग में पहुँची तो मुझे फ़र्श पर लेटना पड़ा।

इसके बाद जब हम सभी डिनर पर गए तो एक वैज्ञानिक ने कहा, "शुक्र है कि हमें मेय के लिए कुर्सी का इन्तज़ाम नहीं करना होगा, क्योंकि वो फ़र्श पर होगी।"

मुझे लगा कि मैं कभी भी ठीक नहीं हो सकती। जब मैं दूसरे लोगों को जॉगिंग या कसरत करते हुए देखती थी तो सोचती थी—"मैं कभी ऐसा नहीं कर पाऊँगी।" मुझे उन लोगों से जलन होती थी जो बिना दर्द के यहाँ से वहाँ आ-जा सकते थे या बैठ सकते थे। मैं भी बिना किसी दर्द के यहाँ-वहाँ आना-जाना चाहती थी।

क़रीब छह महीने के बाद मुझे महसूस हुआ कि मैं ठीक हो रही हूँ, क्योंकि मैं झुक सकती थी और दोबारा अपने घुटनों को छू सकती थी। आठ महीने बाद तो मैं अपने पंजों को भी हाथों से छूने लगी, इसका मतलब यह था कि अब मैं दोबारा ठीक से शावर ले सकती थी।

इससे मैंने सीखा कि आपको अपने शरीर की बात सुननी चाहिए—यानी दर्द के बावजूद कसरत जारी नहीं रखनी चाहिए, ज़रूरी नहीं है कि आपका कसरत का शेड्यूल हमेशा बहुत आक्रामक ही हो; ज़रूरत से ज़्यादा वज़न नहीं उठाना चाहिए और ज़रूरत से ज़्यादा कोशिश नहीं करनी चाहिए। आपको बस प्रयास करते रहना है क्योंकि ज़रूरत से ज़्यादा कसरत से चोट लग सकती है।

नाती-पोतों की वजह से भी चोट लग सकती है।

हाल ही में मैं अपने नाती-पोतों के साथ सीढ़ी पर दौड़ते हुए ऊपर की ओर जा रही थी। तभी एक कोने में मुड़ते हुए मेरा घुटना मुड़ गया। इसके बाद मैं लड़खड़ा गई और मुझे बहुत ज़ोरदार दर्द होने लगा। मुझे पता नहीं

था कि यह क्या हो गया। ऐसे में मैंने इंटरनेट की मदद ली। और मुझे पता चला कि अगर आप बुजुर्ग हैं या फिर आप एथलीट हैं तो आपको घुटने में चोट लग सकती है।

मुझे लगता है कि एथलीट होने की वजह से मेरे साथ ऐसा हुआ था।

ख़ैर, छोटे बेटे किम्बल का दोस्त, जो माहिर एथलीट था और जिसका कई बार घुटनों का ऑपरेशन हो चुका था, ने मुझे बताया कि शायद मुझे भी घुटने का ऑपरेशन ही करवाना पड़ेगा। उसने बताया कि छह हफ़्तों में मैं ठीक से चलने लगूँगी। मैंने कहा कि मेरे पास इतना वक़्त नहीं है। मुझे दो हफ़्तों बाद न्यूयॉर्क फ़ैशन वीक में चलना है।

मैंने घुटने पर बर्फ़ मली और इंटरनेट पर पढ़ी सलाह के मुताबिक़ उसे ऊपर उठाकर रखा।

फ़िटिंग के दौरान फ़ैशन शो वालों ने कहा, "शो के दौरान बहुत सारी सीढ़ियाँ होंगी।"

मैं बहुत बुरी तरह परेशान थी क्योंकि मैं चल तो सकती थी पर सीढ़ियाँ चढ़ने में मुझे बहुत ज़्यादा दर्द होता था।

यह फ़ैशन शो मेट ओपेरा में था, जहाँ सीढ़ियों के चार हिस्से ऊपर जाने के थे और चार नीचे आने के। मुझे उन पर चार बार चलना था। अच्छी बात यह थी कि उन्होंने मुझे सपाट जूते दिये थे और मैं इस बारे में कोई शिकायत नहीं करने वाली थी, क्योंकि मैं पेशेवर मॉडल हूँ। मैंने दर्द सहते हुए काम किया, पर इसमें तकलीफ़ बहुत झेलनी पड़ी।

किसी तरह मैंने वो शो पूरा किया और जब घर आई तो मैंने अपने डॉक्टर को फ़ोन किया, उसने मुझे घुटने पर बेनगे क्रीम लगाने को कहा। और यह भी कहा कि मैं किसी ऑर्थोपेडिक सर्जन को दिखाऊँ। अच्छी ख़बर यह है कि यह सिर्फ़ एक मांसपेशीय खिंचाव था और वक़्त के साथ ठीक हो गया। मुझे ऑपरेशन की कोई ज़रूरत नहीं थी।

कई बार मुश्किल वक़्त में मैं कामयाब रही, क्योंकि मेरी सेहत अच्छी थी। मेरे बच्चों के साथ भी ऐसा ही है और इस बात के लिए मैं शुक्रगुज़ार हूँ। ज़रा-सा कोई इंफ़ेक्शन हो जाए या फिर कोई छोटी-मोटी गड़बड़ हो जाए तो

भी आपको कई दिन तक बिस्तर पर पड़े रहना पड़ सकता है। तब आपको यह एहसास होता है कि अच्छी सेहत ही सब कुछ है।

आजकल मैं ख़ुद पर ज़्यादा ज़ुल्म नहीं करती। मैं जिम-बाइक पर कसरत करती हूँ और अगर घुटने में तकलीफ़ हो तो मैं ट्रेडमिल पर चलती हूँ। अगर इससे भी तकलीफ़ हो तो मैं स्ट्रेच और वज़न उठाकर कसरत करती हूँ। एक या दो दिन बाद मैं जिम-बाइक पर बिना दर्द के चल सकती हूँ। अपने नाती-पोतों के पीछे दौड़ते हुए अब मैं ज़्यादा सावधान रहती हूँ। जब घुटने में दर्द होता है तो मैं 'नी-गार्ड' का इस्तेमाल करती हूँ।

बिलकुल माहिर एथलीटों की तरह।

सत्ताईस

ख़ुशमिज़ाज लोगों से जुड़ो

अच्छे रिश्ते ज़िन्दगी सँवारते हैं

❖

मेरे मरीज़ कहते हैं कि मैं उनके साइकोलॉजिस्ट की तुलना में कम पैसे लेती हूँ, क्योंकि जब वे अच्छा आहार लेते हैं तो उन्हें बहुत ख़ुशी महसूस होती है, उन्हें लगता है कि वे मज़बूत हैं और वे आत्मविश्वास से भर जाते हैं। भावनाएँ आपकी अच्छी सेहत में बहुत बड़ी भूमिका निभाती हैं। अगर आप दुखी हैं, तो आपके भीतर वो ताक़त और ऊर्जा नहीं रह पाती कि आप अच्छी ख़ुराक ले सकें। आप ऐसे खाने की तलाश में रहते हैं जो आपको सुकून दे और ऐसे खाने में हमेशा फ़ैट ज़्यादा होता है।

ऐसे दोस्तों और रिश्तेदारों के साथ मिलना-जुलना जो आपको ख़ुशी देते हैं, आपकी सेहत के लिए अच्छा रहता है। एक वैज्ञानिक के तौर पर मैंने इसका अध्ययन नहीं किया है पर यह कॉमन-सेंस की बात है। अगर आप किसी अच्छे रिश्ते में हैं तो शारीरिक रूप से आप बेहतर महसूस करेंगी। अगर आपका रिश्ता अच्छा नहीं है, तो आप बहुत उदास और थका-हारा महसूस करेंगी।

मैं ख़ुशनसीब हूँ कि मेरे पास ख़ुशियाँ देने वाला एक परिवार है और बाक़ी

सारे नाते-रिश्तेदार भी ख़ुशियाँ देते हैं। हमें एक साथ वक़्त बिताना पसन्द है, हम इतना हँसते हैं कि हँसते-हँसते आँसू आ जाते हैं। माँ ने अपनी मिसाल के ज़रिये हमें अपने परिवार का ख़याल रखना सिखाया है। उन्होंने हमेशा ध्यान रखा कि हमारा पेट भरा हो, और हमारा हौसला बढ़ाया ताकि सारे बच्चे अपने अलग-अलग शौक़ विकसित कर सकें। उन्होंने यह भी ध्यान रखा कि हम अपने बच्चों का अच्छी तरह ख़याल रखें। जब मेरा तलाक़ हो रहा था तो मेरी माँ ने मुझसे कहा, 'पहली प्राथमिकता है परिवार'। उनके कहने का मतलब था कि बच्चों को तुम्हें बाक़ी तमाम चीज़ों से आगे रखना चाहिए। मैं अपने बच्चों की ख़ातिर ही उस शादी में बनी रही। इसके बाद मैंने तलाक़ भी अपने बच्चों की ख़ातिर ही लिया।

'पहली प्राथमिकता है परिवार'...हमारा परिवार इसी सिद्धान्त पर चलता है। हमारे लिए यह बहुत मायने रखता है कि हम नियमित रूप से मिलते-जुलते रहें। चालीस ऐसे लोग जो अलग-अलग शहरों में रहते हैं और अच्छे-ख़ासे व्यस्त हैं, उनके लिए यह हमेशा आसान नहीं होता। पर हम इसे अपनी प्राथमिकता बनाकर चलते हैं।

एक बार हमारा पूरा परिवार एक साथ कोस्टारिका गया। फिर एक बार हमने कोस्टा ब्रावा को चुना, जो स्पेन में है। हम किसी ऐसी जगह को चुनते हैं, जहाँ हम एक छोटा-सा होटल बुक कर लें और उसमें हमारा पूरा परिवार समा जाए।

हमने एक साथ इतना अच्छा वक़्त बिताया, इसकी वजह यह है कि हमारे यहाँ गुंजाइश होती है, एक व्यक्ति जो कुछ करना चाहे, वो कर सकता है। हमारे परिवार में कोई खेलना चाहता है तो कोई किताब पढ़ना चाहता है, कुछ लोग तैरना या कुछ लोग टहलना चाहते हैं, कोई सोना चाहता है तो कोई खाना चाहता है, इस तरह सफ़र में आपको पता होता है कि आपके चारों तरफ़ कुछ ऐसे लोग हैं जो आपको प्यार करते हैं, पर आपको अपना मनचाहा काम करने की आज़ादी भी रहती है। हम चिपकू नहीं हैं। अगर कोई गतिविधि चल रही है और आप उसमें शामिल होना चाहते हैं तो हो सकते हैं या ऐसे ही बैठ सकते हैं। अगर आपको अपने फ़ोन पर समय बिताना है तो

भी कोई बात नहीं। अगर आप अपने लैपटॉप पर काम करना चाहते हैं तो भी कोई दिक़्क़त नहीं है।

सूरज डूबने के वक़्त केय को अकेले तैरना पसन्द है। वो दिन में तीन घंटे तैर सकती है; वो तैरने में बहुत माहिर है। वह इस बात की परवाह नहीं करती कि कोई उसके साथ है या नहीं। कभी-कभी मैं उसके साथ जाती हूँ पर वो मुझसे बहुत ज़्यादा तेज़ तैरती है। मैं आधे घंटे में थक जाती हूँ पर वो तैरती रहती है। पानी में वो एक जलपरी की तरह होती है।

कभी-कभी हम आसपास के शहरों में भी जाते हैं। जो भी हमारे साथ जाना चाहता है वो चल सकता है, या हम किसी रेस्तराँ में डिनर आयोजित करते हैं और कोशिश करते हैं कि सभी चालीस लोगों के लिए जगह बन पाए।

एक शाम हम चालीस लोग डिनर के लिए गए। सारे बच्चे यहाँ-वहाँ भाग रहे थे और चिल्ला रहे थे। वहाँ बहुत शोरगुल था।

मैंने केय से कहा, "मुझसे तो ये शोर बर्दाश्त नहीं हो रहा है।"

वो बोली, "हाँ, मुझसे भी।"

हमने अपने सैंडविच उठाए और वहाँ से उठकर समुद्र किनारे चले गए। वहाँ हम अकेले बैठे समुद्र देखते रहे और एक साथ एक ख़ामोश शाम बिताई।

कभी-कभी सिर्फ़ मैं, मेरे बच्चे और उनके बच्चे जमा होते हैं। बेटी टॉस्का के बच्चों के पैदा होने के ठीक बाद 'थैंक्स-गिविंग' पर हम इलॉन के घर पर छुट्टियाँ बिताने का कार्यक्रम बना रहे थे।

तब 'स्पेस-एक्स' (इलॉन की कम्पनी) रॉकेट लॉन्च कर रही थी, और इलॉन चाहता था कि हम सब वहाँ पहुँचें। एक रात पहले मेरे पास एक मेल आया, "कल सुबह की ऑरलैंडो की फ़्लाइट बुक कर दी है।"

मैंने यह बात बताने के लिए टॉस्का को फ़ोन किया, लेकिन वो सो चुकी थी। किसी तरह मैंने बच्चों की आया को फ़ोन किया और उससे कहा, "तुम टॉस्का के घर जाओ और उसे सुबह छह बजे जगा देना, क्योंकि सुबह सात बजे उसे एयरपोर्ट जाना है, उसकी फ़्लाइट है।"

आप सोच भी नहीं सकते कि एकदम आख़िरी पलों में की गई इन तैयारियों

में हम कितने घबराए हुए थे। हमारे साथ दो छोटे-छोटे बच्चे थे, जो रोए जा रहे थे। हम लगातार उनको चुप करने की कोशिश कर रहे थे और चारों तरफ़ मौजूद मुसाफ़िरों को होने वाली तकलीफ़ के लिए हमें बहुत खेद था।

जब हम ऑरलैंडो पहुँचे तो हमने एक बस ली और केप कैनावेरल तक पहुँचे जहाँ से रॉकेट लॉन्च किया जाना था। नासा बिल्डिंग में हमने सबके साथ बाहर से आया टर्की डिनर किया।

मुझे आपस में करीब से जुड़ा हुआ परिवार बहुत अच्छा लगता है, क्योंकि हम हमेशा एक-दूसरे पर भरोसा कर सकते हैं और एक-दूसरे से मदद ले सकते हैं। हमने बहुत मुश्किल वक़्त गुज़ारा है, पर हम हमेशा साथ रहे, जो कि बहुत ख़ास बात है। कभी-कभी लोग मुझसे कहते हैं कि उनका परिवार बहुत बुरा है। मैं इस बात पर तब तक भरोसा नहीं करती, जब तक कि उन लोगों से मिल न लूँ या यह न देख लूँ कि कैसे लगातार वो एक-दूसरे की बेइज़्ज़ती करते हैं। ऐसे लोगों को देखकर मैं अपनी भूतपूर्व ससुराल के लोगों को याद करती हूँ जहाँ हर बार खाने के वक़्त सारे के सारे लोग आपस में बहुत चिल्लाते थे। मुझे नहीं पता कि इसे किस तरह बदला जा सकता है, सिवाय इसके कि आप अपने परिवार के साथ वक़्त ही न बिताएँ, क्योंकि वो आपको दुख देता है। ऐसे में आपको अपने लिए दोस्त खोज लेने चाहिए जो आपको ख़ुशी दें, और आपके चेहरे पर मुस्कान लाएँ। अगर आपका परिवार आपका साथ नहीं दे सकता, तो अच्छे या बुरे समय में आपके दोस्त ज़रूर आपको सहारा दे सकते हैं।

जब हम एक-दूसरे का ख़याल रखते हैं तो इससे सबका फ़ायदा होता है।

अट्ठाईस

उम्र इकहत्तर है तो क्या

मुस्कान क़ायम रहे

❖

मेरे कुछ दोस्त मेरी उम्र के हैं और कुछ मुझसे छोटे भी हैं। वे सभी जीवन को लेकर उत्साहित हैं। सोशल मीडिया में मेरा हैश-टैग है, #ItsGreatToBe71 क्योंकि मैं इकहत्तर बरस की इस उम्र का काफ़ी लुत्फ़ उठा रही हूँ।

सोशल मीडिया पर मैं जो कमेंट्स पढ़ती हूँ उनसे मेरा अन्दाज़ा है कि लोगों को उम्र बढ़ने से बड़ा डर लगता है। जब ऐसे लोग मेरी पोस्ट पढ़ते हैं तो उन्हें अपने भविष्य और अपनी झुर्रियों के बारे में सोचकर अच्छा लगता है। इंटरव्यू के दौरान कई बार मुझसे पूछा जाता है कि मैं कैसे अपनी उम्र का लुत्फ़ उठा रही हूँ और क्यों बूढ़े लोगों का सम्मान किया जाना चाहिए, उनकी तारीफ़ की जानी चाहिए। उन्हें कैसे प्रासंगिक और स्टाइलिश बने रहना चाहिए।

मैं अपनी उम्र को लेकर नहीं डरती, इसकी एक वजह यह है कि मेरी उम्र का हर अगला दशक पिछले दशक से बेहतर रहा है। मेरी उम्र का दूसरा दशक भयानक था, लेकिन इसमें मैंने अपने तीन शानदार बच्चों को जन्म दिया। उम्र का तीसरा दशक भी बहुत बुरा था। चौथा दशक जीवित बचे रहने

की कोशिशों के बीच व्यस्तता में बीता। पाँचवें दशक में मैं न्यूयॉर्क में नई थी और वहाँ अपना कारोबार शुरू करने की कोशिश में थी, नये दोस्त भी खोज रही थी। छठे दशक में मैं अपने बच्चों, नाती-पोतों और काम के बीच मज़े में थी। आज मैं पहले से भी ज़्यादा व्यस्त हूँ। मुझे इसकी उम्मीद नहीं थी, पर मुझे बहुत मज़ा आ रहा है।

उम्र बढ़ने से न डरने की दूसरी वजह मेरी माँ द्वारा पेश की गई बेहतरीन मिसाल है। जब मेरे पिता दुनिया से गए तो माँ की उम्र इकसठ बरस थी। पिता तिहत्तर बरस के थे और वो एक प्लेन-हादसे में मारे गए थे। उनके साथ मेरी जुड़वाँ बहन का पति भी मारा गया था। यह बहुत बड़ा हादसा था जिसे बर्दाश्त करना नामुमकिन लग रहा था। हम यही मानते थे कि वो सुपरमैन थे।

मेरे माता-पिता की जोड़ी और ज़िन्दगी इतनी अच्छी थी कि हमें लगा मेरी माँ इस हादसे से कभी उबर नहीं पाएँगी। हमें नहीं पता था कि आगे उनका क्या होगा क्योंकि वो हमेशा मेरे पिता के साथ रही थीं, उनकी मदद करती थीं, और हर चीज़ में उनका साथ देती थीं। पर हमारा अन्दाज़ा बिलकुल ग़लत निकला। उन्होंने बहुत कुछ किया। क़रीब पैंसठ साल की उम्र में उन्होंने कला की शिक्षा लेना शुरू किया। उन्होंने लकड़ी पर नक़्क़ाशी का काम सीखा, पॉटरी और पेंटिंग भी सीखी। वे पूरे दक्षिण अफ्रीका में घूमीं और तैलीय व पानी के रंगों से लैंडस्केप व घरों की पेंटिंग बनाईं। वे नियमित रूप से प्रिटोरिया में अपनी पेंटिंग्स की प्रदर्शनी भी लगाती थीं।

वे एक फ़ोटोग्राफ़र भी थीं। उन्होंने अपनी खींची तसवीरों की प्रदर्शनी लगाई और अवॉर्ड भी जीते। आप देखेंगे कि रेगिस्तान में उनके खींचे हमारे कुछ फ़ोटो कमाल के हैं। उनकी प्रतिभा को हम पूरी तरह सराह नहीं सके। मेरे बाल भी उनकी तरह रुपहले हुए पर मुझे विरासत में उनकी कला नहीं मिल सकी। सत्तर की उम्र में उन्होंने नक़्क़ाशी का काम शुरू किया। जो एक मुश्किल प्रक्रिया है इसमें आप धातु की एक प्लेट पर एक सूई से तराशने का काम करते हैं और उसके बाद तरह-तरह के रसायनों और मशीनों की सहायता से उसे काग़ज़ पर उतारते हैं। उनके पास इस काम के सारे औज़ार

थे और उन्होंने इनका इस्तेमाल करना भी सीखा था। उनका नाम Who's Who Book of Artists (साउथ अफ्रीका के कलाकारों की डायरेक्टरी) में भी आया था। उन्होंने अपनी कला पर दिन-रात काम किया। इसी वजह से एक कलाकार के तौर पर उनका करियर बाईस साल लम्बा रहा।

जब वे छियासी साल की थीं, तो कनाडा वापस आ गईं और उन्होंने एक नई शुरुआत की। यह वो वक़्त था जब 'Zip-2' को बेचा गया था और हमारे पास इतने पैसे थे कि माँ और बहन को कनाडा बुला सकें और उन्हें यहाँ व्यवस्थित कर सकें ताकि वो परिवार के आसपास ही रहें। दूसरे लोगों को डर था कि मेरी माँ अपने दोस्तों को मिस करेंगी। जब मैंने माँ को फ़ोन किया और उनसे यह बात पूछी तो उन्होंने कहा कि उन्हें कोई फ़र्क़ नहीं पड़ता, क्योंकि उनके सारे दोस्त तो मर चुके हैं। कनाडा में भी वे ड्रॉइंग कर रही थीं, नक़्क़ाशी का काम कर रही थीं (वो अपने औज़ार अपने साथ लाई थीं) और नियमित रूप से प्रदर्शनी भी लगा रही थीं। उस वक़्त मेरी बड़ी बहन लिन उनके साथ रह रही थी, जो डांस सिखा रही थी और उनसठ बरस की उम्र में डिजिटल आर्ट सीख रही थी, लेकिन मेरी माँ उस वक़्त शुरू ही कर रही थीं।

चौरानवे साल की उम्र में उनके हाथ इतने ज़्यादा काँपते थे कि वे ललित कला से जुड़े काम न के बराबर कर पाती थीं। पर रुकने के बजाय उन्होंने टेक्नोलॉजी का फ़ायदा उठाया और डिजिटल आर्ट सीख ली। छियानवे साल की उम्र में उनके हाथ इतने ज़्यादा काँपने लगे कि कंप्यूटर पर भी काम करना मुश्किल हो गया इसलिए वो रिटायर हो गईं। पर फिर उन्होंने ख़ूब पढ़ना शुरू कर दिया और हमारी सारी यात्राओं को नक़्शे पर दोहराया। उम्र के नौवें दशक में उन्होंने कहा कि अपनी सारी ज़िन्दगी में वो इस वक़्त सबसे ज़्यादा ख़ुश हैं। मुझे लगता है कि हमें इससे प्रेरणा लेनी चाहिए।

मुझे याद है कि एक बार मैं उनके साथ बुज़ुर्गों की चाय पार्टी में गई थी, यह एक छोटे-से शहर एल्बर्टा की बात है, जिसमें सारे सीनियर सिटीज़न आते थे। यह अजीब सा अनुभव था क्योंकि वो सभी बहुत शिकायतें कर रहे थे।

जब हम वहाँ से निकले और मैंने माँ से पूछा, "क्या उम्र बढ़ने के साथ वे चिड़चिड़े हो गए हैं?"

उन्होंने जवाब दिया, "जब ये जवान थे तब भी ऐसे ही चिड़चिड़े थे।"

अगर आप भी एक चिड़चिड़े इनसान हैं तो अभी से बदलाव की कोशिश शुरू कर सकते हैं, वरना जब आप बुज़ुर्ग होंगे तो और भी चिड़चिड़े हो जाएँगे।

मेरी माँ सही मायनों में एक कमाल की इनसान थीं जिनसे बहुत प्रेरणा मिलती थी। अट्ठानवे साल की उम्र तक वो एकदम मुस्तैद रहीं। फिर उनके शरीर ने साथ छोड़ दिया और वो चल बसीं। केय उस वक़्त उनके साथ थी। उसने बताया कि उस सुबह वो हँस रही थीं। मेरी माँ को बूढ़े होने से कभी डर नहीं लगा। उन्होंने इस बारे में कभी बात तक नहीं की। वो हमेशा ही शानदार लगती रहीं। वो हमेशा ही चटकीले लाल रंग की लिपस्टिक लगाती थीं और जब भी बाहर निकलतीं तो उन्हें ईयररिंग पहनना बहुत पसन्द था। बुढ़ापे में भी उनके बाल बहुत ख़ूबसूरत, लम्बे और सफ़ेद थे। वो हमेशा ही बन-ठनकर रहती थीं (हाँ, यह अलग बात है कि उनके कपड़ों में पेंट लगा रहता था)।

वो हमेशा सकारात्मक थीं। मेरे पिता भी ऐसे ही थे। मैं उन्हें एक ऐसे इनसान की तरह याद करती हूँ जो हमेशा आनन्द की तलाश में रहता था। यहाँ तक कि उनके विजिटिंग कार्ड के पीछे लिखा था—'मुस्कुराते रहिए'। उन्होंने जो कुछ भी किया इसी जज़्बे के साथ किया। उन्होंने कभी ऊँची आवाज़ में बात नहीं की, और मैंने कभी उन्हें बहस करते हुए भी नहीं देखा।

अगर आप बहुत लम्बी ज़िन्दगी जीते हैं तो समस्याएँ ख़ुद को दोहराती हैं। जब आपको किसी ख़ौफ़नाक घटना के बारे में पता चलता है या कोई आपके साथ बुरा बर्ताव करता है तो आप इसे पहले भी घटी एक और घटना की तरह लेते हैं, क्योंकि यह आपके साथ पहले भी हो चुका है। पहली बार में आप बहुत परेशान होते हैं। इसके बाद थोड़ा कम और फिर धीरे-धीरे आप ऐसी घटनाओं पर ध्यान ही नहीं देते।

चूँकि हमारा परिवार बहुत विशाल है इसलिए उसमें मौतें भी हुई हैं और ऐसा आगे भी होता रहेगा। जब पहली बार ऐसा होता है तो इससे बहुत झटका लगता है। आपको लगता है कि आप इससे कभी उबर नहीं पाएँगे, पर आप

उबर जाते हैं। इसके बाद यह नौबत आ जाती है कि आप परिवार के किसी भी गुज़र चुके व्यक्ति के बारे में आराम से बात कर पाते हैं और वो भी बिना कमज़ोर पड़े। उम्र बढ़ने के साथ आप में परिपक्वता आती जाती है।

जब मैं अपनी बड़ी बहन के पास जाती जिसे आँतों का कैंसर हो गया था, तो अपने डॉगी को साथ ले जाती थी। इसके बाद डॉगी बूढ़ा हो गया और बीमार पड़ गया। मैं बहुत दुखी हुई। मेरी बहन ने कहा, "तुम्हें अपने डॉगी से ज़्यादा जीना है।" समझो इस बात को। आज जब मेरी बहन गुज़र चुकी है, मैं इस सच्चाई के बारे में सोचती हूँ। उसने अपने मज़ाक़िया बर्ताव को आख़िर तक क़ायम रखा था। एक बार मैं उसे एक सुपर मार्केट ले गई। चूँकि वो कमज़ोर हो गई थी, इसलिए उसे एक कार्ट पकड़कर चलना पड़ रहा था। अचानक उसकी जान-पहचान का कोई व्यक्ति मिल गया जिसने कहा, अरे, तुम तो अच्छी दिख रही हो और तुम्हारा वज़न भी कम हो गया है; कौन-सी डाइट ले रही हो। इस पर मेरी बहन ने जवाब दिया, "कैंसर", और फिर हँस पड़ी।

मेरे सत्तरवें जन्मदिन पर दो पार्टियाँ हुईं। एक न्यूयॉर्क में जिसे 'कवर-गर्ल' और हार्पर्स बाज़ार ने आयोजित किया था। इस पार्टी में फ़ैशन इंडस्ट्री के तमाम लोग मौजूद थे, मॉडल और उस ज़माने के मेरे दोस्त—जब मैं न्यूयॉर्क में रहती थी। दूसरी तरफ़ लॉस एंजेलेस में इलॉन, किम्बल और टॉस्का ने एक बहुत बड़ी पार्टी आयोजित की। बहुत शानदार दिन था वो। उसमें एक स्लाइड शो दिखाया गया, जिसमें अलग-अलग उम्र की मेरी तसवीरें थीं। घर के बाहर ग़ुब्बारे लगे थे, स्पेशल कॉकटेल था, आइसक्रीम थी, पेशेवर डांसर थे और डी.जे. भी। एक सेक्सोफ़ोन वादक को भी बुलवाया गया था। मैं अपने दोस्तों और परिवारवालों से घिरी थी। स्कूल के ज़माने की एक दोस्त, जिससे मैं अपने गृह-नगर में तब मिली थी जब मैं ग्यारह साल की थी, उसे भी बुलवाया गया था। इलॉन सीधे टेस्ला गीगा-फ़ैक्टरी से आया था, और टी शर्ट में था। मेरी सबसे अच्छी दोस्त जूलिया अपने पति के साथ आई थी। इतने सालों में मैंने जिन डाइटीशियंस के साथ काम किया, उन सबने मिलकर यादों का एक

बाइंडर तैयार किया था। तारीफ़ों और शुक्रिया का एक संग्रह जिसे देखकर मेरी आँखों में आँसू आ गए।

अगर आप मुझसे कुछ सीख लेना चाहती हैं तो वो यह हो कि—उम्र बढ़ने से मत डरिए। ऐसे दोस्तों से मिलिए-जुलिए जो उम्र बढ़ने से नहीं डरते। हर उम्र के अपने उन दोस्तों के साथ मज़े कीजिए, जो आपको पसन्द करते हैं क्योंकि आप बहुत शानदार हैं, दिलचस्प हैं, होशियार हैं, आत्मविश्वास से भरी हैं और शायद स्टाइलिश भी हैं (अपने मन में ही सही)। दूसरों को सुनिए। दूसरों के साथ अच्छा बर्ताव कीजिए। उनकी उम्र की परवाह किये बिना। अगर कोई आप से कहे कि आप कुछ ज़्यादा ही बूढ़ी हो गई हैं—ख़ासतौर पर वो व्यक्ति जिसके साथ आप डेटिंग कर रही हैं—तो उसे अलविदा कह दीजिए।

उम्र बढ़ना शानदार है। उम्र बढ़ने के साथ-साथ हम समझदार होते चले जाते हैं। हमारा आत्मविश्वास बढ़ता जाता है; और यह हैरत की एक प्यारी-सी बात है, जो मैंने महसूस की है। इसके अलावा उम्र के इस पड़ाव पर हम यह भी समझ लेते हैं कि हमें बेवक़ूफ़ों से जल्दी से जल्दी छुटकारा पा लेना चाहिए। मेरे ख़याल से आप कह सकते हैं कि मैं भविष्य की तरफ़ पूरे जोश से देखती हूँ।

अपनी उम्र के इस मुक़ाम पर मैं बहुत मज़े में हूँ। सबसे पहले तो मैंने यह किताब लिखी ताकि दूसरी महिलाएँ भी एक बेहतर ज़िन्दगी बिता सकें। इससे मुझे अच्छा महसूस हो रहा है और उम्मीद करती हूँ कि आपको भी बेहतर महसूस होगा।

सत्तर के बाद की ज़िन्दगी का सफ़र मैंने बस शुरू ही किया है। देखते हैं आगे क्या होता है।

उपसंहार

अपनी योजना बनाओ

अभी शुरू करो

❖

जब मैंने यह किताब लिखनी शुरू की, मैं न्यूयॉर्क के सफ़र पर निकली हुई थी। मैंने अपनी किताब के सम्पादक के साथ लंच किया और 'कवर-गर्ल' मैगज़ीन के एक लॉन्च आयोजन में हिस्सा लिया। इसके अलावा मैंने 'एल्योर' मैगज़ीन के मुख्य-सम्पादक के साथ एक पॉडकास्ट भी रिकॉर्ड किया। मेरे कपड़े चुनने के लिए जूलिया भी मेरे साथ थी।

मैं एक ख़ूबसूरत होटल में रुकी थी। अभी-अभी मैंने टॉस्का के साथ एक फ़ोन कॉल ख़त्म किया था, जो अपनी एक फ़िल्म की शूटिंग कर रही थी; मैं किम्बल को मैसेज कर रही थी, जो उसी हफ़्ते एक रेस्तराँ खोल रहा था। मैं लॉबी में बैठी बड़े गर्व के साथ इलॉन की कम्पनी 'स्पेस-एक्स' के लॉन्च को अपने आई-पैड पर देख रही थी—साथ ही यह याद कर रही थी कि मैं इस होटल में पहले भी आ चुकी हूँ। तब मेरी उम्र पचास से कुछ ज़्यादा थी और मैं न्यूयॉर्क में रह रही थी। मेरी डायटेटिक्स की प्रैक्टिस बस शुरू ही हो रही थी।

मैं याद कर रही थी कि तब मैं एक फ़ैशन शूट के सिलसिले में न्यूयॉर्क

आई थी और इसी होटल में रुकी थी। इस होटल में कुछ भी अलग नहीं था। हालाँकि, शायद तब मैं अलग दिख रही थी। मेरे हालात भी अलग थे।

शूट के बाद सारे लोग 'ड्रिंक्स' के लिए रेस्तराँ के 'बार' में चले गए थे। मैं भी उनके साथ जाना चाहती थी, पर नहीं गई क्योंकि मेरे पास 'ड्रिंक्स' के पैसे नहीं थे। शायद कोई और मेरे 'ड्रिंक्स' के पैसे दे देता, पर अगर नहीं देता, तो...? इसलिए मैं निकल आई। अगर किसी काम की आपकी हैसियत नहीं है तो वो काम नहीं करना चाहिए। मुझे ऐसा नहीं लगा कि मुझसे कुछ छूट रहा है। कोई अफ़सोस नहीं हुआ मुझे। मैंने कभी नहीं कहा था कि एक दिन मैं यहाँ वापस आऊँगी। मैंने कभी कल्पना भी नहीं की थी कि मैं यहाँ कभी वापस आऊँगी...और वो ऐसा मौक़ा होगा, जैसा आज है।

मैं केवल कड़ी मेहनत करती नई योजनाएँ बनाती रही, और आगे बढ़ती रही।

शायद यही वजह है कि हर रोज़ मैं ज़्यादा उम्मीद के साथ उठती हूँ। मैंने ज़िन्दगी में बहुत उम्मीद देखी है और बिना उम्मीद के भी जीवन जिया है। मैंने देखा है कि ज़िन्दगी में कई बार आपको पता भी नहीं होता कि आगे क्या होगा। मेरी सेहत अच्छी है, मुझे अपने काम में मज़ा आ रहा है, मुझे अपने परिवार से बहुत प्यार है, और मेरे पास कुछ बेहतरीन दोस्त हैं।

*

सेहत, कारोबार और ज़िन्दगी के मामले में कोई शॉर्टकट नहीं होता। आपको कड़ी मेहनत करनी पड़ती है। उम्मीद रखनी पड़ती है, ईमानदारी व कॉमन-सेंस से काम करना पड़ता है, और योजना बनानी पड़ती है।

आप योजना बना सकती हैं पर ज़रूरी नहीं कि वो हमेशा कामयाब हो। इसलिए नाकामी के बाद आपको दूसरी योजना बनानी पड़ती है। आपकी ज़िन्दगी बहुत उतार-चढ़ाव वाली होगी जैसे कोई रोलर-कोस्टर। जब चढ़ाव का वक़्त आता है तो बड़ा मज़ा आता है और जब उतार आता है तो वो नर्क जैसा लगता है। जब आप नीचे आ जाते हैं तो आपको चढ़ने का कोई तरीक़ा खोजना पड़ता है। उम्र बढ़ने के साथ उतार की तकलीफ़ कम होती जाती है,

उसका झटका कम लगता है, आप ज़्यादा सन्तुलित रह पाते हैं, क्योंकि यह सब आप पहले भी देख चुके होते हैं।

आपको ख़ुद तय करना पड़ता है कि आप कब ख़ुश होना चाहते और वो वक़्त कब आएगा। तो अपना करियर बदलने में, अपनी सेहत सुधारने में,

एक ख़ुशनुमा परिवार बनाने में, अच्छे दोस्त बनाने में, ज़िन्दगी से प्यार करने में देर किस बात की है। ज़िन्दगी में कई बार मुझे ऐसा लगा कि मैं ज़िन्दगी में ख़ुश नहीं हो पाऊँगी, कभी नहीं। और मैंने इस परिस्थिति से बाहर निकलने की योजना बनाई क्योंकि लगातार नाख़ुश होकर जीना मेरे जीने का तरीक़ा नहीं है। तो आप भी इसी वक़्त अपनी योजना बनाएँ।

आभार

मैं अपनी स्वर्गीय माँ की शुक्रगुज़ार हूँ, जिन्होंने एक होशियार, मेहनती, नरमदिल, बुद्धिमान और आत्मविश्वास से भरी स्त्री की शानदार मिसाल पेश की। मुझे उम्मीद है कि वे इस किताब को देखकर बहुत ख़ुश होतीं, और इसे ज़ोर-ज़ोर से पढ़तीं, जैसे उन्होंने मेरी चौबीस साल पहले लिखी पहली किताब की एक-एक लाइन पढ़ी थी।

शुक्रिया कनेसा टिक्स का—जो दो साल तक इस किताब को लिखने के लिए मेरे पीछे पड़ी रहीं। मुझे नहीं पता था कि मेरे पास दुनिया के लिए कोई महत्त्वपूर्ण सन्देश है, जब तक कि हमने पूरी दुनिया में घूमना नहीं शुरू किया था और मैंने मीडिया से, नये लोगों से और जनता के सामने भाषण में अपने अनुभव बताने शुरू नहीं किये थे।

मैं अपनी साहित्यिक प्रतिनिधियों पेज सिसली और सैली हार्डिंग का भी शुक्रिया अदा करना चाहती हूँ, जो मेरे साथ काम करने को लेकर काफ़ी रोमांचित थीं। उन्हें मेरी इससे पहले वाली किताब बड़ी अच्छी लगी थी और उसमें दी गई सलाहों ने उन्हें प्रेरित किया था। उन्हें लगता था कि मेरे पास अभी कहने को बहुत कुछ है।

मैं अपनी स्टाइलिस्ट और अपनी सबसे अच्छी दोस्त जूलिया पैरी का भी

शुक्रिया अदा करना चाहती हूँ जिसने ख़ूबसूरत दिखने में हमेशा मेरी मदद की और मुझे अच्छा, और अच्छा दिखाने में जुटी रही। शुक्रिया अली ग्रेस मरकार्ट, मेरे सारे अनुबन्धों को पढ़ने और जाँचने के लिए, जिसमें इस किताब का अनुबन्ध भी शामिल है और क़ानूनी तौर पर हमेशा मेरी निगहबानी के लिए।

मैं सैंड्रा बार्क का भी शुक्रिया अदा करना चाहती हूँ जिन्होंने मेरे लिखे को पूरा पढ़ा और उसे अध्यायों में बाँटा।

मैं अपनी सम्पादक एमिली वंडरलिक को भी धन्यवाद कहना चाहती हूँ, जिन्होंने इस किताब के अध्यायों को रोचक बनाने में कई हफ़्ते लगाए और यह ध्यान रखा कि जो सन्देश मैं देना चाहती हूँ वो अच्छी तरह से सामने आ सके।

मैं धन्यवाद करती हूँ वाइकिंग पेंग्विन रैंडम-हाउस का, जो इस किताब को लेकर वैसे ही उत्साहित था, जैसे कि मैं।